ネオリベラリズムと世界の疑似－自然化

アドルノ・ホネット・ポストン
ハーヴェイ・ボルタンスキー・シャペロ

横田榮一 著

梓出版社

ネオリベラリズムと世界の疑似－自然化

アドルノ・ホネット・ポストン・ハーヴェイ・ボルタンスキー・シャペロ

目　次

第I部

第Ⅲ部

凡例

一、ホネット、アドルノ、ポストン、ハーヴェイの以下の著作への引証にあたっては、次の略記号を用いる。

Axel Honneth

KA: *Kampf um Anerkennung. Zur moralischen Grammatik sozialer Konflikte*, Suhrkamp, 1992.（アクセル・ホネット『承認をめぐる闘争　社会的コンフリクトの道徳的文法』山本啓／直江清隆訳、法政大学出版局、二〇〇三年。）

AG: Das *Andere der Gerechtigkeit. Aufsätze zur praktischen Philosophie*, Suhrkamp, 2000.（アクセル・ホネット『正義の他者　実践哲学論集』加藤泰史／日暮雅夫、他訳、法政大学出版局、二〇〇五年。）

LU: *Leiden an Unbestimmtheit. Eine Reaktualisierung der Hegelschen Rechtsphilosophie*, Reclam, 2001.（アクセル・ホネット『自由であることの苦しみ――ヘーゲル『法哲学』の再生』島崎隆・明石英人・大河内泰樹・徳地真弥訳、未來社、二〇〇九年。）

UA: Nancy Fraser／Axel Honneth, *Umverteilung oder Anerkennung? Eine politisch-philosohische* Kontroverse, Suhrkamp, 2003.（N・フレイザー／A・ホネット『再配分か承認か？』加藤泰史監訳、法政大学出版局、二〇一二年。）

『物象化』：『物象化　承認論からのアプローチ』辰巳伸知／宮本真也訳、法政大学出版局、二〇一一年。

PV: *Pathologien der Vernunft. Geschichte und Gegenwart der Kritischen Theorie*, Suhrkamp, 2007.

EK: *Erneuerung der Kritik. Axel Honneth im Gespräch*, Mauro Basaure, Jan Philipp Reemtsma, Rasmus Willig (Hg.), Campus Verlag, 2009.

IW: *Das Ich im Wir. Studien zur Anerkennungstheorie*, Suhrkamp, 2010.

Theodor W. Adorno

GS1-20: Gesammelte Schriften in zwanzig Bänden. Hg. von Rolf Tiedemann unter Mitwirkung von Gretel Adorno, Susan Buck-Morss und Klaus Schultz, Suhrkamp.

AP: Die Aktualität der Philosophie, GS1.（アドルノ「哲学のアクチュアリティ」、T・W・アドルノ『哲学のアクチュアリティ』細見和之訳、理想社、二〇一一年。）

IN: Die Idee der Naturgeschchte, GS1.（アドルノ「自然史の理念」、T・W・アドルノ、前掲書。）

DA: Dialektik der Aufklärung, GS3.（マックス・ホルクハイマー／テオドール・W・アド ルノ『啓蒙の弁証法　哲学的断章』徳永恂訳、岩波書店、一九九〇年。）

MM: Minima Moralia, GS4.（テーオドル・W．アドルノ『ミニマ・モラリア　傷ついた生活の省察』三光長治、法政大学出版局、一九七九年。）

ND: Negative Dialektik, GS6.（テオドール・W・アドルノ『否定弁証法』木田元・渡辺祐邦・須田朗・徳永恂・三島憲一・宮武昭訳、作品社、一九九六年。）

JE: Jargon der Eigentlichkeit, GS6.（テオドール・W・アドルノ『本来性という隠語――ドイツ的なイデオロギーについて』笠原賢介訳、未來社、一九九二年。）

G: Gesellschaft, GS8.

EP: Einleitung zum »Positivismusstreit in der deutschen Soziologie«, GS8.

NO: Notiz über sozialwissenschaftliche Objektivität, GS8.

SDE: The Stars Down to Earth, GS9・2.

『社会学講義』：アドルノ『社会学講義』河原理・太寿堂真・高安啓介・細見和之訳、作品社、二〇〇一年。

Moishe Postone

PTHA: Political Theory and Historical Analysis, *Habermas and the Public Sphere*, Craig Calhoun (ed.), The MIT Press, 1992.

TLSD: *Time, Labor, and Social Domination: A Reinterpretation of Marx's Critical Theory*, Cambridge University Press, 1993.（モイシュ・ポストン『時間・労働・支配――マルクス理論の新地平』白井聡／野尻英一訳、筑摩書房、二〇一二年。）

David Harvey

NI: *The New Imperialism*, Oxford University Press, 2003.（デヴィッド・ハーヴェイ『ニュー・インペリアリズム』本橋哲也訳、青木書店、二〇〇五年。）

BHN: *A Brief History of Neoliberalism*, Oxford University Press, 2005.（デヴィッド・ハーヴェイ『新自由主義――その歴史的展開と現在』渡辺治監訳、森田成也・木下ちかや・大屋定晴・中村好孝訳、作品社、二〇〇七年。）

CMC: *A Companion to Marx's Capital*, Verso, 2010.（デヴィッド・ハーヴェイ『〈資本論〉入門』森田成也・中村好孝訳、作品社、二〇一一年。）

ECCC: *The Enigma of Capital and the Crises of Capitalism*, Profile Books, 2011.（デヴィッド・ハーヴェイ『資本の〈謎〉――世界金融恐慌と21世紀資本主義』森田成也・大屋定晴・中村好孝・新井田智幸訳、作品社、二〇一二年。）

一、以上の略記号の使用にあたって、邦訳頁については、括弧内に頁のみを記す。

ネオリベラリズムと世界の疑似–自然化

アドルノ・ホネット・ポストン・ハーヴェイ・ボルタンスキー・シャペロ

第Ⅰ部

序章　問題設定・課題

1　具体と抽象

哲学の約束

哲学はそれが掲げていた約束、すなわち自らが現実と一致するのだという約束、あるいは現実の回復をもたらすのだという約束を破ってしまった、とアドルノは言う(1)。アドルノのこの言明は、一九二〇年代に哲学が自らに課した課題に関係している。その課題とは、一切を抽象性へと還元する社会の中にあって、つまりもはやいかなる具体的なものも存在しないという状況のさなかにあって、具体的なものを回復することであった。哲学はそうした状況にあって具体的なものを死にものぐるいで呼び出そうとしたのだ。どのような哲学も時代の中にあって時代の問題に携わっている。けれども、アドルノによれば、商品形態という形で抽象性が支配する社会の中で失われてしまった具体的なもの、真に現実的なものを今一度呼び出そうとした試みは失敗してしまった。哲学はそれが自分に課した課題、つまりその約束を実現することはできなかった。ファシズムの生成がこの約束違反を白日の下に晒してしまったのである。哲学は、では、何故その約束を実現することができなかったのか。

社会の抽象化、あるいは生の意味の希薄化のさなかにあって、今再び具体的なもの、真正なものを回復しようとする試みそれ自体については理解できなくはない。アドルノの時代においてと同様、今日のわれわれの時代においても、類似の状況が生じている。本書において立ち入るが、抽象の支配の強化は諸個人の原子化、社会的連帯の希薄化と解体を生み出し、人びとは疑似－連帯の中に己の承認要求の充足を見出そうとする。人々はそれがどこであれ、どこかに真なるもの、具体的なるものを想定してそれを回復しようと試みる。この思考の歩みは、それは時に、具体的なものを追求するという点で唯物論を僭称し、その真なるものが神秘的なものとされることによって神秘主義と結びつく。

けれども、こうした思考の試みがもたらしたものはその約束の実現などではなく、具体的なものを喪失させる社会状況の強化的再生産であったとすれば、思考はそれが逃れようとしていたものをいっそう強固なものとして再生産していたことになる。アドルノからすれば、哲学がその約束を破ってしまったからには、思考は容赦なく己を批判しなくてはならない。(2) 今日の時代に、もしアドルノが直面した状況と類似の状況があるのだとすれば、というのも、私見では、新自由主義は（具体性に対する）抽象の支配を推し進めるからであるが、思考の仮借なき自己批判は、少なくともアドルノの思考の追思考は今日思考にとっての課題となるであろう。哲学は何故失敗したのか、どこに誤りがあったのか。過去に眼を閉ざす思考がそうであるように、自己反省なき思考はその同じ誤りを無反省に繰り返すことになろう。それ故、哲学の自己反省、哲学とは言わなくとも思考の自己反省はこのわれわれの時代にあって一つの緊急の課題である。

では、哲学はどうしてその約束を実現することに失敗したのか。それは、アドルノによれば、哲学的思考、支配的で同一化的事態を打破しようとした哲学がその同じ同一性の支配・強制性格を自分のうちに内化させていたからである。「哲学がその制限を忘れ、自分のその内的な組成や内的真理に至るまで如何に全体に依拠しているかを認識することなく、自分への反省は自分には無縁のものだ、と称している思考」(3)は、たとえそれが自分は支配の同一性を打破するのだと主張しているとしても、その同一性に屈し、その同一性を再生産することになろう。哲学はそれが超えようとしているものに絶えず纏い付かれていたし、否それどころか、哲学はそれが超えようとするその当のものを無反省に自分の内的な原理としていた。それ故、哲学はそれが超えようとしたものへと反転し、それを促進することになったのだ。それだからこそ哲学は自己自らを批判しなくてはならない。

アドルノにとって、思考はそれ自身のうちに同一性の支配を内化させているものである。それ故、思考の自己反省が緊急の課題であるとすれば、自分に内在的な原理への自己省察が可能であるためには、思考は同一性の支配によって抑圧されている特殊なものへと向かわなくてはならない。それというのは、哲学が己の約束を実現することに失敗したのは、それが無反省に支配の原理を内化させていたからであり、それが個別的なものをすでにして抑圧していたからである。

先に一九二〇年代の思想動機について言及された。それは、社会が抽象化する趨勢の中にあって人々が必死になって具体的なものを呼び出そうとした、ということである。第一哲学はその一表現であり、あるいはそうした努力の一形態であった。第一哲学は第一のもの、その意味で媒介されていないもの、つまり直接的なものを、しかも第一のものとしての尊厳と品位を持つものを求めていた。アドルノによれば、フッサールの現象学はこうした第一哲学である。第一哲学にあっては、第一のものは媒介なき直接性である。生の意味が希薄化し、抽象性が支配している社会状況の中で生を営んでいるのであれば、こうした思考の運動はなるほど理解できるものではある。けれども、そうした直接性、直接的なものとして立てられたものはすでにして幻想である。というのは、直接的とされるものはそれ自身においてすでに媒介されているものであるから。ということは、無媒介的に直接的なものを希求する思考はすでにして幻想に囚われているということである。純粋に質料的なものとされているものはそれ自身において歴史的に生成したものであり、こうして歴史的に媒介されている。「質料を媒介するのは、その質料に内在する歴史である」(4)。

ハイデガーもまた、アドルノの見るところ、起源の直接性に帰還しようとした。ハイデガーの思考が人々に対して発した魅力はそうした試みにある。ハイデガーではその第一のものは時間化され、歴史化される。つまり、ハイデガーでは媒介性を捨象して立てられた直接性が今度は時間化され歴史化される。ハイデガーの哲学は時間化された第一哲学・時間化された根源哲学であり、ハイデガーの思考は絶えず根源へと向かっている。重要であることは、こうした思考の運動は思考の病を表している、ということである。アドルノからすれば、思考はそもそもはじめから存在しないものをうち立て、それを希求しているのである。

具体への要求。しかし、これは挫折した。なぜ挫折したのか。感性、換言すれば具体性、具体への要求が生じたのは、抽象の支配の故にである。しかし具体への要求は抽象の支配それ自体の止揚、廃絶に向かうことなしには、再び抽象の運動にとり込まれてしまう。アドルノは次のように言っている

私たちの社会そのものが抽象的な規則に支配されているため、また人間同士の関係そのものが抽象的になってしまったあまり、具体的なものが一種のユートピアと化した(5)。

　ここに具体物崇拝への傾向が生じる。これは概念において直接的な所与を乗り越えていく能力が損なわれていることを示している。(6) ここでアドルノは具体物崇拝について語っている。社会関係が抽象化するとき、具体性への要求が生じる。けれども、この具体性への要求はネオナチ的具体性へと向かう現実的な可能性を持つであろう。集団の親密な関係性への埋没は悪しき普遍の、抽象の支配の強化の裏面であり、それの強化に寄与する。抽象の支配のために、つまり人間同士の関係が抽象的になってしまったために、具体物崇拝への傾向が生じる、ということは、今日においても、時代の病理の一側面である。人格間の関係が物象の間の社会的関係として現れ、定立されるために、抽象の支配は人間間の経験的な諸関係を希薄にする傾向がある。

　具体物崇拝というのは、抽象の支配への単なる反発にすぎない。具体物崇拝は抽象の支配が生みだしているものであって、それ故、抽象の支配の廃絶はこうした具体物崇拝を廃絶させることになるはずである。そしてそれが具体性の復活となるであろう。抽象の支配の強化と具体物崇拝の間の相補的関係は具体と普遍の過てる統一である。この場合には、内面性の物神崇拝のように、希求される具体性がそれ自身抽象物と化する。

　今日、私の見るところ、新自由主義的グローバリゼーションの進展とともに、人間たちの生活世界に対する抽象の支配（したがって物象の支配）は、戦後のフォーディズムの時代及びフォーディズムに基づく社会国家、あるいは開発主義国家に比べて、一層強化された。戦後社会国家において、確かにそこでは福祉国家官僚制が支配し、それに対する批判と抵抗の運動が見られたが、しかしまた同時にそこでは、抽象の支配、したがって物象の支配に対する押しとどめの力が（一定程度でも）制度化されてもいたのであった。新自由主義はこの押しとどめを解体することを己の歴史的使命として登場した。それ故、新自由主義及び新自由主義的グローバリゼーションは、人間たちの生活世界に対する抽象の支配の強化をもたらす。抽象の支配強化のもとで、具体性（自然と人間的自然＝人間的生）は抽象に支配されて病んでいる。戦後社会国家を解体しつつ、構造改革を推進すると称する新自由主義がもたらすのは、生活世界に対する抽象の支配の一層の強化であり、つまり物象の力の一層の強化であり、これが新自由主義の運動の本質である。後に立ち入ることになるが、社会の下層から上層への、家計から多国籍企業への富の移動のメカニズムはそうした抽象の、物象の支配強化という媒体の中で形成される。(7) アドルノによれば、普遍は悪しき普遍であり、この悪しき普遍は抽象としての普遍である。この普遍というのはまさしくあの世界精神のことである。この普遍は特殊を足元で踏みにじっている。この踏みにじりは、しかし、フォーディズム時代に比べて一層強化されたが、この強化はわれわれが現に生きている生活世界の大規模な構造改革を伴ったし、またそうでなくてはその強化は可能ではないのである。

存在者が抽象の支配を受けるとき、例えば、労働生産物が抽象たる価値の担い手とされるとき、労働生産物は商品としてあり、労働生産物は物象となるが、この時、この存在者はそれ自身の存在ではなくなる。それ自身の存在とは抽象の支配外部での存在者の存在性格であり、それを私は自然及び人間的自然と呼ぶが、これが抽象の支配のもとで、物象となる。アドルノが目の前に見ていた後期資本主義は、もとより連続的側面が多々あるにしても、アドルノ以降大きく変容した。普遍と特殊の関係について言えば、新自由主義的資本主義のもとで具体に対する普遍（抽象）の支配がアドルノの時代よりも一層強化され、特殊を以前よりも、すなわち、アドルノが見ていた後期資本主義におけるよりも一層痛めつけている。新自由主義はわれわれの生活世界の大規模な変換を生みだし、苦悩の歴史を、受難史を押し進めている。

2　人間の自然史

私は、拙書『カントとアドルノ　自然の人間的歴史と人間の自然史』（梓出版社、二〇一三年）で、アドルノに依拠しながら、「自然の人間的歴史」と「人間の自然史」という概念を提出した。
人間的自然というのは、人間によって産出され、人間化された自然（例えば、水田）だけを意味するのではない。人間相互の共感的、共同性がまた人間的自然の形態である。人間的感覚は人間相互の関係と不可分であり、人間相互の関係のあり方がそのうちにもしみ込んでいる。人間的自然とは人間的生（生命－生活）であり、それは自然に対して内在的超越としての自然である。こうした自然に対して、単なる超越ではなく、内在的超越としての自然の歴史を私は「自然の人間的歴史」と呼んだ。
ところで、アドルノの言うには、理性が自然から分断されて自立化されるとき、理性自身が自然化してしまう。自然から切断され、自然の他者となった理性はそれ自身自然へと退化する。

理性は、自己保存の目的のために分化した心理的力としては自然的であるが、しかし、いったん自然から切り離され自然と対峙させられるならば、自然の他者ともなる。(8)

これをヘーゲルの「精神」と「自然」概念を用いて語ることも出来よう。すなわち、精神は自然から離反して、自然の他者として自立化されると、それ自身自然へと退化してしまう。そのとき、精神の歴史は自然史へと退化するであろう。実際、アドルノからすれば、ヘーゲルの世界精神は自然史のイデオロギーに他ならなかった。同じことは、「社会」という語を用いても語られることができよう。すなわち、社会は自然から自立化し、自然の他者となれば、それ自身が自然へと退化する。アドルノとホルクハイマーによれば、今日の人間は自然へと頽落してしまっているが、それは社会の進歩と不可分のものなのだ。(9) こうした社会の歴史、疑似－自然化された社会の歴史を私は「人間の自然史」と呼んだ。とりわけ、近代以降人間の歴史は第二の自然として疑似－自然化された歴史、すなわち人間の自然史の相貌を帯びてくる。人間の自然史において、人間的生は非自然的なものとしての、第二の自然として硬化した生になっている。この人間的生が罪連関（Schuldzusamenhang）になっている。これが人間の自然史における人間的生である。それは疑似－自然化しているのである。(10)

ここで、私は次の問いを提出したい。これらの問いに答えることが本書の課題となる。

問1　精神（社会）が自然から離反し、自立化するとはどういうことか。

問2　この時に精神（社会）が（疑似－）自然へと退行するのは何故なのか。

さらに、私はかつて『カントとアドルノ』で、次のように述べた。

新自由主義および新自由主義的グローバリゼーションは、今日、人間の自然史の現代的形態として現れ、そこでは、多くの諸個人が目的自体としてではなく、単なる物件として扱われ、世界福祉の条件が貧困化していくという、カントが語る最高善の解体が臆面もなく進行している。(11)

そこで、第三の問いは

問３　新自由主義及び新自由主義的グローバリゼーションが人間の自然史の一層の展開であるのは、如何なる意味においてであるか

である。

３　問１と問２に対するホルクハイマーとアドルノとの答え

人類はなぜ真に人間的な状態に達する代わりに、新しい種類の野蛮状態に入っていくのか。(12)

これは、『啓蒙の弁証法』の冒頭に掲げられた問いである。この問いは、別の表現の仕方をするなら、精神は何故自然から自立化するのか、そして精神が自然から自立化すると、なぜ精神は自然化するのかに関係がある。それというのは、『啓蒙の弁証法』は（野蛮な）人間の自然史を描いているからである。しかし、『啓蒙の弁証法』では、「人類はなぜ真に人間的な状態に達する代わりに、新しい種類の野蛮状態に入っていくのか」という問いに対する答えは進歩的思想としての啓蒙の概念のうちにはじめから据え付けられている。啓蒙は人間による自然支配の文脈のうちに置かれており、自然支配的理性はその進展過程において外的及び内的自然を抑圧する。自然支配が全歴史

にとっての基本的枠組みとなっている。神話が啓蒙であったが、神話を脱しながら、啓蒙は神話を反復し、かくて啓蒙は自己崩壊を遂げる。人間が新たな野蛮の状態に入りこんでいくことは、だから、啓蒙の概念の展開に他ならない。これは「人間の自然史」の概念をはじめから前提するに等しい。

『啓蒙の弁証法』は、「人間の自然史」を前提にした上での、その人間の自然史の展開に他ならない。それ故に、例えば思考は、如何なる条件下でそうなるかは問われずに、始めから自然支配的理性（の思考）として現れ、その運動において、自己を物象化し、自己を道具化する。理性は、したがって思考は自然の外に自らを置き、自然から除外されたものとするのだから、思考は自然と対立することになる。つまり、思考は己を自然ではないものとして措定する。ところが、思考はそれ自身自然（の一形態）であるから、思考は己がそれであるところの自然を征服することによって、自分自身を征服する。しかしこのように征服されたものは繰り返し復讐をもって再帰するのであり、かくて、思考はそれ自身を処理の機関へと、あるいは支配の機関へと水平化する。(13) 先に述べたように、思考は如何なる条件のもとで物象化するのかという問いは立てられずに、思考はその運動において自己を物象化するものとして描かれる。思考は己を自然から切断しつつ、だから自然から疎外され、自分を非自然としつつ自身が同時に自然の継続として自然になる。

それ故、『啓蒙の弁証法』は、「人類はなぜ真に人間的な状態に達する代わりに、新しい種類の野蛮状態に入っていくのか」、したがって、精神（社会）が自然から離反し、自立化するとはどういうことか、そして、この時に精神（社会）が（疑似―）自然へと退行するのは何故なのかという問いに真正には答えていないように思われる。つまり、答えはその場合にはじめからそうだったのだということになる。

このことは、さらに、啓蒙の自己崩壊の芽は歴史の発端にまで遡及して措定されるということを引き起こすであろうし、先に挙げられた問2を棄却することを結果するであろう。そもそも文明というものは、ホルクハイマーとアドルノによれば、自然に対する社会の勝利であって、それはすべてのものを自然に変えてしまうのである。この点は、ポストンのホルクハイマー批判に関連する。ポストンのホルクハイマーに対する批判は次のようである。ホルクハイマーでは、生産諸力の潜在可能性の実現は、市場と私有財産によって妨げられている。労働は自然に対する支配と見なされている。マルクスでは、資本主義における社会生活の構造構成は、人間同士の関係と人間と自然を媒介する労働によって定められているが、これに対してホルクハイマーでは、社会生活の構造構成は労働によって定められる。批判の立脚点は労働のみによってのみ与えられる。ということは、労働というのは、ホルクハイマーにあっては、社会的全体性を産出するものとして、自己自身を実現する労働と考えられている。労働それ自身には罪はない、というわけである。とすれば、批判されるべきは労働のそのような自己実現を妨げている諸関係の構造であるということになる。ポストンは言うが、ホルクハイマーは、生産過程に関して一貫して自然に対する人間の関係次元においてのみ、概念化している。ところが、その労働が国家社会主義へと導いてしまった。かくて労働と全体性は今や抑圧と不自由の基盤になり、労働自体に物象化を生みだす芽が据えられることになる。つまり、思考が反転してしまう。すなわち、ホルクハイマーは、生産の発展を支配の展開の基礎とする。すると、生産そのものと支配とが内的に結び付けられることになる。労働と全体性は抑圧と不自由の基礎になるのである。一九四〇年代になると、ホルクハイマーは生産の発展を支配の進歩と見なすようになる。(14)

退行の芽が啓蒙の概念それ自身のうちに据え付けられているとすれば、ここで興味あるものとなるのは、ジェイムソンの次のような議論である。すなわち、『啓蒙の弁証法』では、現在が過去を、古風、時代遅れ、陳腐あるいは単に「自然的」と烙印を押された過去を再生産するが、そのさい、「啓蒙の弁証法」という発想はあらゆる始まりから初項を排除する。ここに支配するのは「つねに－すでに」という論理である。はじまりにおいて「つねにすでに」が支配している。神話がすでに啓蒙であるのだが、堕落や分離がつねにすでに存在する物語が語られ、それ故、啓蒙の過程はある意味で始まりを欠いた物語になる。(15)

そもそも文明というものは自然に対する社会の勝利であり、それはすべてのものを自然に変えてしまうのだとすれば、社会の第二の自然としての自然への退行はそもそも数千年の人間の歴史全般へと拡大される。アドルノは『否定弁証法』のなかで、次のように言っている。

> 何千年にもわたって社会の運動法則が、社会の主体である個人を捨象してきた。実際に社会は個々の主体を単なる執行者に引き下げてきた。(16)

何千年にもわたって支配してきたのは、普遍の力である。歴史の中で普遍者の暴力は少しも変わらない。この点で歴史は今もって前史である。(17)この普遍の力の基礎にあるのは、（自然支配における）同一性思考と交換原理の支配という抽象の支配であるが、この抽象の支配が全歴史に拡張され、この歴史は悪しき意味での普遍史である。アドルノによれば、未開人から人間的存在に至る普遍史は存在しないが、「石斧から水爆へ」と至る普遍史は十分に存在しうる。(18)

交換原理について言えば、交換原理という抽象の支配は現在にまで歴史を貫いて来たのであり、資本主義はこうした交換原理の支配の近代における歴史的形態であるにすぎない。だが、これは、『資本論』の文脈で言えば、抽象の支配の確立・資本の確立を扱う本源的蓄積の位置価を解除するものである。マルクスが言うには、古代アジア的とか古代的などの生産様式では、生産物の商品への転化、したがってまた人間の商品生産者としての定在は、一つの従属的な役割、といっても共同体がその崩壊段階にはいるにつれて重要さを増してくる役割を演じている。本来の商業民族は、エピクロスの神々のように、またはポーランド社会の気孔のなかのユダヤ人のように、ただ古代世界のあいだの空所に存在するだけである。あの古い社会的諸生産有機体は、ブルジョワ的生産有機体よりもずっと単純で透明ではあるが、しかし、それらは、他の人間との自然的な種属関係の臍帯からまだ離れていない個人的人間の未成熟か、または直接的な支配隷属関係に基づいている。(19)

資本主義以前では、確かに商品交換は存在するが、それは全面的ではなく共同体のうちに埋め込まれていた。マルクスはアリストテレスの天才について語ったが、古代ギリシャにおいては商品交換はまだ全面的に発展していたのではない。実在抽象はまだ十分には遂行されていない。ところが、アドルノでは、自然支配と交換原理が前史の基本的枠組みを構成しており、自然支配と交換行為の二つが抽象の誕生に寄与している。

アドルノが言う普遍の支配がそもそも文明の発端から存在するとすれば、その普遍の支配はある意味ではその生成史を持たないということになる。普遍の支配とは悪しき抽象の支配であり、これはそもそも文明とともにあることになろう。だから、もしその生成が語られるとすれば、それは文明の生成に他ならないということになる。あるいは、悪しき普遍の支配は、人間の歴史においては、マルクスが本源的蓄積で語ったようなその生成を持たないということになる。これは、『資本論』の文脈で言えば、既述のように、本源的蓄積の位置価を廃棄することであろう。私見では、如何にして、なぜに自然化するのかという問いは、初めからそうだった、いつもすでにそうであるという回答を廃棄する。あるいは、そもそも人間の自然に対する振る舞いのうちに（人間の）自然化の芽が組み込まれているとする観念を廃棄する。この時、自然化するのは何故かという問いにおいて、私はその生成の、成立の歴史的要因を問うている。

問2はアドルノが言う（悪しき）普遍の支配の生成史をあらためて主題化することを含意している。このこと、すなわち、（悪しき）普遍の支配の生成史をあらためて主題化することは、『社会学講義』における次のアドルノの主張と整合するように思われる。すなわち、アドルノによれば、生成したもののみが変容しうるものである。しかし生成が消失し、それでそれは自然的なもの、変更不可能なものとして現れる。現存のもの、自然的所与と見えるものをその生成の相において理解することが肝要である。社会的法則性は歴史性を有するが故に自然科学の法則性から区別される。アドルノは言うが、批判とは想起することに等しい。それは諸現象のうちで、現にあるものとなった過程を活性化させ、それから別様でありえる可能性、別様になる可能性に気づくことに等しいのである。[20]

この場合には、悪しき普遍（抽象）の支配は、文明の生成とは同一視されない意味で、その生成史を持つことになる。つまり、それは始まりを歴史の中でもつのである。もとより、この始まりは、自然数列の初項のような単一の存在者ではなく、運動しつつあるさまざまな諸要素の星座的配置の中で生成するのであるが。[21]

4　「生活世界」概念の導入

人間とは自然に対して内在的超越としての人間的自然であり、この人間的自然とは言い換えれば人間的生である。人間的生は生活－生命であるが、こうしたものとしてその生活を展開する。この展開の時空が生活世界である。生活世界について簡略に定式化すると、生活世界は人間生活－生命の発現たる時空である。人間たちの生活世界は、自然の人間的形態であるが、人間たちのさまざま行為（生活行為）から織りなされており、さまざまな行為と行為の差し控えからなっている。それらの行為のあるものは社会的に制度化された行為であり、他のものはそうではない。生活世界にはまた人間たちにとっての対象的存在者である諸対象、ハイデガーの言う手元存在、さらに人間がそのうちに住む空間的配置も含まれており、全体として時空的構造を有する。生活世界は歴史的な生活世界として、歴史的・文化的事象で覆われてもいる。また、生活世界には、諸行為と行為の差し控えの中で生まれてくる、運動しつつある状態（例えば、貧困状態）が組み込まれ、そうした状態が人間諸行為を制約しもする。

ところで、社会と生活世界とは直ちに同一なのではなく、区別される。生活世界は社会の全体を覆うのでなく、社会には生活世界ではいわば知覚されない側面が含まれているのだが、生活世界と社会との関連については後に立ち入ることとし、ここでは生活世界について述べよう。私は、社会（精神）は自然から自立化すると、何故社会（精神）は（疑似－）自然化するのかという問いを提出したが、（疑似－）自然化されるのは生活世界である。私は後に物象化、物化、物神崇拝をそれぞれ社会の疑似－自然化の諸形態として捉えるつもりであるが、(22) ここでは、さしあたって、物象化、物化、物神化を世界の疑似－自然化の諸形態として捉えるということを前提としておく。

生活世界の物象化

ハーバーマスは『コミュニケイション的行為の理論』において、生活世界と（経済及び政治）システムという社会の二層的把握を展開し、マルクスの物象化概念をシステム論理の生活世界への浸入として、すなわちシステムによる生活世界の植民地化として再定式化した。しかし、こうしたやり方では、例えば経済システムそれ自体からは物象化の棘は抜き去られてしまう。それで、私は経済システムそれ自体が物象化的存立構造を有しているのだという観点から、システムを生活世界の一大構成部分として、生活世界に組み込み、こうした生活世界の一大構成部分である経済システム自体が物象化的存立を有するという観点を採ることにする。この場合、物象化されるのは生活世界であるという点は継承されることになる。物象化されるのは、あくまで生活世界である。[23]相互の関係性のなかで、同時に自然との関係性の中で生を織りなしていく人間たちは彼らの生活世界を織りなしていく。この生活世界は歴史的な生活世界である。ところが、物象化されるのは歴史的に形成されたこの生活世界である。アドルノによれば、「歴史的生の客観性は自然史の客観性である」[24]。世界はある仕方で自然化するが、しかし物象化された生活世界は生活世界でなくなるのではない。生活世界の物象化は如何にして生じるのか。この生活世界の物象化をわれわれは生活世界、つまりは生活世界とその歴史の疑似－自然化と呼ぶ。したがって疑似－自然化は如何にして生じるかという問いは、生活世界とその疑似－自然化は如何にして生じるか、という問いになる。

これらの問いを扱うさいに基本的と私が考えるのは、「生活世界」の概念である。というのも、物象化されるのはあくまでわれわれの生活世界であるからである。物象化は、したがって、世界の疑似－自然化は単に人間の認識上の事柄でも認識上のエラーでもなく、意識の上での錯覚でも人間の意識上の事柄に還元されるのでもなく、われわれの生活世界そのものの現実的なあり方である。生活世界の物象化にあっては、ホルクハイマーとアドルノが述べたように、思考もまた物象化され、自律的に進行する自動的過程となる。[25]思考は道具となり、物象となり、人間の世界に対する振る舞い方と知覚がまた物象化されるが、物象化は世界に対する人間の振る舞いと知覚にのみ限定されるのではない。[26]生活世界が物象化されるのであり、生活世界には物象化された人間諸関係や制度的形態も物象化された形態で存立するのである。この意味では、（生活世界の）全体は非真理である。

意識とその外部という枠組みを設定すれば、外部が本質であって、意識にあってはその本質が隠蔽あるいは歪曲されて反映されるということになろうが、物象化にあってはそうではない。意識とその外部という枠組みはそもそもわれわれの生活世界を十分に把握できない。われわれが現に生きている現実世界たる生活世界がそれ自身において物象化的存立を有しているのであって、生活世界は意識現象に還元されるわけではない。それは生活の展開の場として、実践的な生活世界である。物象化され、それ故に疑似－自然化された存立をなしているのは、あくまでわれわれの現実的かつ歴史的な生活世界である。(27)

だから、こういうことになる。すなわち、世界が物象化されるのは如何にしてかという問いは、意識において事態が如何に隠蔽されるかという問いではなく、われわれの生活世界が物象化され、歴史が人間の自然史となるのは如何にしてかという問いである。この場合、生活世界を物象化された世界として産出する、社会的歴史的メカニズムがあるが、そのメカニズムは生活世界そのものにおいては隠蔽される。だから、われわれの問いに答えようとするさい、そのメカニズム、己を隠蔽するメカニズムを解明しなければならない、ということになる。本質が現象すると言われる場合、この現象形態というのは、あくまで生活世界内的事態であって、意識上の事柄ではない。隠蔽は生活世界そのものにおいて起こっている。

それ自身がわれわれの生活世界の一定のあり方を産出しながら、己を隠蔽するこのメカニズムは、人間と人間との歴史的に形成された関係における人間行為によって、そして人間行為において作動する。資本主義的生産関係の固有性は、この隠蔽性に還元されるのではなく、生産諸関係の固有性がこの隠蔽をもたらすたぐいのものである。物象化された生産関係の固有性は何に存するか、換言すれば、そのメカニズムは生活世界において隠蔽されるのであるが、その隠蔽が如何にして起こるのかが問題である。これが抽象の支配である。そしてこの支配は己を生活世界において隠蔽するのである。抽象が己の運動を隠蔽しつつ生活世界を物象化された世界として産出する人間行為、あるいは社会の側面が解明されなくてはならない。この場合、課題であるのは、人間の現実的な生活諸関係は、つまり生活世界は物象化されているのであって、問題はそうした生活諸関係が人間たちの間の歴史的に形成された固有の関係から如何にして生じるのか、そしてその生成の過程で、それを生成せしめる固有の力学が生活世界では如何にして隠蔽されるのかを解明することである。かのメカニズムは近代に成立したある基本的な人間関係において作動するのであり、これが己を（生活世界において）己を隠蔽しつつ、生活世界を物象化された、それ故に、人間の自然史の意味で疑似－自然化された世界として産出する。

生活世界が物象化された世界として産出されるさいに、生活世界を物象化する作用は生活世界では隠蔽される。生活世界は確かに諸個人が生を営む生活世界として彼らによって生きられる世界であるが、同時に生活世界は諸個人にとって物象化された世界として、諸個人にとって強制連関として現れる。アドルノによれば、デュルケムは社会的事実を物の如くに扱い、社会が諸個人に対して強制として経験されるとするが、デュルケムはここで話を止めてしまった。社会的事実をデュルケムは所与として扱い、それを理解することを断念する。アドルノからすれば、社会に対する反省は理解可能性が終わるところで始まる。そして、この場合、理解するとは、人間に対して不透明な仕方で独立した諸関係を人間相互の関係から導出することである。(28) この点を念頭に置いて、生活世界の物象化についてあらためて述べれば、生活世界の物象化を理解するとは、物象化を人間相互の（ある基本的な）関係から導き出すことであり、そのさい同時にその人間の相互関係を発生場とする物象化を生みだす作用が生活世界では隠蔽される次第が解明されなければならない。

物象化された生活世界は幻影的諸形態から織りなされていると言うことも出来ようが、幻影的形態は単にイデオロギーでも、上部構造物でもない。イデオロギーと幻影的形態はわれわれの生活世界そのもののあり方をなしている。物象としての商品は、そしてまた貨幣はわれわれの生活世界に属し、生活世界の中で運動するものである。われわれの生活世界はそれだけではなく、物象への支配への抵抗をも含んでいるが、それ故にまた物象の支配の止揚の運動もまた属しうるが、物象の運動から織りなされている。

資本主義は、大きく見れば、自由主義的資本主義、フォード主義的資本主義、新自由主義的資本主義という形態をとって運動してきた。資本主義は歴史的形態を有し、それは歴史的に変容しており、物象の支配も、歴史的に規定された生活世界的変容を示している。この点、その時々の現実の生活関係それ自身が生活世界として、そして物象化された生活関係として見られなければならない。「現象」という言葉を用いるなら、それは現象諸形態である。しかし、「現象」という語はあくまでも現象を表すのであって、それ故にもし生活世界を本質の現象諸形態と単に把握するならば、なるほど本質が一定の人間の振る舞い、関わりによって成立しているのであるが、生活世界はもっぱら本質によって規定されたものとしてのみ見られることになろう。だが、われわれの生活世界は歴史的に規定された具体的な諸形態を持つとともに、本質によって規定された諸形態に対する抵抗とその運動をも含んでいる。そうした抵抗とその運動は、現象諸形態が本質によって規定されているという意味では本質よって規定され尽くすのではなく、それで抵抗は本質に対する抵抗であり、本質に対する非本質である。

われわれの文脈に翻訳すれば、次のようになる。すなわち、なぜわれわれの生活世界の物象化された形態が生じるかを、人間と人間、人間と自然との歴史的に形成された一定のあり方、これから説明することが問題である。かのメカニズム、すなわち生活世界の物象化されたあり方を産出しながら、それ自身は生活世界において隠蔽されるメカニズムは、近代において形成された特異な人間関係と人間と自然との関係に根付いている。

人間的自然＝人間的生であり、生活世界は人間的生の展開する時空である。自然と人間的自然の世界が手段的世界に転化する。ところで、主体化された価値が資本であるが、ヘーゲルの世界精神はその変装された姿である。

生活世界内存在者にとっては、物神崇拝はまさに現実の事態である。物神が生活世界内的に定立されるのであって、現実的世界たる生活世界概念がないと、物神崇拝も十分に捉えられはしないのではないか。

生活世界と社会

物象化とは、人間たちの生活世界を物象化された生活世界として産出する作用であって、その場合、その作用・メカニズムは生活世界では隠蔽されてしまう。その限り、もしもっぱら生活世界にのみ視野が限定されるなら、その物象化を産出するかの作用は視野の外に放逐されてしまう他はないのである。社会は生活世界に限定されるのではなく、生活世界では隠蔽される側面を含んでいる。それ故、生活世界と社会とは同一視されえない。今の文脈では、社会を理解するということは、そしてまた生活世界の物象化を理解するということは、生活世界内的理解可能性が終わるところで始まるのである。(29)

生活世界と苦悩の経験

アドルノが言うには、人間と事物に注いでいる光のうちで超越の反照を光らせていないものは一つもなく、(30)救済から世界に差し込んでくる光なしには、認識にとってどんな光もない。(31)

では、それは何故なのか。そのような光がなければ、それは人々の生活世界の現実の苦悩、生活をまったく捨象してしまうことになるだろうし、その苦悩もまた視野から抜け落ちてしまうであろうからである。というのは、苦悩とはあくまで生活世界で生を営む人間たちの苦悩であるから。物象化とは生活の、生活世界の物象化である。それ故物象化は人々の現実の生活、苦しみと無縁であるわけではない。物象化は人びとの生活のあり方として経験されるのである。それ故に、私は「生活世界」という概念を明示的に導入しようとしたのである。

資本主義的生産様式が支配的な社会においては、具体的有用労働はそれ自身において抽象たる価値を産出する抽象的人間労働に転化している。抽象的人間労働はある意味で具体的有用労働から自立化し、具体的有用労働を己のもとに服属させる。これは具体的有用労働が抽象的労働の担い手になっているということであり、また具体的有用労働に対する抽象的人間労働の支配である。具体的有用労働は労働者の生きた一つの生活行為として生活世界に属し、一つの生活世界内行為である。労働時間は労働者によって現実に生きられる時間である。ところが、抽象的人間労働はそれ自身としては、生活世界では知覚されず、したがって具体的有用労働が抽象的人間労働のいわば担い手になっているということも知覚されはしないのである。そして苦悩するのはあくまで抽象によって支配されている具体、今の文脈では具体的有用労働であって、抽象的人間労働もその対象化としての価値も、それ自身では、苦悩することはない。価値という抽象がいわば取り憑くことで、具体物は物象となるが、抽象そのものは何ら苦悩することはない。苦悩とはまた存在の痛みでもあるだろう。世界の人間の自然史の意味での疑似‐自然化は苦悩と痛みの、人間的生の痛みの源泉である。生活世界の外に疑似‐自然化された世界が存在するのではない。人間は人間でありながら、疑似‐自然化する。これがわれわれの日常的な生活世界の事柄となるのである。この疑似‐自然化は痛みの、苦悩の経験において意識され、露わとされるが、これはあくまで生活世界内的経験である。

けれども、生活世界の物象化、疑似‐自然化に対する批判は、新たな意味地平を開く批判として、人間の歴史過程を自然化されたものとして露わにする批判に留まることはできない。ホネットは『啓蒙の弁証法』をもっぱら、新たな意味地平を開く批判として解釈する。つまり、人間的生が如何に自然化され、動物化されたものであるかを露わにする批判として解釈する。しかし、この批判は新たな意味地平を開くだけである。つまりそれは、人間の生が如何に自然化されているかを人びとに意識させる批判であり、そしてホネットは、世界の疑似－自然化を生み出す社会－歴史的な根源へと思考の歩みを進めない。[32] 別の言い方をするならば、批判は歴史が自然へと、第二の自然へと凝固したものであることを示す新しい光学を開くという点に尽きるわけではない。批判は単に新しい意味地平を開く批判、換言すれば、歴史に対する新しい光学を開くことに留まらず、生活世界の物象化、疑似－自然化の根源にまで遡及しなければならないであろう。すなわち、生活世界の疑似－自然化を産出する社会の隠されたメカニズムにまで遡及しなければならないであろう。アドルノによれば、あらゆるものは罪の連関のうちに巻き込まれており、罪のないものはもはやない。花盛りの樹木でさえも、恐怖の影なしにその美しさを賛嘆するなら、その瞬間にそれは存在（Dasein）の恥辱に対する逃げ口上になる。肝要であることは、この存在の恥辱の根源にまで遡及すること、すなわち、存在の恥辱が生みだされる社会歴史的な要因にまで遡及することである。存在の恥辱とは、私見では、具体に対する抽象の支配である。これは、それ自身の存在性格を奪われているということである。それ自身の存在性格というのは、存在者が、それは抽象の支配を被っているのだが、それ故に、――抽象の支配のもとでは存在者はそれ自身の存在を喪失することになるが――、抽象の支配が廃絶されたときのこの存在者の存在性格である。それが自然であり、人間の場合には人間的自然＝人間的生である。ところが、この人間的生、したがってその展開の時空である人間たちの生活世界が、抽象の支配のもとで、疑似－自然化するのである。

生活世界の疑似－自然化を生み出すメカニズムの解明という点からするならば、アドルノの「自然史の理念」[34]も未だ十分なものではないであろう。簡単に言及すれば、ハイデガーの基礎存在論が歴史性とするものは、アドルノからすれば、自然に他ならないが、アドルノはルカーチに依拠して「第二の自然」を導入し、歴史的なものの自然への硬化を主題化し、さらにベンヤミンに依拠して、自然として現れるものは歴史であることを語る。(35) かくして、歴史は自然であり、自然は歴史である。けれども、「自然史の理念」は歴史が自然化するメカニズムに立ち入っているわけではないのである。

さて、私は以下、第Ⅰ部でホネット、ルカーチとアドルノとの議論を、第Ⅱ部でポストンとハーヴェイの議論を社会とその歴史の（疑似－）自然化、すなわち、人間の自然史を捉える上での意義と限界という視点から検討する。私はとりわけホネットの物象化論、ポストンとハーヴェイの資本主義論にいくらか詳しく立ち入ってみたい。というのは、彼らの議論は本書の試みに対して有用な素材を提供してくれるからであるが、しかし、他方では、物象化、世界の疑似－自然化の私の捉え方は彼らの捉え方とは異なっており、あるいは異なっている点があり、その違いを明らかにする必要があると思われたからである。

第Ⅰ部では、とりわけホネットの物象化論の検討を通して、生活世界と生活世界を一定の生活世界として産出しながら、生活世界では己を隠すメカニズムという観点を導入する。第Ⅱ部では、その観点を基礎にしてポストンとハーヴェイの議論を検討する。第Ⅰ部と第Ⅱ部は第Ⅲ部のためのいわば準備をなしている。この第Ⅲ部で私は、ここで提出された三つの問いに答えるように努める。

注

（1）Vgl. Th. W. Adorno, ND, S. 15.（八頁）

（2）Vgl. ebd.（八頁）

（3）Th. W. Adorno, ND, S. 16（九頁）
（4）Ebd., S. 62.（六八頁）
（5）アドルノ『社会学講義』、九五頁。
（6）同上、一〇二頁。
（7）ところで、抽象の支配をそのままにして具体性を追求すれば、それはアドルノが言う具体物崇拝となろうが、もし具体性を求める運動が具体性に対する抽象の支配の廃絶に向かうならば、具体性はそれ自身として己を見出し、具体物崇拝は止むであろう。
（8）Th. W. Adorno, ND, S. 285.（三五〇頁）
（9）M. Horkheimer / Th. W. Adorno, DA, S. 14.（xiv頁）
（10）疑似－自然化された世界では、存在は存在の恥辱（die Schmach des Daseins）（Vgl. Theodor W. dorno, MM, S. 26.（18頁））を被っていると言うことも出来よう。
（11）拙書『カントとアドルノ――自然の人間的歴史と人間の自然史』、梓出版社、二〇一〇年、三七九頁。
（12）M. Horkheimer / Th. W. Adorno, DA, S. 11.（ix頁）
（13）Cf. Erick L. Krakauer, *The Disposition of the Subject: Reading Adorno's Dialectic of Technology*, Northwestern University Press, 1998. p. 252.
（14）M・ポストン『時間・労働・支配』、第三章の「4　マックス・ホルクハイマーの悲観論への転回」参照。
（15）F・ジェイムソン『アドルノ　後期マルクス主義と弁証法』加藤雅之他訳、論創社、二〇一三年、一二九頁。
（16）Th. W. Adorno, ND, S. 299.（三六九頁）
（17）Ebd., S. 303.（三七四頁）

(18) Ebd., S. 314.（三八八頁）

(19) K. Marx, *Das Kapital*, Bd. 1, MEW. Bd. 23, S. 93.（大内兵衛・細川嘉六監訳『資本論』①、大月書店、一九六八年、一〇六頁。）

(20) アドルノ『社会学講義』、二五七頁参照。

(21) 歴史において、真に新しいものが以前の社会条件によって媒介されながら生みだされ、それは単に古いものの反復ではないということがある。資本の生成は商品交換の発展を前提とし、それによって媒介されながら、しかし真に新しいものの生成である。『資本論』の文脈で言えば、歴史の以前の発展によって媒介されながら、真に新しいもの、すなわち資本を生みだす歴史過程が本源的蓄積の過程である。それ故、『啓蒙の弁証法』はこの「いつも‐すでに」の論理によって、『資本論』の文脈での本源的蓄積の位置価を解除する。これは、私見ではオートポイエシス的システムの歴史への投影であり、かくして歴史はあの始まりも終わりもないピュシスと同型になる。

(22) 人間社会とその歴史の疑似‐自然化は人間の自然史である。この人間の自然史にあっては、物象化、物化、物神崇拝が相互浸透的に生じる。

(23) このようにしても、「生活世界の植民地化」のテーゼによる物象化のハーバーマスの再定式化が有する長所、例えば、物象化が「経験的に認識可能な問題」（Chun-IK Jang, "Selbstreflexiv-selbstbestimmende Subjektivität und durchsichtig-vernünftige Gesellschaft," *Theorie und Praxis bei Hegel, Marx und Habermas*, PETER LANG, 1994, S. 228.）であるという点は失われることはない。

(24) Th. W. Adorno, ND, S. 347.（四二九頁）

(25) Vgl. M. Horkheimer / Th. W. Adorno, DA, S. 42.（三二頁）

(26) ホネットは、以下に見るように、物象化を世界に対する人間の振る舞いと知覚と行為の物象化に還元した。

（27）こうした生活世界の歴史を私は人間の自然史と呼んだ。

（28）Vgl. Th. W. Adorno, G, S. 11-12.

（29）アドルノは、次のように言った。「社会学は理解不可能なものを理解しなければならず、非人間性の進展を理解しなければならないであろう」（Th. W. Adorno, G, S. 11-12.）。

（30）Vgl. Th. W. Adorno, ND, S. 369-370.（四九九頁）

（31）Vgl. Th. W. Adorno, MM, S. 283.（三九一頁）

（32）Vgl. A. Honneth, "Eine Physiognomie der kapitalistischen Lebensform *Skizze der Gesellschaftstheorie Adornos*", PV.

（33）Cf. Max Pensky, "Natural History, the Life and Afterlife of concept in Adorno", *Contemporary Perspectives in Critical and Social philosophy*, eds. J. Rundell, D. Pethrbridge, J. Bryant, J. Hewitt, J. Smith, BRILL, 2004. p. 232.

（34）Vgl. Th. W. Adorno, IN.

（35）Cf. Mattias Martinson, *Perseverans without Doctrine: Adorno, Self-Critique, and the Ends of Academic Theology*, PETERLANG,2000, pp. 115-127.

第一章　ホネットの物象化論

1　ホネットの物象化論の意義

承認論からする物象化論

マルクスは資本制社会において生起する物象化あるいは物神化について語り、ルカーチもまたマルクスを継承して物象化について語ったが、承認論を展開してきたA・ホネットはその物象化を承認の忘却として彼の承認論の立場から展開しようとする。つまり、ホネットの物象化論は承認論からする物象化論である。

ホネットによれば、前世紀二〇、三〇年代のワイマール共和国の社会文化的状況にあって、社会諸関係は計算づくの効率性に支配され、ものに対する職人の仕事が有する愛は道具的処理に変換された。こうした状況のなかで、「物象化（Verdinglichung）」概念が社会文化批判の文脈で枢要なテーマとなった。かくして、当時支配的な社会文化的状況のもとで生じた生活形態を物象化の結果として分析するよう人びとは駆り立てられた。(1)

けれども、第二次世界大戦後、「物象化」が時代診断において有する中心的位置は失われ、むしろ管理された世界という世界表象（アドルノ）が思考の前面に現れてくる。ところが、今再び「物象化」というカテゴリーが知的舞台に登場する徴候があるとホネットは言う。ホネットが挙げている徴候は次の四つである。

① 多くの新しい小説や物語りは社会的世界を次のように観察するように仕向けている。すなわち、その世界の住人たちは自分および他者に対して生命のない対象に対するように関係している、ということである。

② 「文化社会学や社会心理学の領域では、都合がいいからという理由で一定の感情や願望を演じてみせる、という主体の強い傾向を見いだす研究は多い(2)」。

③ 「ルカーチが自らの分析においてはっきりと思い浮かべていたであろう社会現象を理論的に把握しようとする努力が、最近になって倫理学あるいは道徳哲学の内部においても見いだされる(3)」。マーサ・ナスバウムは他者の人格の道徳的利用の極端な形態を特徴づけるために物象化について語る。それは「他の主体がその人間的特性によってではなく、感情のない死せる対象のようにまさに『モノ』や『商品』として扱われるが故に、われわれの道徳的、倫理的原則に反する人間の態度のことである(4)」。

④ 脳研究で近年行われている議論環境において、ここで採られる科学的アプローチは物象化する態度を表している。生活世界的知識が無視され、人間は経験なきロボットのように扱われている。

以上では、一定の物象化された振る舞いは、物象化が日常的行為の存在論的前提に反するからではなく、道徳的原則に反するが故に、問題があると見なされている。もっとも、ホネット自身は物象化を生活世界のある種の人間学的前提ないし超越論的事実性の侵害ないし忘却とするのであるが。ともあれ、ホネットが言及しているのは、世界の住人たちを生命のない対象のように見、主体が人格的特性によってではなく感情なき死んだ対象のように扱われる傾向ないし事態、人間が経験なきロボットのように扱われるという事態であり、また一定の感情をあたかも自己都合がよいように演じてみせるという傾向、即ち感情や願望をあたかも道具であるかのように扱うという傾向である。いずれの場合にも、人間の人格的特性がモノのごとくに扱われる。ここで言及されているのは社会文化的状況の変容である。

ホネット物象化論の意義と問題性

あらかじめ言えば、ホネットのこの物象化論には、私にとって注目すべき点があるとともに、批判点もある。注目すべき点は次の点である。すなわち、ホネットは、われわれの言い方ではもっぱら生活世界文脈で議論しているが、新自由主義において物象化現象が進展している状況のもとで、彼の物象化論を提起している、ということである。自由主義的資本主義からポスト自由主義的資本主義への移行に遭遇した人びとの眼前にはまさしく組織された資本主義があったのであって、そのさい、「全面的に管理された世界」という表象が現れ、さらに規律的権力の作動が現実のうちに読み取られた(フーコー)。ところが、組織された資本主義が新自由主義的資本主義へと変換されるとともに、つまり新自由主義が強力に世界を再構造化しはじめるとともに、多くの労働者たちは使い捨ての労働力として扱われ、ブラック企業の存在が語られ、労働市場の野蛮なアウシュヴィッツ化が語られる。[5] 規律権力が消滅したのではないにせよ、権力は規律権力から環境介入権力へと移動する。[6] 新自由主義のもとで、人間を些細なものとして扱う傾向が強力に貫徹し、人間諸個人が営む固有の生活史への感受性が希薄化してしまう。人間はいわば物として扱われ、この事態には自己責任の無責任な言説系が絡みついている。

ホネットが挙げた四つの現象はいずれも、われわれの生活世界の物象化、人間の物象化の現象である。ホネットは今再び「物象化（Verdinglichung）」というカテゴリーが知的舞台に登場する徴候があると言った。彼は直接に語ってはいないが、その背景には、私見では、新自由主義的資本主義のもとでの、経済、政治システムと社会文化的状況の変容がある。そしてここで重要な点は、ホネットの物象化論は、ある仕方で、生活世界の具体性において物象化を扱おうとする方向性を有しており、それは新自由主義に、すなわち組織された資本主義の変容に、ホネットが意識しているか否かは別にして、応答しているという点である。

さらに、ホネットはわれわれの生活世界がそれなしには生活世界として成り立たない生活世界の準－超越論的次元にまで遡及し、この次元を本源的承認と呼び、物象化をこの本源的承認の忘却とする。つまり、ホネットによれば、社会（生活世界）をまさしく社会たらしめているいわば準－超越論的事実性の毀損が物象化に他ならない。(7) マルクスにあっては物象化はそのような承認の欠如、ないし忘却としては捉えられていない。だから、ホネットの物象化論は物象化現象に関して新たな視野を開くものである。

とはいえ、他方では、ホネットにはわれわれの生活世界の一大領域をなす経済システムがそれ自身で物象化的存立を有しているという観点はなく、物象化現象は経済システムと区別されたものとしての社会文化現象に限定され、物象化は主体の世界に対する、そして相互に対する振る舞いと知覚の次元にのみ限定されている。このために、以下において立ち入るつもりであるが、ホネットは何故、如何なるメカニズムによって彼が言う物象化が生起するのかの説明において困難に遭遇せざるを得ない。私の見るところ、ホネットは何故物象化現象が生じるのかの説明にさいし、結局のところ彼が言う物象化現象の生起を物象化現象の生起によって説明するという堂々巡りに陥っている。(8)

2　本源的承認

生活世界の準－超越論的地平

ホネットは物象化をある種の承認の毀損ないしは忘却という事態として捉えるのであるが、この場合「承認」概念は、従来ホネットが展開してきた承認概念とは意味が異なっている。ホネットは従来、愛、法的人格と連帯を三つの承認形式とし、承認の毀損が苦悩の経験をもたらし、これがまた道徳的闘争を、すなわち承認を求めての闘争を惹起すると論じてきた。承認の毀損こそが主体たちの苦悩の経験をなすのである。ところが、ホネットが承認の忘却として物象化について語るとき、その承認概念は三つの承認形式として語られた承認とは意味が相違しており、この場合、承認は生活世界の人間学的前提として、それらの承認（形式）に先立つ承認である。これが本源的承認（あるいは超越論的事実性）であり、この本源的承認とは生活世界を生活世界として成り立たせしめる人間学的前提であるが、この人間学的前提は人間的コミュニケーションと相互行為及び人間と生活世界内的事物（人間以外の、人間の環境世界内の存在者）との人間の交渉・従事の不可欠の前提となるものである。それはまさしくわれわれの生活世界を生活世界として成立させる人間学的前提である。

本源的承認とは認識以前の承認であって、知的営みではないとされる。この承認は他者と生活世界内の諸事物に対する共感と結びついている。(9) 他者について言えば、それは他者が人格的存在であり、魂を有するということの前認識的承認である。私見では、これはある自己把握の仕方が認識的把握ではないということと関係がある。こうした生活世界的パースペクティブの側面にホネットは立ち入っているのである。

共感・配慮

ホネットはルカーチとハイデガーから、共感や気遣いという要素を引き出してくる。人間は自らの環境に対しても共感的に振る舞っており、この振る舞いは他者や事物に対する関与として特徴づけられる。

与えられた物的状態を中立的に把握するというモデルにしたがって自分自身及び環境に対する関係を考える第二の自然となった習性は、人間の行為実践にも継続的に別の物象化された形を与えるのであるが、しかし実践が持つ本源的な気遣いという性質が、いつか完全に消失させられるようなことはあり得ないであろう。(10)

「気遣い」や「共感」という態度は、彼らの考えによると、人間間の相互行為における他の主体だけではなく、人間的実践の状況連関に属する限りにおいて原理的にあらゆる対象に向けられている。ハイデガーとルカーチの見解には、参加者の視座という考えにおいて確認されるより以上の別の内容が含まれている。それは世界に情緒的に関係づけられているという要素である。ホネットは次のように言っている。

ルカーチとハイデガーが説明しようと試みているのは、そのような間主観的態度は前もって肯定的支持の、実存的行為の契機によって結びつけられており、そういった契機は理性的に動機づけられることに求めても十分には明らかにされない、という考えなのである。(11)

私見では、重要な点はホネットがわれわれ人間の生活世界の根源的様態について語っているという点である。この点はハイデガーについても言われることが出来よう。ハイデガーはまさしくその初期の講義から生活世界という問題次元に立ち入ったのである。それ故に、ホネットはハイデガーの気遣いについて語ることによって生活世界の有り様に目をやっているということになる。ホネットは人間の他者と世界に対する気遣いという態度は発生的にのみならず、概念的にも現実の中立的な把握より優位にあるというテーゼを擁護しようとする。それを行うために、ホネットは「気遣い」という用語を「承認」という用語によって置き換える。かくして、彼は人間の他の人間と自然及び世界に対する関係において、支持的で承認的な態度は発生的にもカテゴリー的にも他のあらゆる態度に先行するというテーゼを基礎づけることができるとする。

実存的関与の相

実存的関与の層、これをホネットは承認と呼んでいる。コミュニケーション的立場における理性的視座の引き受けを可能にする能力自体が、実存的配慮という性質を持つ先行する相互作用に根ざしている。[12] これに対して、ミードやデイヴィッドソンなどは子供と準拠する人物との関係における感情的側面を無視しており、精神活動の準拠する人物とのコミュニケーション関係から説明しようとする試みの多くでは、認知主義の傾向が支配的である。

① 幼児は準拠する人物の態度を正しさを判断するさいの審級と認める前に、その人物と感情的に同一化していなければばならない。[13]

② これからホネットは認識に対する承認の個体発生上の優位を引き出している。「子どもは、もし前もって自らの準拠する人物との紐帯感を発達させていなければ、これら相互行為の学習過程のすべてを遂行できないで

あろう」[14]。自閉症的態度の決定的な原因は目の前にいる準拠する人物の感情に対する子供の感応能力の不足である。

③　われわれは世界との知的な関係を持つけれども、この知的な関係は概念的な意味でも本源的承認という意味での承認という態度と結び付いている。

④　以上の意味での本源的承認は認識ではなく、認識に先行している。

このように、他者と世界に対する本源的承認の相は他者に対する実存的関与の相であり、これがわれわれの生活世界の準－超越論的な地平をなすのである。

3　ホネットのルカーチ読解

物象化の客体的面と主体的面

ホネットは、ルカーチ物象化論について、物象化とは人間と人間との関わり合いが物象という性格を持つことであるが、ルカーチは人間的なものが物的なものと見なされる認識上の出来事として理解しているとし、さらにそうした物象化の社会的原因は商品形態の拡張であると主張しているとする。ルカーチが言ったのは、①人間の間の関係が物象の間の関係として人間たちに対して自立化されるということ、②商品形態があらゆる生活現象を捉えていくということだった。①についてみれば、ホネットは、ルカーチの考えを次のように理解している。すなわち、主体は商品交換によって相互に次のように振る舞うように強制される。自分の目の前の対象を、潜在的に利用可能なものとしてしか意識せず、向かい合っている相手を取引の客体としてしか見なさず、自らの固有の能力を収益獲得機会の計算における追加的資源としか見なさない。②について見れば、ルカーチは物象化の強制を資本主義における日常生活全体に移すのであり、かくして経済的領域への局限された結び付きから自らを解放している。このような社会的一般化がどのようになされるかは、ホネットは言うが、明らかではない。ルカーチは経済領域に局限された物象化を資本主義における日常生活全体に移す。

ところが、ホネットは、分析のうえで、ルカーチは概念的アプローチの方向を変える、と言う。初めは対象の側で物象化を通して生じる変容に留意していたが、今度は行為する主体が自分で経験せざるを得ない変容を検証する。これは主体の側での物象化である。基本的には、ホネットは、ルカーチの言う物象化を主体の態度として理解する。ホネットにとって関心があるのは、この主体の経験の変容である。

そして、「無関心」とは、行為者がもはや出来事によって感情的に刺激されることはなく、出来事を内的に共感することなく、まさしく観察するように、自らの脇を通り過ぎていくがままにさせる態度を意味している。(15)

商品交換の拡大する行為領域のなかでは、主体は社会的出来事の参加者としてではなく単に観察者として自ら振る舞うことを強いられている。(16)

「物象化」をルカーチは、観察に専念する態度のハビトゥスや習慣と理解しており、そのような態度においては、自然的な環境や社会的な同時代人や自らの人格の潜在力は、もっぱら無関心に感情中立的に何か物的な

もののように把握されるのである。(17)

これは主体の側の変容について述べたものであって、ここで言及されているのは経験する主体の態度変容である。ホネットによれば、ルカーチは主体性、客体性、主体、客体という意識哲学のパラダイムが残存していることの重大な含意に何ら気がついていないのだが、先に見たように、ホネットは人間と人間と関係が、したがって人間的なものが物的なものとして現れるということをルカーチは認識上の出来事として理解していると解釈していた。しかし、ホネットは、主体の無関心という態度については、ルカーチはそれを認識上の誤謬や道徳的に誤った態度としてではなく、誤った実践形態であると理解していると解釈している。物象化が誤った実践形態であるとするなら、ルカーチは真なる実践形態を展開しなければならないであろう。

真の、あるいは正しい実践としての理性的生活形式

ルカーチは、ホネットによれば、物象化を道徳的原則に対する違反を見るのではなく、理性的実践、理性的生活形式の誤認とする。ここでホネットはルカーチは理性的生活形式を現状に対する批判の準拠点にしていると語る。では、ルカーチにおいて、理性的生活形式とは何であるのか。この理性的生活形式とは歪められていない形態の人間的実践のことであるが、ホネットの見るところ、歪められていない形態の（真なる）実践に関して、ルカーチには二つの構想がある。一つは真なる実践に関する公式の見解であって、それは包括的実践という実践であり、類の活動としてのこの実践によってあらゆる現実が産出されるとされる。包括的実践とはヘーゲルの世界精神と同型のものである真の実践、つまり正しい実践であるというルカーチの考えは、主観＝客観としてのプロレタリアートの

考えに行きつくであろう。ルカーチは真の実践に関する自分のビジョンをヘーゲルやフィヒテに立ち戻って展開する。客体を主体の産物ととらえることができ、精神と世界が符合するところでのみ、われわれは歪められていない活動性、すなわち真の実践について語ることができる、というわけである。これがルカーチが真の実践によって考えている方向性である。重点は「客体を主体の産物ととらえることができ、精神と世界の符合するところでのみ、われわれは歪められていない活動性について語ることができる」という点にある。(18) 客体を主体の産物として捉えることが出来るということ、そこにヘーゲルの世界精神の類似物が出てきてしまう。この場合、主体とは集団へと拡張された主体であり、この集団的主体はフィヒテ的活動をモデルとする。こうしたある種の主体的活動性が客体的なものを産出するという観念論的な実践概念をルカーチは用いる。この実践概念に照らして、第二の自然である物象化された社会的連関が批判される。

真なる実践に関するルカーチの第二の構想は非公式の構想であって、ホネットによれば、「本来の『真の』実践は、商品交換の拡大によって破壊された共感や関心という特性をもつものである、とされている場所も実際はあるのである」(19)。この実践はフィヒテが語る精神の自発的活動ではなく、積極的な共感並びに実存的関与が有する特性によって特徴づけられる実践であり、ホネットはこれを共感的実践と呼ぶ。

かくて、ホネットからすれば、ルカーチにおいて物象化は真なる実践の歪められた形態である。では、真なる実践は如何なる仕方で歪められているとされるのか。ホネットはこの点に関するルカーチの所論をハイデガーの路線で解釈する。ハイデガーにおいて、われわれの日常生活の遂行のなかで世界はつねにすでに開示されており、現実はわれわれに実践的意味を持つものとして与えられている。このことをハイデガーは実存的・現象学的分析によって露わとするが、この実践的関連の構造を特徴づけるのが気遣いである。この気遣いは、ホネットによれば、共感的実践である。

① 公式的見解の場合、ルカーチは、フィヒテに依拠して、労働者たちが物象化された状況で彼らがつねにすでに行ってきた産業的行為の事実を自覚することを示そうとする。ルカーチによると、社会的対象はものではなく、人間間の関係であるが、物象化されていない別の実践形態は物象化において除去されてしまったのではなく、意識から遠ざけられているだけである。これがルカーチに対するホネットの解釈である。ホネットは次のように言う。

ハイデガーと同様ルカーチもまた、物象化された状況とは、単に誤った解釈枠組み、すなわち人間の本当の存在様式があるという事実を隠す存在論的なヴェールを表しているのである、という認識を受け入れているのではなかろうか。(20)

かくして、ルカーチの言う物象化とは、ホネットの解釈では、存在論的ヴェールが真なる実践、正しい実践を覆い隠す事態であるということになる。ハイデガーからすれば、伝統的存在論の諸カテゴリーは、今の文脈では気遣いに対して適切ではなく、それに対するわれわれの眼差しを遮蔽してしまうのである。

② 非公式の見解の場合にも、同様である。非公式の見解では、真なる実践としての実存的関与の実践は気遣いあるいは共感的実践であるが、ルカーチは伝統的存在論の中に物象化された状況に相応しい表現を見出す。つ

まり、物象化された物的な関係に関する表象はまさしくヴェール（解釈上のヴェール）であり、こうしてホネットは、ルカーチとハイデガーは、それは現に存在する配慮や共感という事柄を覆い隠してしまうという認識で一致しており、ルカーチは物象化を痕跡として常に（われわれに）与えられている「正しい」実践に対する誤った解釈習慣を表していると考えていると主張している。ただし、ホネットによれば、ルカーチとハイデガーの間には相違もあり、それは、ハイデガーでは気遣いは常にすでに開示されており、それ故ハイデガーの試みは気遣いというこの存在を開示することになるが、ルカーチは自らの企てを、すでに存在しているものの開示としてではなく、物象化が共感的実践を実現する機会を奪うが故に、未来において可能となり実現される人間の存在形態のいわば投企として、そのための見取り図として理解する、ということである。

4　物象化が生じるのは如何にしてか

物象化が生じる要因・物象化に関する社会理論的テーゼ

ルカーチは『階級とプロレタリアートの意識』において、物象化を客体的な面からも主体的な面からも追跡している。これに対して、ホネットは、以下に立ち入るが少し先走って言えば、経済システムそれ自身の物象化という論点を視野の外に放逐して、物象化をもっぱら主体の世界に対する振る舞いと知覚様式に限定するが、こうした点からしてホネットにとって関心があるのは、ルカーチの公式的見解ではなく、非公式の見解における物象化である。ホネットによれば、ルカーチの非公式の見解における真の実践とは世界に対する共感的実践あるいは実存的関与であり、物象化とはそうした真の実践があるという事実を覆い隠すという事態である。これは、ルカーチにおいて物象化とは如何なる事態であるかに関するホネットの解釈である。この解釈によれば、ルカーチにおいて物象化とは一種の思考習慣、習慣的に硬直した視座であり、この視座が真なる実践を覆い隠すというわけである。

これは物象化とは如何なる事態であるかの説明であるが、それはまだそうした物象化が如何にして、如何なるメカニズムで生じるのかの説明ではない。それで、ホネットはそうした物象化の生成をルカーチはどのように説明することが出来るかと問う。ハイデガーは伝統的な存在論的世界像がわれわれの思考に及ぼす歪曲作用を述べることが出来たが、ルカーチではどうか。ホネットによれば、この問いに対するルカーチの答えは以下の通りである。ルカーチは、共感をもって関わっていくという視座が中立化され、そして客体化する思考の故にその中立化が実現されてしまう、とする。共感という世界に対するわれわれの実存的関与が社会的に強制された形で中立化されるのである。

ルカーチが、物象化という現象は、共感というをわれわれが前もってつねにとっている態度を社会的に強制されたかたちで中立化することにほかならないと言いたいかのように響くのである。(21)

根源的承認の忘却、すなわち、ある主体の世界知覚のあるあり方がホネットにとっては物象化である。物象化とは、他の人間についてのわれわれの知識や認識がかの先行的承認に依存しているのに、そのことの意識が消失してしまう過程、われわれが他者を感覚を欠いた対象であるかのごとくに知覚する傾向であり、本源的承認の忘却こそが物象化である。ここで物象化されるのは世界それ事態ではなく、世界に関する知覚であると語られていることに注意しよう。

ホネットは物象化を以上のように捉えた上で、ルカーチでは、共感という態度が観察するだけの振る舞いによって閉め出されるとされているとし、このさいルカーチは市場の社会的重要性に言及していることを指摘する。すなわち、ルカーチでは、もっぱら認識するだけの態度をとらせるのは資本主義的市場の匿名の行動強制である。かくして、ホネットは、物象化現象をもっぱら知覚様式（や振る舞い様式）に論定しつつ、ルカーチはそうした物象化が生じる要因を資本主義的市場の匿名の行動強制に求めているとする。ホネットによれば、ルカーチは物象化を一種の思考習慣として、習慣的に硬直した視座として理解することを目ざしていたのだが、こうした硬直した視座が生じる要因を資本主義市場の匿名の行動強制にあると考えている。これは商品交換の拡大のみが（主体の）態度変容の要因であるとする社会理論的テーゼである。

しかし、ホネットはこの社会理論的テーゼの一般性に異論を唱える。ルカーチは商品形態があらゆる生活現象を捉えていくことについて語るが、これは物象化現象を経済領域に狭く局限することから解放するものである。けれども、ホネットからすれば、物象化現象（もっぱら主体について論定された）は多様であって（この意味で「豊か」であって）、単に商品形態があらゆる生活現象を捕らえるということではこの多様性を捉えることは出来ない。

物象化現象の多様性

ホネットの見るところ、

①　ルカーチには社会関係の脱人格化過程を物象化過程と同一視する傾向がある。しかし、貨幣流通によって脱人格化された関係においても、人びとは責任能力ある一般的人格、法的人格として現存し続けなければならな

い。[22] 他方、他者たちの物象化は彼らが人間であることそのものの否認を意味し、それ故物象化過程を社会関係のモノ化と同一視することはできない。

② ルカーチには、さまざまな物象化の次元をそれらの間の差異を無視して同一化してしまう傾向、ある種の同一視がある。確かにルカーチは他の人物の物象化、対象の物象化、自己自身の物象化を区別するように試みたけれども、彼はそれらの物象化のうち一つでも生じれば、他の二つも生じてしまうと考えたようである。しかし、物象化の異なる局面間には必然的な連関はない。

③ ルカーチは市場社会の影響が三つの次元の物象化を自動的にを引き起こすかのように記述している。ルカーチは土台－上部構造というマルクス主義的テーゼにならって、経済領域には高度の文化規定力があるとするために、彼は経済的諸現象から発する社会の他の領域での必然的結果を推論する。[23]

④ ルカーチは物象化という現象に総じてただ交換過程との極めて緊密な結びつきにおいてのみ言及している。彼はレイシズムや人身売買における残忍な非人間化の形態に何ら言及していない。これは、ホネットの理解では、経済的強制だけが人間の人間的特徴の否定を引き起こしうるという先入見に関わる体系的な盲目性によるものである。ホネットからすれば、資本主義的商品交通の行動形成作用以外にも社会的な物象化の起源があるのである。

このように、ホネットはわれわれの生活世界に視座を定めており、生活世界における物象化現象の多様性に目を留めていて、それを単に商品形態が生活現象を捉えていくということですませてはいない。けれども他方では、ホネットは商品交換の拡大のみが主体の態度変容の原因であるとする社会理論上のテーゼの一般性を否定することによって、同時に、資本制社会では、経済領域それ自身が物象化的存立構造を有するという論点を視野の外に放逐してしまう。経済領域ないし経済システムそれ自身が物象化的存立構造を有し、こうした構造を生みだす資本主義に固有な力学があるのだが、ホネットはこの固有力学には立ち入らないのである。(24) 先に言及したように、ホネットは資本主義的商品交通の行動形成作用以外にも社会的な物象化の起源があると語るが、資本主義的商品交通の行動形成作用も社会的物象化の、すべてではないにしても要因の一つだということになるはずであるが、ホネットはそうした要因には立ち入らない。私見では、資本制社会の物象化を生みだす固有力学の解明なしには、新自由主義的資本主義の本質を解明することは出来ないし、それ故にまた、新自由主義的資本主義における物象化も十分に捉えることは出来ず、さらにホネットが言う物象化が如何にして生起するかの説明においても困難に遭遇せざるを得ない。この点は後に見ることにし、次に本源的承認の忘却としての物象化のホネットの規定を見ることにする。

5　本源的承認の忘却としての物象化

態度・振る舞いとしての物象化

物象化された世界とは人間が物として、些細事として扱われる世界であるとひとまず言ってみよう。このように言うと、もとより、物象化されているのは世界であり、世界それ自身が物象化的に存立しているということになる、これに対し、ホネットは（人間の）世界それ自身が物象化された存立構造を有しているという論点には立ち入らず、むしろそれを視野の外に放逐している。ホネットが物象化を論定するのは、世界に対する人間の態度や知覚である。物象化とは、例えば、人間について見れば、人が相手を人間として扱わなくなるような態度のことであり、そしてそれは本源的承認というかの人間学的前提の侵害であった。かくして、ホネットは次のように言う。

「物象化」とは、それを引き受けることにより主体は関心をもって共感する能力を失い、その環境もわれわれに対して質に開かれているという性質を喪失するような思考習慣、習性的に硬化した視座のことである。(25)

ここで言われているのは、物象化とは総じて世界に対する人間のある種の思考習慣、習性的に硬化した視座である、ということである。それは人が他者を人間として扱わなくなるような態度である。このような態度で人が他者が人間であるという実存的共感を喪失して他者を扱うとき、そのように扱われる人は単なる物として扱われ、他者が物化されるはずである。この他者は物象化されていると言うことも出来よう。すると、ここに物象化する人と物象化される人との区別が生じるはずである。しかし、ホネットはその物象化論の展開にさいし以上のように物象化される人には論究せず、もっぱら物象化する態度に論究している。それ故、ホネットでは、物象化とは物象化する人間の態度・振る舞いのことである。

先に、認識に対する、ここでのホネットの意味での承認、つまり本源的承認の優位が語られた。認識に対する承認の優位とは、ホネットにおいて、他者を中立的に捉えることに対する共感（Anteilnahme）の優位のことである。ホネットにとっての課題は、ルカーチが抱いていた直観を十分に考慮に入れるような物象化観念を今日われわれはもう一度明確にできるかどうかというものである。ホネットによれば、（彼の言う）物象化とは認識上のカテゴリー・エラーを表すのでも、道徳原則の侵害を表すのでもない。「物象化」は非認識的なもの、ハビトゥス、ある形式の振る舞いの毀損を意味する。物象化はあくまで人間の態度の事柄であり、かくしてホネット物象化論の基本構図は、主体、人間の振る舞いに焦点を当て、その振る舞い、意識に物象化を論定するものである。つまり、主体の自己、他者と世界に対する振る舞いと意識にである。

このさい、物象化とは、ホネットでは、自己、他者と世界に関するある根源的承認が失われることであり、ここで失われるというのは忘却されるということである。承認という根源的な振る舞いが失われてしまうということが物象化なのである。この根源的な承認が忘却されるということは、第一に、他者についてのわれわれの知識や認識がそうした先行的な根源的承認に依存していることが忘却され、第二にその根源的承認が失われる程度に応じて、われわれは他者を感覚を欠いた対象のように知覚することになる、ということである。それ故、物象化は、ホネットの理解では、主体の知覚様式でもある。

ある種の注意の減少

ホネットでは、物象化とは、以上見たように、共感的実践としての本源的承認の忘却である。しかし、忘却と言っても、それはこの承認が人間の意識から完全に奪われ、消失してしまうということではない。ルカーチは物象化する態度の生成要因として商品交換の拡大というかの社会理論上のテーゼを挙げたのだが、このルカーチの考えに反論しつつ、ホネットは、ここではむしろある種の注意の減少が問題であると言う(26)。ホネットが言うには、注意の減少には二つの典型的な場合がある。

① われわれがあることを行っているとき、その目的をあまりに熱心に一面的に追求する結果、場合によっては本来持っていた自分の動機づけと目的に注意を払わなくなる。

② 思考図式の中には社会的事実を選択的に解釈するように促すことによって状況の中に含まれて重要なものを感じとるための注意を弱めてしまうものがある。かくして、ホネットは次のように言う。

われわれが扱うのは、認識するという態度がその目的の独り歩きによって一面化したり硬直化したりするケースか、先入見やステレオタイプのために承認という事実を事後的に拒否する第二のケースか、そのいずれかである。(27)

こうしたケースは観察という目的の独り歩きを促す制度化された習慣行動のケースである。(28) あるいは本源的承認、すなわち共感的実践ないし実存的関与を否定することを強制する思考図式が存在するケースである。確かに、資本主義的経済システムの物象化を語って、諸個人の思考・世界知覚のあり方を問わないのは十分ではないだろうし、ホネットは確かにそこに焦点を当てているのである。(29)

真の物象化と偽物象化

真の物象化と偽の物象化とが区別される。真の物象化とは、相手が人間であるという実存的共感が欠如している場合であり、これに対して偽の物象化と例えば虐待のような場合であって、この場合には、人間と物との存在論的相違が忘却されているわけではない。

自然に対する物象化

さらに、ホネットは自然の物象化についても語っている。ホネットの場合、自然の物象化とは自然それ自身の物象化ではなく、自然に対する人間の知覚の物象化である。

実存的関与としての本源的承認は他の人間に対する承認であるだけではなく、自然の諸存在についても成り立つ。ホネットからすれば、われわれは人間以外の世界に対しても予め承認という態度をとっており、それ故、物象化する態度は人間の対自然関係においても成立しうる。してみれば、人間間の相互行為における根源的承認という条件は人間の自然的世界との交流にまで拡張されることになる。人間の対人間関係と対自然関係には非対称性があるのであるが、客観的世界に関しては、われわれは客観的世界を知的に解明する可能性を排除することなく、物象化する態度を取ることが出来る。しかし、他者に関しては、かの根源的承認が失われるなら、人は他者を人物として認識することは出来なくなる。物象化とはある種の盲目性である。客観的世界に関しても、あくまである個人の自然に対する物象化的態度が語られており、物象化とは動植物あるいは事物をもっぱら客観的に確認するという仕方で知覚するというものである。

他者に対する本源的承認が忘却されるなら、人は他者を物象化して知覚することになるが、この時、他者が人間以外の対象について抱いている主観的表象や感覚に対する注意が失われてしまうであろう。他者が対象に対して持っている意味の諸相に対する注意が忘却されることにもなる。この場合、「われわれが、それらの対象がわれわれの周りの人々やわれわれ自身にとって、多くの実存的な意味を保持していることを実感することは決してないのである[30]」。

自己物象化

ホネットは、さらに、自己物象化について語る。これは他者にではなく自己の自己に対する物象化的態度である。ルカーチは、内的経験世界、精神的行為の世界について、それに観察するという態度で応じるということについて語るけれども、ホネットからすれば、それは自己物象化である。自己物象化もある種の根源的承認に対する忘却である。ではこの場合、承認とは何を意味するのであろうか。「自己関係との関連でも同じように承認の（必然的な）優位を語ることができる(31)」のであろうか。承認するという自己関係の優位があるのであるが、自己関係の本来的で正常な形式とはどんなものであろうか。

ホネットは自己関係についての二つの考え方を拒否している。一つは自己関係に関する認知主義的考え方であり、この考え方では、自己は自己について認識するとされ、自己関係は認識という現象と同一視される。こうした考えでは、第一に内的な認識器官が主体に備わっているとされなければならず、第二に、認識される方の願望や感情がそれ自身において完結した性格を持つとされなければならない。こうした認知主義的解釈は探偵主義と呼ばれている。私は私の内的世界を探偵のごとく探索するというわけである。ホネットが拒否している第二の考え方は構成主義である。すなわち、「われわれが自分たちの相互行為のパートナーに対して特定の意図をはっきりと表現する瞬間に、われわれはいわばそうした意図をわれわれのうちに存在させようと決めるのである(32)」。これに対して次のように言われる。すなわち、心的状態はたいていの場合降りかかってくるもの、気分、などとして現れる。われわれは心的状態に晒されているのだ。それ故、われわれが自分の意図を特定のパートナーに表現する瞬間にその意図をわれわれのうちに存在させるという構成主義の考えは誤りである。

以上の二つの考えはまさしく自己物象化を表しているのである。ホネットは自己に対する根源的承認とは如何なるものかを問うており、それを彼は、上記の二つの考え方を否定することを媒介として明らかにしようとしている。ホネットは探偵主義と構成主義の間の中間的な道、表現主義というモデルを提示する。「われわれはこうした心的状態を、われわれがすでに内的にそのつどなじんでいるものに準拠して分節化するのである」[33]が、この独自なあり方で自己に関わる主体は、己の願望を分節化するに値するものとして捉えている。これをホネットは承認と呼ぶ。つまり、「表現するという自己への関連づけができるとされる主体は、自らの心的体験を積極的に関与し分節化するに値するものと見なすまでに、前もって自分自身を肯定しなければならない」[34]。ホネットによれば、探偵主義や構成主義は、自己自身の物象化の過程を反映している。[35]

6　ホネットにおける物象化の要因

ルカーチは客体的な面についても主体的な面についても物象化現象を追跡した。これに対し、ホネットは物象化を論定するさいにもっぱら主体の態度・振る舞い・知覚に場面を設定（限定）し、客体的な面、すなわち経済システムそれ自身の物象化的存立という点は視野の外に置き、自分のこの関心方向に会わせて、主体の世界に対する実存的関与たる本源的承認を忘却させるルカーチの見解にのみ焦点を合わせている。ルカーチは経済システムそれ自身に物象化を論定し、そして商品形態が他のあらゆる生活現象を捉えていくという事態に言及したが、この後者、とりわけ主体の変容の場面だけをホネットは論じる。そのさい、ホネットが主体の物象化の要因としてルカーチに論定していたのは、商品交換の拡大のみが態度変容の原因であるとする社会理論上のテーゼであった。ホネットはこの社会理論上のテーゼを全的に否定するのではない。ただ、それは主体の物象化を生みだす要因の一つにすぎない。では、ホネットでは物象化を惹起する要因は何であろうか。

ホネットでは、物象化の核心は（本源的）承認の忘却にある。もしそうであるならば、物象化の社会的原因はそうした忘却を可能とし、常態化させる習慣行動、メカニズムにある。他者の物象化、すなわち他者を単なる物として扱い、知覚することと自己物象化、すなわち自己をそうした物として扱い、知覚することは必ずしも一緒に現れるわけではない。この事実は、二つの物象化は別の原因によるかもしれない、という結論へと導く。

他者に対して、人々が物象化する態度をとりうるには次の二つの原因がある。

（a）他者を単に観察することが自己目的になっている社会的実践に参加する。

（b）行為するさいに本源的な承認を後から拒絶することを強いるような信念体系に支配される。

（a）では、ある特定の一面化された実践を行うことがそうした忘却に導く。

（b）では、物象化はある社会的見方、イデオロギーを身につけることの結果である、この場合、物象化は主体に作用を及ぼす信念体系から派生した習慣であるということになる。

一面化された実践を身につけることで、物象化する態度が発生する場合（a）だけが「ルカーチが資本主義的な商品交換をすべての形態の物象化の社会的原因として描く場合に念頭においていたものである」[36]。ホネットの解釈では、ルカーチでは、すべての物象化現象の元凶は商品交換の一般化であった[37]。これに対し、ホネットは物象化をかの本源的承認の忘却、すなわち相手を人間として扱い知覚することの忘却として捉えるために、商品交換を物象化と同一視することは出来ないと言う。物象化はただ人が他者の人格を先行的に承認していることを見失う場合にのみ語られうる。というのは、商品交換の場面でも、商品交換に従事する当事者は相手を単なる物としては了解していないからである。ホネットによれば、商品交換と物象化を同一視することには説得力はない。その上、商品交換の場面にあっても、商品交換の当事者は法的人格として承認されているのであって、そのため当事者の法的地位（法的人格としての相互承認）が当事者が物象化する態度に陥ることから護るのである。[38]

とはいえ、以上のホネットの主張はルカーチの所論を正確に捉えているとは言い難い。ルカーチでは、ルカーチはマルクスに依拠しているのであるが、例えば資本家と労働者の契約にあって、彼らは契約当事者であり、彼らは確かに法的人格として承認されている。けれども、その契約自体が物象化された諸関係に基づいており、彼らが法的人格であるということは、むしろそうした物象化の表現でもあるからである。ここでのホネットの言明は彼の物象化概念をすでに前提としている。

ともあれ、ホネットは物象化を本源的承認という実存的関与を欠いた単なる観察する実践が法的人格としての承認から解除されて自立化することとする。ホネットは次のように言っている。

ただ物象化するだけにすぎない態度が生じる可能性は、純粋に「観察する」実践がもはや最低限度の法による承認保証とのそもそもの結びつきを失う程度に応じて常に拡大するのである。[39]

（b）の場合では、例えばナチのイデオロギーのような信念体系を人が受容する時に物象化は生じる。ホネットによれば、ここで問題となるのは、そうした物象化する態度への傾向に拍車をかける習性的行動ないし社会構造を特定することである。つまり、ホネットでは、物象化の要因はそのような習性的行動あるいは社会構造である。

自己物象化の社会的要因

自己物象化とは自己が自己に対して単なる観察的態度を取ることであり、先駆する自己肯定が忘却される場合である。主体の自己物象化の要因はある種の自己表現の諸制度の生成に求められる。こうした諸制度への関与が強まるにつれて、主体は自己物象化していくとされる。ホネットはそうした諸制度として、あるいは社会的習慣行動として、就職のための面接や特定のサービス提供とインターネットによるパートナー探しを挙げている。[40]

就職のための面接についてみれば、かつては資格証明が必要とされ、応募者が特定の業務に適合しているかどうか問題であった。これに対し、今では、つまり新自由主義的資本主義の時代においては、ということだろうが、応募者には自分の労働意欲を効果的に演出することが求められる。「より頻繁に主体がそうした過剰な演出要求にさらされるほど、それだけ主体の願望と意図がすべて任意に操作可能な事物という範型にしたがって感じられることになる傾向が高まってゆくのである[41]」

これに対して、インターネットによるパートナー探しでは、主体は自分の感覚をいわば対象化して、それに対して観察的態度を採り、それをいわば客観物として受動的に記録し、それを相手に電子メールで送信する。主体は規格化されて設定された出会いにおいて予め定められた尺度にしたがって提起されている項目に自分の特性を記入しなければならない。主体たちは自分の願望と意図を彼らの出会い、コミュニケーション的連関のうちで表出しあうのではない。起こるのは自分の願望と意図の商品化である。「そこでは自分自身の願望と意図は、加速された情報処理によってただ把握されるだけで、いわば商品化されざるをえないのである[42]」。

7　ホネット物象化論の意義と限界

ホネット物象化論の意義と限界

ホネットは、物象化現象を単に資本制社会の運動からのみ理解するのではなく、われわれの生活世界の物象化現象の多様性に眼をとめている。私見では、われわれの生活世界は、資本主義の固有力学によって規定され産出されるとともに、生活世界固有の歴史的特性を有し、両者の契機の相互作用において形成される。これに対し、ホネットはわれわれの生活世界に視野を定め、主体のあり方に物象化現象を論定している。物象化のこのような取り扱いは、例えば、マルクスにおいては、それとしては明示的に主題化されていなかった視点である。

生活世界の（歴史的に形成された）具体相に眼を止めているが故に、ホネットは、主体の他者に対する物象化、世界に対する物象化、自己に対する物象化という主体の物象化の差異を論定する事が出来るのである。ホネットが生活世界に視座を定めているが故に、例えば、マルクスの『資本論』に依拠して物象化概念を展開するというようなことをしない。物象化は人間の生活世界的経験に即して捉えられ、読み取られる。この点は首肯しうる点である。

しかし、以上のように、ホネットが人間の生活世界的経験に視野を定めるということによって、ホネットの視野がわれわれの生活世界に限定されてしまっている。人間社会とその歴史には、とりわけ近代以降そうなのであるが、生活世界の一定のあり方を産出しながら、同時に生活世界のうちではそれ自身を隠蔽する固有の力学が存在する。『資本論』における本源的蓄積のマルクスの記述は、人びとの生活世界の歴史的変容の記述であり、この記述はその固有力学の生成、すなわち抽象の支配を論定する。『資本論』から一つの例を挙げよう。

生産過程を労働過程の観点から考察すれば、労働者の生産手段に対する関係は、資本としての生産手段にではなく、自分の合目的的な生産的活動の単なる手段及び材料としての生産手段に対する関係だった。……われわれが生産過程を価値増殖過程の観点から考察するやいなや、そうではなくなった。生産手段はたちまち他人の労働を吸収するための手段に転化された。もはや労働者が生産手段を使うのではなく、生産手段が労働者を使うのである。(43)

労働場は労働者の労働生活の場、したがって生活世界の一部であり、この生活世界のパースペクティブからすれば、労働者が生産手段を使用し、労働生産物を生産する。労働者が主体なのであって、彼は彼の意識においても生産手段を使用しつつ生産活動に携わる。ところが、この同じ過程はそれ自身において、生産手段が労働者の労働を吸収する過程に転化している。具体的労働はそれ自身において抽象的労働に転化しており、この抽象的労働が価値を、そしてまた剰余価値を生産する。先に言われた転倒も、具体的労働がそれ自身において抽象的労働に転化しているということも、だから、労働者はその労働において価値、剰余価値を生産しているということも、労働者の生活世界において知覚されず、隠蔽されるのである。同じく、それ自身としては眼に見えない、すなわち生活世界からは知覚されない剰余価値生産を媒介にして、資本家が資本家として、労働者が労働者として再生産される。だから、もっぱら生活世界に視野を制限している限り、つまり、生活世界内的了解の、あるいは生活世界内的経験のレベルに留まる限り、(労働者の)生活世界を産出しながら、生活世界では隠蔽される運動は視野のうちから消え去ってしまう他はないのである。後に立ち入る予定であるが、われわれの生活世界を物象化された生活世界として産出する、資本制社会に固有の力学がある。

とはいえ、他方、われわれの生活世界は、物象化された生活世界として産出するそうしたメカニズムによって完全に規定され尽くされるということもない。つまり、そうしたメカニズムによって一元的に規定されるということもない。そもそも生活世界には物象化に対する批判と抵抗の運動が属し、生活世界は固有の歴史的特性をも有している。この意味では、生活世界は、先に言及された生活世界を物象化された世界として産出するメカニズムからは一定の（相対的な）自立性を有している。生活世界に生活世界の物象化に抵抗する強い運動があれば、生活世界の物象化は押し戻されるであろう。

生活世界の（相対的な）自立性を示す例として私が挙げたいのは、ウェーバーが語ったプロテスタンティズムの倫理である。近代資本主義はその生成期にまさしく倫理としての、使命としての労働という労働に対する観念を必要としたのであるが、ウェーバーによれば、そうした労働観念は古プロテスタンティズムの宗教的世界像の合理化から派生したのであり、それが生みだした禁欲的な職業倫理は、信者には思いもよらぬことであったが、資本主義にとって適合的な主体類型を生みだした。宗教的世界像の合理化は人間の生活世界内の事柄であって、（近代）資本主義がこの宗教的世界像の合理化を生みだしたと言うことは出来ない。ウェーバーが追跡したのは、そのような宗教的世界像の合理化から派生した労働倫理のいわば制度化の方向である。これは一例にすぎないが、このように生活世界には生活世界に固有の力学と運動があるのである。

生活世界の物象化に関しては、生活世界の固有の運動と生活世界を物象化された生活世界として産出する資本の運動に特有のメカニズムという要因ないし力の相互作用、あるいは衝突がある。物象化に関して言うなら、われわれの生活世界は以上二つの力の相互作用によって規定されている。かくして、ここでの私の課題は物象化に関する

ホネットのいわば光学とは違った光学を開くことである。(44)

物象化の生成を物象化の生成によって説明する

ホネットでは、主体の自己物象化の原因は社会的習慣行動の成立に求められている。何故自己物象化が生じるかと言えば、それは主体がある種の習慣的な行動に取り込まれるからである。この場合、自己物象化の原因は自己表現と関連する社会的習慣行動にあるとされる。原因は、してみれば、社会的習慣行動である。ところが、そうした社会的集団行動なるものは、すでに自己物象化を含んでおり、自己物象化によって定義される、あるいは規定される。例えば、ホネットが挙げているインターネットによるパートナー探しや就職のための面接という社会的習慣行動は、それらはすでに主体のホネットの意味での物象化を含む実践である。これらは自己表現の制度なのであるが、ホネットはこうした「自己表現の諸制度に主体がより強く関与してゆくほどに、人格的な自己物象化への傾向が高まるというのが、私の推測である」(45)と言う。これは主体の自己物象化が生じる社会的要因についてのホネットの説明である。けれども、そうした社会的慣習的行動たる制度にあっては、主体はすでにホネットの意味で物象化されている。すなわち、制度における主体の振る舞い・態度・知覚様式は物象化のそれであり、この振る舞い・態度・知覚様式がすでに制度化されている。それ故、物象化が生じる社会的要因のホネットの説明は一種の堂々巡りではあるまいか。というのは、彼の説明では主体の物象化が主体の物象化の制度化によって説明されているからである。しかし、そうであれば、言われるところの社会的慣習的構造ないし制度が如何にして成立するのかが説明されなくてはならないのではないか。ホネットはこの問いを提出していないし、それ故、主体の物象化が生じるための社会的要因のホネットの説明にあっては、そうした社会的慣習行動ないし制度の生成は所与となっている。

ホネットは、資本主義的経済システム（ないし経済制度）それ自体が物象化的存立構造を有しているという論点には立ち入らないのだが、そうした社会的習慣行動ないし制度の生成の説明にあたっては、資本主義的経済システムを除外した生活世界の固有力学に訴えることが可能であるかもしれない。ホネットが挙げている戦争映画における、敵を人間とは見なさず、物として扱うという例は、それ自身は資本主義的経済システムの構成論理から直接に出てくるわけでもないであろう。そのような映画は文化産業のなかで、あるいは娯楽産業の中で生みだされる。けれども、私見では、ホネットが言及している社会的慣習行動ないし制度の生成は資本主義的経済システムの運動とやはり何らかの関連を有し、資本主義的経済システムと国家システムの変容は諸主体の姿勢という次元で主導的な役割を果たしもすると思われる。

フォーディズムを基盤とする戦後社会国家（福祉国家）ないし開発主義国家では、物象の支配が一定程度押さえ込まれていた。資本制社会はそもそも物象化的構造を有するけれども、戦後福祉国家では、物象の支配に対する抵抗とそれに対する押しとどめが制度化されていたのである。ところが、一九七〇年代にはフォーディズムは危機に陥り、新自由主義が登場して、戦後福祉国家を攻撃し解体しはじめる。新自由主義は物象の支配に対する押しとどめの制度化たる福祉国家を解体することによって、物象の支配に対する押しとどめを押し返し、物象の一元的支配を実現しようとする。そして、この物象の支配と富の下層から上層への、家計から多国籍大企業への富の移動を実現するメカニズムとは結びついていた。新自由主義とともに、組織された資本主義は新自由主義的資本主義へ、国家のレベルでは、戦後福祉国家ないし開発主義国家は新自由主義国家へと改造されるという運動が生じる。この変換の局面で、ホネットが言う主体の物象化が生活世界内に強力に生みだされた。知の領域ではそれまで辺境にあった新自由主義思想が強力に前面に現れてくる。生活世界でのこうした現象の生成と資本主義的経済システムの新自由主義的資本主義への変容は相互に連動しているのである。新自由主義的な経済システムがまずあって、それが生活世界のうちにホネットが言うような主体の物象化する態度・振る舞い・知覚様式を生みだすというのではない。むしろ、生活世界で生みだされたそうした物象化する行為・知覚様式は組織された資本主義から新自由主義的資本主義への変換の梃子として働く。とはいえ、新自由主義的経済システムが一定程度でも形成されるならば、今度はそれが物象化する行為・知覚様式を再生産するであろう。さらに、ヒエラルキー化され、組織された、それ故にまた諸個人の自律性と自由を制限する制度的諸形態に対する批判が資本主義に回収されて、資本主義が新自由主義的資本主義へと変換されるさい、その梃子となるということも起こる。

ともあれ、ホネットの物象化論では、資本主義的経済システムそれ自体が、したがってまた新自由主義的経済システムそれ自身が物象化しているという点は視野の外に置かれている。私見では、物象化を扱うさいに、そうした論点を欠くことはできない。

システム自体の物象化

ホネットは物象化をあくまで他者と自然に対する人間諸個人の振る舞い・意識・知覚様式に論定し、物象化をそれらの物象化に限定している。こうした限定のもとでは、物象化は社会関係の物化とは同一視されず、社会関係の物化は、たとえそれが現実の事態であったとしても、物象化ではない、ということになる。

これに対して、私はここで、物象化に関してホネットに見られない論点と思われるが、制度自体、資本主義的経済システムそれ自体が物象化している、あるいは物象化的存立構造を有しているとして見よう。ここで、システム自体の物象化というのは、（資本主義的経済）システムはさまざまな諸個人の行為を媒介として産出されながら、同時に諸個人の行為の仕方を制約し条件づけるものとして日々再生産されるのであるが、その行為者・行為主体をシステムがそのあり方として、使い捨ての労働力として、この仕方で単なるものとして扱うという構造的特性を有しているということである。制度的システムとしてのシステム自体が諸個人を単なる物として扱うのである。すると、この意味での物象化とはシステム自身の構造的特性であって、単に諸個人の思考習慣、あるいは知覚様式のあり方に還元されるのではない、ということになる。諸個人が他者を単なるものとして、たとえ人間的特性を欠いた物として扱うのではなくとも、システム自体が諸個人を目的自体としてではなく単なる物として扱うのである。他者と自然に対する人間諸個人の振る舞い・意識・知覚様式の物象化（Verdinglichung）とシステム自体のそれとは直接に同一なのではない。もとより、相互媒介的になることもあろうが。

ここで重要になるのは、諸個人がシステムの作動様式として物の如くに扱われるということと諸個人が他者を物のように扱うこと・物として知覚することとの間の区別である。前者は制度的システムの物象化に関係する。例えば資本主義的企業システムの経営者がそのさまざまな従業員に対してホネットの意味で物象化的態度をとらなくとも、すなわち人間的特性を欠いたものとして知覚しなくとも、システム自体が諸個人を物のごとくに扱うということがあり得る。これは①ある人間が他の人間を人格的特性としては知覚しないということと②現実にシステムが人間を物のごとくに扱うということとの間の区別である。もとより、システムが人間諸個人の行為を媒介にして再生産される限り、両者の間の区別は絶対的ではなく、流動的である。

ホネットは物象化を生活世界における諸主体の振る舞い・態度・知覚様式に、そしてこれにのみ論定するが、物象化論を展開するさいには、システム自体の物象化的存立構造を抜きにすることは出来ない。私見では、資本主義的経済システムそれ自身の物象化的存立構造は、一方では、諸主体のホネットが言う意味での物象化、主体の物象化によって媒介されながら、同時に、資本主義的経済システムを物象化されたシステムとして産出する資本主義に固有の力学によっても媒介されている。資本主義的経済システムを私は、システムと生活世界に関するハーバーマスの理解と違って、生活世界の一大領域として捉える。生活世界は人間的生が営まれる、時空的構造を有する生活の現場であり、生活世界内領域としての経済システムを物象化された世界として産出しながら、生活世界ではそれとしては知覚されず、隠蔽する資本主義に固有の力学があるとともに、生活世界は歴史的・文化的に規定されているものとして、そうした力学によって規定され尽くすのではない固有性をもまた有する。生活世界には また、生活世界の物象化を批判し、抵抗し、それを超克しようとする運動も属する。

私は、以上、

①　生活世界はそれ固有の運動性を有する（われわれの生活世界は資本主義の固有力学によって規定されつくすのではない）

②　生活世界を一定の生活世界として産出する、今の文脈では、物象化された生活世界として産出しながら、己を隠蔽する資本主義に固有の力学がある

という二点を述べた。さて、私は次に以上の二点を念頭に置いて、ルカーチの物象化論では事態はどうなっているかを検討し、「生活世界」という概念との関連で、アドルノ哲学についてどのようなことが言えるかを検討するつもりであるが、しかしその前に、ホネットの思考のあり方について、ホネットのいくつかの論考を素材にしながら、照明を与えてみたい。ホネットは、われわれの生活世界を物象化された、したがって疑似－自然化された世界とし

て産出しながら、生活世界ではそれとして知覚されない社会の側面には決して思考を及ぼさず、むしろ、こうした思考の道をいつも否定する。このことが、私の見るところ、カントの歴史哲学やホルクハイマーとアドルノの『啓蒙の弁証法』やアドルノの社会学諸論文のホネットの解釈に影響を与えている。このことに照明を与えるさいの私の目的は、ホネットの思考の道とは異なる思考の今一つの道を拓くことである。

8　ホネットの思考の道とは異なる思考の今一つの道

「自然の意図」の捨象

まずホネットの論文「進歩の遡及不可能性　道徳と歴史の間の関係に関するカントの説明」(46)を見てみよう。ホネットのこの論文は私にとって興味深いものである。というのは、それはある仕方で私が向かいたい方向とはいわば逆の方向に行くからである。ホネットはこの逆の方向をカント自身のうちに（とりわけ『学部の争い』のうちに）見出す。

ホネットはこの論文のある箇所でベンヤミンの「歴史哲学テーゼ」に言及し、ベンヤミンとカントとの近さについて語っている。近さというのは、彼らは両者とも、現在までの歴史的発展の大部分を勝利者の意図と行為の産物として見ているということである。人間的自然に対する恐怖と犯罪は勝利者の強制の下で積み重なる。けれども、カントは、とホネットは言っているが、勝利者の歴史を記述することで満足せず、より善きものへの転回の印が涙の苦悩の世界から引き出されるかどうかという問いに専心する。カントの歴史哲学は過去の補償されない悪をより善きものに向かっての活動の痕跡として表示するというインパルスから生まれた。カントの歴史哲学は歴史を仮定された勝利者の手から引き裂くために歴史に出会う野心的な試みである。この涙の苦悩の世界は本書では人間の自然史として現れる。

カントはこの野心的な企てを遂行するにさいして「自然の意図」に頼っていたが、ホネットは、カントがこの概念なしにその野心的企てを遂行することになるカントの思考過程を追跡している。この思考過程は歴史哲学から歴史の目的論を抜き去っていく過程である。もとより、歴史を仮定された勝利者の手から引き裂くということは、歴史の目的論が否定されても否定されることはない。過去の補償されない悪をより善きものに向かっての痕跡として証示することは、歴史の目的論を肯定することを結果するわけではない。ホネットは、「自然の狡知」ないし「自然の意図」を抜き去ろうと試みたカントの思考を追跡し、この概念が抜き去られたカントの立場を首肯する。確かに、歴史の目的論を否定しても、われわれがより善きものに向かう希望を持つことは何ら否定されない。「自然の狡知」を除去する方向は歴史の目的論を廃棄する方向である。けれども、私見では、カントの「自然の意図」ないし「自然の狡知」は歴史の目的論を廃棄しても残存するある歴史的意味を内包しており、それ故、歴史の目的論を廃棄しても、「自然の狡知」が内包しているその意味が否定されることになるわけではない。しかるに、この歴史的意味をホネットは、人間の歴史的進歩に関するカントの、「自然の狡知」の概念に訴えない説明を首肯することで、同時に視野の外においてしまっている。私はむしろ「自然の狡知」が内包する歴史的意味に注目するのである。

カントは、人間が道徳的改善の何らかの才能を持っているという確信はこれをまるで持たず、すべてのものを否定的に見、歴史を衰退の連続的過程と見る悲観的な歴史哲学に対抗して、人間の歴史的進歩に関する仮説を擁護する。ホネットはカントのいくつかのテクストのうちに、そうした仮説を正当化する、相互に異なる三つのバージョンを見出している。

第一の正当化バージョンは「自然の狡知」ないし「自然の意図」の思想あるいは神学的構成に訴えるものであって、このバージョンは「コスモポリタン的目的をもつ普遍史の理念」と『判断力批判』八三節に現れる。この『判断力批判』八三節で、カントは「合目的性」の思想を人間の歴史に適用して、歴史進歩の方法論的正当化を獲得する。かくして、「歴史の『無意味な過程』は反事実的にいわば目的に向けられた意図の結果」(47)として解釈される。われわれの嘆かわしい混乱のすべてを通して進歩が結果するというわけである。それが自然の意図なのである。人間の歴史的進歩はこの場合「自然の意図」によって保証される。

第二の正当化バージョンは、『判断力批判』後に書かれた「理論と実践に関する俗言」と「永遠平和」において現れる。ここでカントは観察者の立場ではなく、すでに道徳的定位を持っている主体の立場に、言い換えれば、ハーバーマスの言う遂行的構え、つまり観察者の観点ではなく、行為遂行的構えを採る主体の立場に定位している。ここで登場する主体はそのようにすでに道徳的定位に立ってはいる。とはいえ、この主体はまだ人間の歴史的進歩に関しては懐疑的で躊躇してもいる主体でもある。このような主体は道徳的当為の実現可能性を、もし彼がはじめから失敗したくないなら、可能なものと見なさなければならないし、またそう見なさざるを得ないのである。この場合、道徳的行為者は善きものに向かう人間の歴史の傾向を仮定せざるを得ない立場に置かれるが故にまた、過去の仲間の意図は完全に実りのないものにとどまることはできなかったという観念が生じ、それ故、世代から世代へと受け継がれる道徳行為の増大の連鎖の観念が生じる。けれども、より善きものに向かう人間の歴史の傾向を仮定せざるを得ないと言っても、このような議論はまだ躊躇している主体に対して確信を与えるものではない。それ故、カントはさらに、そうした主体に自然の意図によって意図される歴史の進歩を保証する。

以上二つの正当化バージョンは「自然の意図」、つまりは自然神学に訴えている。これに対して、正当化の第三のバージョンでは、もはや自然神学的構成に訴えられることはない。第三のバージョンが現れるのは「啓蒙とは何か」と『学部の争い』であって、ここに登場する主体は己の活動を啓蒙過程に対する寄与として了解するすでに啓蒙化された公衆である。フリードリヒⅡ世の統治間の政治的統合やフランス革命に共感を持つ人びとは人間の歴史の進歩を実践的－道徳的過程として理解せざるを得ない。カントは実践理性を歴史的に状況づけており、定言命法は制度的変化の源泉と見られている。人間の歴史の進歩は絶えず暴力的に妨げられながらも、決して止むことのない人間の学習過程である。ここではもはや自然神学に訴えられることはない。なるほど、カントは歴史の進歩の方向を仮定してはいても、ヘーゲルのように歴史の進歩を匿名の過程に手渡しているわけではない。

ホネットはまさしくこの第三のバージョンを首肯する。進歩の観念のそのような解釈こそが、ホネットにとって、カントの哲学を今日のために実り豊かなものとする唯一の可能性なのである。

私はいまやホネットとわれわれが進む道の分岐点をかなりの程度明らかにすることができる。ホネットは「自然の意図」という概念を抜きさり、それに言及することのない歴史的進歩のモデルをカントの歴史哲学の非公式の部分のうちに見出す。これは人間の学習過程、歴史的な学習過程を中心に置くものであって、ホネットによれば、これはカントの歴史哲学を現在のために実り豊かなものにする唯一の可能性である。

私は歴史の目的論を否定するが、しかしカントの「自然の狡知」に含まれているある要素に注目したい。それは「自然の狡知」が表現している人間行為のある側面であり、人間の生活行為がその意図のうちにはなかった結果を生み出してしまうという人間行為の側面である。カントの自然の狡知（自然神学）はヘーゲルでは理性の狡知へと展開し、理性の狡知は自然史のイデオロギーとしての世界精神の歴史的展開として現れる。世界精神はマルクスに至れば資本と世界市場としてその歴史的内容が暴露される。それは悪しき抽象（アドルノ）の自己増殖の運動である。かくして、後に立ち入るが、この運動は抽象の支配として（人間の）自然史となる。そこには抽象の支配があり、抽象の運動がある。この運動は人間たちの生活世界内行為の意図せざる産出であり、この抽象の支配・運動はわれわれの生活世界を一定のあり方（物象化）をする生活世界として産出するとともに、それ自身は生活世界のパースペクティブからは知覚されないのである。私見では、この抽象の支配こそが生活世界を疑似‐自然化し、人間の歴史を人間の自然史として実現する元凶である。けれども、ホネットはもっぱらわれわれの生活世界にその眼差しを固定していて、その生活世界にあっては知覚されない人間行為の次元にまでは立ち入ろうとはしない。この「制限」――と私には思われる――が『啓蒙の弁証法』やアドルノの社会学論文に関する、新しい意味地平を拓く批判の形式としてのホネットの解釈――これ自身は興味のあるものであるが――と相即している。次に、この批判の形式に関わるホネットの論文「資本主義的生活形式の人相学」[48]を見てみることにしたい。

新たな意味地平を拓く批判

ホネットは、「後期資本主義」や「階級理論への反省」のようなアドルノの社会学的論考について、アドルノはそれらを資本主義社会の機能変換に関する説明理論の一部であるかのように語っているけれども、そのように説明理論として解釈すると、それらの論考は奇妙に退屈でほとんど独断的である、と言う。ホネットからすれば、アドルノの社会学的諸論文を社会の説明理論として解釈するなら、それらの論考には今日見るべきものは殆どない。[49]『啓蒙の弁証法』に関して、ホネットはそれを新たな光学を開く社会批判の形態として解釈し、アドルノの社会学諸論文についても同様に解釈する。ホネットによれば、それらを社会の説明理論として解釈することは誤解であり、アドルノの意図は社会学的分析を用いることによって歴史的実在の物化した本性を明らかにすることであった。それ故、資本主義のアドルノの分析は説明理論なのではなく、失敗した生活形式の解釈学として理解されなければならない。すなわち、アドルノの社会理論は物化され、凍りついた生活条件、第二の自然を系譜学的に解釈することを意図しており、それはブルジョワ社会の病理のスケッチなのである。かくして、ホネットは『啓蒙の弁証法』やアドルノの社会学諸論文を特殊な形式の解釈学とする。アドルノは、理想型のウェーバーの考え方の影響を受けて、実在の誇張された図を描くが、このように、理想型的諸概念を用いることで、生活世界の物象化された人相が露わとされる。われわれの理性が歪曲されていることを露わとするために、生活の仕方、物質的な生活の全体が理想型的解釈の対象にされる。理想型的構成によって実在の特殊な図が描かれる。この図は社会的実在の人相学(Physiognomie)である。

けれども、このようにして自然史的災害の解釈学を展開した後で、さらに進んで、世界が何故そのように物化するのか、言い換えれば生活世界が何故第二の自然へと凍てついてしまうのかの説明にまで進むことも可能であると思われるが、ホネットは世界の自然化を産出するこのメカニズムの説明にまでは進まない。私見では、生活世界の第二の自然としての自然化を生活世界の（疑似―）自然化として産出する社会のメカニズムがあるのであり、このメカニズムは生活世界のパースペクティブからは知覚されないが故に、すなわち生活世界では隠蔽されるが故に、それを明らかにするには、（社会の）ある種の説明理論が必要である。この説明にあっては、生活世界と生活世界では知覚されない社会の側面との関係が理論的に再構成されなければならない。そのメカニズムは人間行為の意図せざる側面であり、この意図せざるメカニズムが生活世界を物象化された世界として、（疑似―）自然化された世界として産出するのである。ホネットは理想型的概念構成によって描かれた図が説明的機能を持つと語っている。しかし、ホネットの言う説明は生活世界では知覚されない社会の側面の再構成による生活世界の疑似―自然化の説明ではない。

ホネットは決してこの説明方向にはいかない。ホネットはいつもただ生活世界内パースペクティブに留まっている。確かに、ホネットは社会の説明理論一般を否定するのではない。この点については後に立ち入るが、ホネットは生活世界では隠蔽される社会の側面の理論的再構成という意味での説明についてはこれを視野のうちに持ってはおらず、この意味でホネットの眼差しはもっぱら生活世界に固定されている。

次に私は、ホネットが念頭においている説明と私が念頭に置いている説明との違いに照明を与えるために、ホネットが「(社会学的) 説明」によって如何なる説明を考えているかに立ち入っておくことにしたい。(50)

説明

社会病理は社会のうちにすでに置かれている、すなわち客観的に存在している理性ポテンシャルを制度、実践と日常的ルーティーンのうちで表現、あるいは実現することが社会にはできないことの結果である。これはホネットがヘーゲルが確信していたと語るテーゼであって、この時そうした理性的ポテンシャルを実現できない責任は社会、その制度的形態にある。(これに対して、ホネット自身は社会病理を承認の欠如ないし否認と結びつけている。)このことは、すでに社会、社会的現実、社会的制度において理性が実現されているということとは違ったことである。(51)次の二つのテーゼは区別されなければならない。すなわち、①客観的に存在している理性的ポテンシャル、理性的普遍は社会の制度においてすでに現実化されている。②理性的ポテンシャルは客観的に存在するが、現実の社会制度においてはその実現は阻まれており、社会はその理性的ポテンシャルを実現することができていない。(52)①と②は全く異なることを意味している。ホネットがヘーゲルから取り出しているのは、②のテーゼである。ホネットによれば、この②の点で、ホルクハイマー、マルクーゼやハーバーマスといった批判理論家たちは一致していた。[53] 付言すれば、この点はアドルノにおいても同様であろう。アドルノにとって、社会がそれによって批判されることができる、社会の外にある基準、いわばメートル原器（Ur-Meter）は存在しない。それは社会の内部に存在しなければならない。そのような基準、つまりは善き生の可能性は現実に内在する可能性でなければならないのである。[54]

しかし、もし客観的に存在する理性的ポテンシャルを社会が実現できないのであれば、あるいはその実現を阻害してきた社会的制度的要因があるならば、この要因を批判理論は説明しなければならない。（批判理論はこうした説明を必要とする。）もとより、その説明は今日もはやヘーゲル的に精神の言語によって書かれるのではない。理性の病理的歪曲は社会学的に説明されなければならない。ホネットからすれば、規範的批判は、社会学的枠組みの内部で、社会学的説明あるいは歴史的説明によって補完されることを必要とする。

では、ここに言われる説明とはどのようなものなのか。ホネットはマルクスとウェーバーに言及している。ホネットからすれば、マルクスにあっては、理性の現実化に関わる学習過程を惹起するのは精神の内的な衝動ではなく、自然の外的挑戦である。マルクスは、正当化された知識の拡大を主体たちがますます物質的再生産条件を改善する社会的実践（の完成化）と結びつけた。けれども、批判理論家にとって歴史性の真に社会学的説明を与える上で、マルクスの人間学的認識は十分なものではなかった。ウェーバー社会学の鍵概念を取り上げることによって初めて、その歴史過程の社会学的説明は完全になる。この時、人間たちの実践と結び付けられた学習過程とその社会的制度化の連結が十分に明らかにされる。批判理論の主張者たちにおいては、かくて社会的合理性の欠如に寄与してきた歪曲はウェーバー的な綜合が存するところのカテゴリー的枠組み内部で分析されるに至る。

ホネットがこのように語るとき、彼は古典的な社会学的思考者たちの相続人である批判理論の主張者たちの立場に言及している。ホネットは社会とその歴史に関する社会理論的説明が採りうる対立する二つの方向について語り、その一方を採用している。すなわち、ホネットが言う社会学的説明とはウェーバー的枠組みを有する社会学的説明である。マルクスの人間学的認識の不十分性が言及されるが、私見では、マルクスでは生活世界的諸相が十分に展開されていない。確かに、『資本論』では、われわれの生活世界はそれとして主題化されている訳ではないとしても、マルクスは『資本論』で、とりわけ生活世界では隠蔽されながら生活世界を一定の生活世界として産出する抽象の運動を理論的に再構成する。これに対して、ウェーバーの社会学は、理解社会学と言われるように、行為主体の行為理解に焦点を当てており、生活世界を一定のあり方をする生活世界として産出しながら、生活世界では隠される抽象の支配という観点はない。ホネットは、社会的合理性の歪曲をウェーバー的カテゴリー内部で分析することを主張しており、このことによって近・現代世界における抽象の支配という点がホネットでは消え失せる。実践に拘束された人間たちの学習過程とその社会的制度化という観点をホネットは採る。この時ホネットでは視野から落ちてしまうある事柄がある。ホネットによれば、理性の実現を次のような学習過程として理解しなければならない。すなわち、一般化可能な認識がその学習過程において問題の改善された解放を通して、権力にある集団に対抗して勝ちとられる、そうした学習過程として理解されなければならない。この学習過程はわれわれの生活世界内的事柄である。ここにおいて、ホネットはわれわれが念頭に置いている抽象の支配を眼差しの外においてしまう。彼はかくて、もっぱら生活世界に、そこでの抗争、学習過程にその眼差しを定めている。だから、ホネットでは、生活世界では隠蔽される社会とその歴史の側面は消えるのであり、それ故にまた、社会学的説明と言っても、それには、例えば、マルクスの意味での物象化の説明は含まれないことになる。というのは、生活世界を物象化された生活世界として産出するメカニズムが欠けることになるからである。ホネットでは、その視野がもっぱら生活世界に限定され、そしてこの点は、ホネットが物象化を主体の知覚と振る舞いに論定していることと相即している。

ホネットでは、生活世界の諸制度は文化、文化的な生活スタイルの制度化である。資本主義は主体たちの態度、文化的な生活スタイルの制度化として捉えられる（この制度化は生活世界で働く一つの力である。）しかし他方同時に、資本主義制度は、これはあくまで生活世界内制度であるが、人間の諸行為の意図せざる結果として、生活世界のパースペクティブからは知覚されない、しかも生活世界を一定の生活世界として産出する力（これはもう一つの力である。）の産物でもある。生活世界はこうした二つの力の緊張が運動する世界である。確かに、ホネットは社会を完全に規範的に把握しようとし、社会の道徳的進歩を規範をめぐる抗争の結果として把握しようとする。(55) 眼差しをもっぱらこの点に集中することはしかし、私には、ホネットの思考の制約となっているように思われるのである。(56)

注

（1）この時代はいわゆる自由主義的資本主義から組織された資本主義あるいは国家介入型資本主義への移行期にあたっている。初期フランクフルト学派はその移行期に遭遇して、その変容を理論的に捉えようとしていたのである。

（2）A・ホネット『物象化』、一一頁。

（3）同上、一二頁。

（4）同上、一二頁。

（5）金子晋右『世界大不況と環境危機　日本再生と百億人の未来』、論創社、二〇一一年。

（6）佐藤嘉幸『新自由主義と権力』、人文書院、二〇〇九年。

（7）Vgl. A. Honneth, "Von der Begirde zur Anerkennung Hegels. Begründung von Selbstbewusstsein", IW, S. 16. なお、ホネットはこの超越論的事実性をヘーゲルの立場として述べているが、ホネットの物象化論において物象化はこの超越論的事実性の忘却ないし毀損である。

（8）このことによって意味されているのは、ホネットには資本主義の固有力学への眼差しが欠如しているということである。経済システムは人間たちの諸行為から織りなされ、日々再生産されている。システム自体の物象化は人間諸個人の振る舞い及び知覚の物象化と相即しており、それ故、経済システムに話を限定すれば、システムの物象化的存立から離れて、社会文化的領域の物象化を論定することは出来ない。ともあれ、ホネットは経済システムから切断して、人間諸個人の振る舞いと知覚に物象化を論定する。

（9）ハーバーマスが言う参加者としての視座というのも、単なる知的、したがって認識的営みではない。

（10）ホネット、前掲書、四〇頁。

（11）同上、四三頁。

（12）アドルノによれば、こうした先行する実存的配慮にもすでに社会関係が入り込んでいる。そしてそこには認識的ではない両親との相互作用におけるさまざまな要素、例えば振る舞いの陰影なども含まれているのである。

（13）このような点から、ホネットは、批判理論が依然として精神分析に依存しているとしながら、フランクフルト学派の古い代表者たちによって行われた修正主義に対する異論とは対照的に、対象－関係理論に関するオープンな態度を保持する必要性を主張している。Vgl. Axel Honneth, "Das Werk der Negativität", IW.

（14）ホネット、前掲書、五九頁。

（15）同上、二二三頁。

（16）同上、二二四頁。

(17) 同上、二四頁。

(18) つまり、精神の自然からの自立化は近・現代の工業社会のあり方なのだが、この点をホネットは全く素通りしてしまっている。精神と自然との融合、宥和について語ることは、ヘーゲルに立ち返ることではないだろう。世界精神はまさに実体＝主体として資本の似姿であった。われわれはそうしたものを再興せんとするのではない。主体＝客体としてのプロレタリアートはあくまで意識哲学の枠内で考えられている。

(19) ホネット、前掲書、二八頁。

(20) 同上、三八頁。

(21) 同上、七九頁。

(22) 市場経済システムにおいて諸個人が法的人格として承認されるが故に、社会関係が脱人格化されるとは言えないということであろう。この主張に関しては、検討の余地があると思われる。というのは、法人格としての承認が物象化の一形態であるということもあり得るからである。

(23) しかし、ルカーチの思考に関して「必然的結果を推論する」と語ることには異論もあり得るであろう。ルカーチは経済現象が持つ性格から、社会の他の領域におけるその必然的結果を推論したのかといえば、そうではない。むしろ、ルカーチは商品形態が他のあらゆる生活現象を捉えていく過程を記述していたのである。

(24) むしろ、資本主義の固有力学の解明という点はホネットの関心事ではない。ホネットは、フレイザーとの論争の中で次のように言っている。「私は、近代の資本主義的社会の承認秩序を再構成する試みと説明的な意図を結びつけようとしたことはない。したがって、近代資本主義社会の内部での発展過程を適切に説明するカテゴリー的な基本枠組みをつくることが問題ではなかった。むしろ私が目指したのは、まず近代資本主義社会の組織形態における社会的相互行為がさまざまな次元で支配されうるような道徳的『強制』を明らかにしようというだけのかなり控えめなものであった。その際私は、社会的成員はつねに相互承認のメカニズムを介して社会に組み込まれるのであり、したがってこのことを通じて個人は人格性の一定の観点ないし側面で自己自身を相互主観的に確認することを学ぶのだという普遍的理念に導かれていた」(A. Honneth, "Die Pointe der Anerkennung. Eine Entgegnung auf die Entgegnung", UA, S. 286.（A・ホネット「承認ということの核心」、『再配分か承認か』、二八一頁)。これが批判理論に対するホネットのスタンスなのである。ホネットにはある種の禁欲が見られる。彼は自分が社会理論全体の諸原理を展開できるとは考えていない。そのためには巨大な社会学的基礎研究が必要であるし、ホネットによれば、今日人は自分の社会理論を直ちに出現させることはできないのである。

ホネットは自分が社会理論家と社会批判家の間の連続体のうちのどこかに位置しており、どちらかと言えば、自分を社会批判家と見なしている。Vgl. Axel Honneth, EK, S. 21. この点において、私はホネットからはずれていくことになる。というのは、私は、批判理論は、ホネットの承認論でさえ、社会の説明理論（少なくともその幾ばくか）を必要とすると考えているからである。

(25) ホネット、前掲書、四四頁。
(26) この点は、物象化的態度の生成要因を如何に考えるかという論点に関わっている。この論点については以下に立ち入る。
(27) ホネット、前掲書、八九頁。
(28) 同上、八九頁参照。
(29) とはいえ、私見では、資本主義的経済システムそれ自体の物象化について語らないのも、十分ではない。
(30) ホネット、前掲書、九五頁。
(31) 同上、一〇〇頁。
(32) 同上、一〇六頁。
(33) 同上、一一〇頁。

(34) 同上、一一一頁。
(35) 己の感情を分節化するに値するものと見なすという態度をホネットは自己に対する承認と考えている。
(36) ホネット、前掲書、一二七頁。
(37) 正確には、ルカーチはすべての物象化の元凶は商品交換の一般化であると言ったのではない。ルカーチでは、資本主義的経済システムはもとより全面的に発達した商品交換を前提とし、それを組み込んでいるが、その経済システムそれ自身が物象化的に存立しているとされるのであり、そこで支配している商品形態が他のあらゆる生活現象を捉えていくと言ったのである。
(38) ホネット、前掲書、一二七頁。
(39) 同上、一二八頁。
(40) かってはというのは、ホネットは直接に言及していないが、フォーディズム時代のことであろう。
(41) ホネット、前掲書、一三二–三頁。
(42) 同上、一三三頁。
(43) K. Marx, *Das Kapital*, Bd. 1, MEW. Bd. 23, S. 328-329.（『資本論』①、一〇六頁）
(44) なお、私が「生活世界を物象化された生活世界として産出する資本の運動」という場合、物象化は単に人間諸個人の態度・振る舞い・知覚にのみ、論定されているのではなく、資本主義的経済システムそれ自身に対して論定されている。物象化と世界の疑似–自然化との関係について言えば、後に私は物象化を疑似–自然化によって捉える。私見では、「(疑似–)自然化」という概念は、人間と自然との関係を意識させるが、「物象化」という概念は、それだけではという条件のもとで、それを意識させない。
(45) ホネット、前掲書、一三一頁。

（46） A. Honneth, “Die Unhintergehbarkeit des Fortschritts *Kants Bestimmung des Verhältnisses von Moral und Geschichte*”, PV.

（47） Ebd., S. 13.

（48） A. Honneth, “Eine Physiognomie der kapitalistischen Lebensform *Skezze der Gesellschaftstheorie Adornos*”, PV.

（49） Vgl. A. Honneth, “Über die Möglichkeit einer erschliessenden Kritik. Die Dialektik der Aufklärung im Horizont gegenwärtiger Debatten über Sozialkritik”, AG.（「世界の意味地平を切り開く批判の可能性——社会批判をめぐる現在の論争地平での『啓蒙の弁証法』」）

（50） ここで私が参照するホネットのテクストは、“Eine soziale Pathologie der Vernunft *Zur intellektuellen Erbschaft der Kritischen Theorie*”, PVである。

（51） ヘーゲルは、有名なことだが、『法哲学』の序文で、「理性的なものは現実的であり、現実的なものは理性的である」と言った。これは理性が現実においてすでに実現されているということを意味しているわけではない。理性的なものと現実的なものとの同一性は、単にある同一性、すなわち現実はその現実においてすでに理性的に形成されているという意味での同一性はなく、差異を、あるいは対立をうちに包み込んだいわゆる思弁的同一性であろう。Cf. J. M. Bernstein, *Adorno Disenchantment and Ethics*, Cambridge Uni. Press, 2001, p. 169.

（52） ついでに言えば、ここでは、①社会病理は社会の内にすでに存在している理性的ポテンシャルを社会が実現できないが故に生じるとされているが、『自由の苦しみ（無規定性の苦しみ）』（A. Honneth, LU.）では、②抽象法が、あるいは道徳が絶対化されることによって生じるとされている。①と②は、ホネットは明示的に区別していないように思われるが、社会病理の要因に関する違った説明である。

（53） Vgl. A. Honneth, “Eine soziale Pathologie der Vernunft *Zur intellektuellen Erbschaft der Kritischen Theorie*”, PV, S. 32.

（54） Vgl. Rahel Jaeggi, “Kein Einzelner vermag etwas dagegen. Adornos Minima Moralia als Kritik von Lebensformen”, *Dialektik der Freiheit. Frankfurter Adorno-Konferenz 2003*. Axel Honneth (Hg.), Suhrkamp, 2005, S. 126-127.

(55) Vgl. Alessandro Ferrara, "Das Gold im Gestein Verdinglichung und Anerkennung", *Sozialphilosophie und Kritik*, Rainer Forst, Martin Hartmann, Rahel Jaeggi und Martin Saar (Hg.), Suhrkamp, 2009, S. 40.

(56) ホネットにあっては、社会の物質的側面に対する軽視の傾向があるという、ホネットに対する批判がある。私が念頭に置いているのは'Jean-Philippe Dranty, "Repressed Materiality:Retrieving the Materialism in Axel Honneth's Theory of Recognition", *Recognition, Work, Politics: New Directions in French Critical Theory*, BRIJJ, 2007. である。以下、この論文の要約を記す。

ホネットの承認の倫理学は唯物論的背景から成長した。ここで唯物論で意味されているものには二つあって、一つは史的唯物論の意味での唯物論であり、他は、フォイエルバッハの意味での感覚的唯物論である。前者についてみれば、ホネットは史的唯物論の概念的欠陥並びにその時代遅れとなった診断をその人間学的基礎に立ち返ることによって克服しようとした。けれども、ホネットにはますます狭く理解された間主観的相互行為に焦点を合わせ、これらの相互行為が巻き込まれている物質的媒介を抑圧する傾向があった。これは誤った発展であり、物質的媒介を取り戻すことは、批判理論のより実質的なモデルをもたらす。

一九九二年以前では、ヘーゲルは殆ど言及されず、ホネットにとって中心的な著者はマルクスであった。この時のホネットの中心的関心は社会の史的唯物論の展開であった。九〇年代のテクストで提示された承認論は以前の社会理論にとって代わろうとする野心的企てである。それは社会統合、社会的再生産と社会的変換の可能性を説明するように試みる理論である。このさい、ホネットは社会は規範的な過程であり、間主観的な過程であるというハーバーマスのテーゼを受け入れている。間主観主義的アプローチの採用は構造主義の拒否及び実践理論との同盟へと導く。実践的マルクス主義の異なる潮流は、経済学主義的及び構造主義的読解の決定論とは対照的に、社会的及び歴史的行為の中心性に焦点を当てる。

一九九七年に出版された最初期のテクストは実践的マルクス主義との彼の同盟の例である。ホネットは、その還元主義的スタンスの故に、構造主義的マルクス主義を批判する。同じ時期の他のテクストでホネットは言う。労働はもはや社会統合と解釈学的行為両者を説明することができる中心的カテゴリーとしての役割を果たすことはできない、と。ホネットは彼にとって歴史的発展と哲学の進歩がより適切であると示してきたものをとって、労働の時代遅れのカテゴリーを置き換える。つまり、労働の時代遅れのカテゴリーをコミュニケーションの概念によって置き換える。

ハーバーマスのシステムと生活世界の二元論をホネットは批判する。この批判を鼓舞したのは、社会統合という一つの中心的メカニズムの周りで統一的な理論を構成するということである。ホネットはコミュニケーションから承認へと移行するが、それは制度に対する批判をその制度内部から遂行することができるようにするためである。さらに、ホネットはハーバーマスの進化論を批判するが、それは、ハーバーマスの進化論は抗争の役割にセンシティヴではないからである。

ホネットは間主観性の唯物論的理論を展開しようとする。この理論は相互行為のハーバーマスの言語論的モデルの抽象性を露わとする。『社会的行為と人間的自然』では、哲学的人間学は他の生活形式、特に動物の生活形式と比較しつつなされるアントロポスの研究であるとされる。哲学的人間学のこの再構成はフォイエルバッハに始まる。ホネットの最初のプログラムは社会的行為の人間学に基づいて建設された。では何故いかなる動機を持ってホネットは人間学に訴えたのか。ホネットとヨアスは政治的命法に訴えることによって哲学的人間学への訴えを正当化した。それはいろいろな社会運動のテーマがこの方向を指し示しているからである。ここで社会運動というのは、一九七〇年代の社会運動、エコロジー的、間文化的及びフェミニスト的闘争のことである。これらは、彼らによれば、人間的自然とこれらの闘争の間の根本的関係を指し示していた。

ヨアスやホネットといった世代は社会の批判理論の仕事を再定式化し、人間的なものと自然的なものとの関係を再思考しようとした。それは社会理論が再び自然の、人間の内的外的自然の人間化の問題に焦点を合わせることを強制する。ところが、社会化の媒体としての言語に対する強調は人間社会の説明的、規範的研究を、他の人間ではない世界とのその相互関係から注意を反らせてしまう。ハーバーマスの言語論的転回は、ホネットからすれば、人間の自然に対する関係の道具主義的還元をもたらす。哲学的人間学は、若きホネットにあって、構造主義的マルクス主義とユートピア主義的マルクス主義（マルクーゼとブロッホ）の中間の道を採るために採用された。

人類発展の感覚的側面のうちにルートが見出される間主観的な人間学。言語だけに制限されうるのではない人間学。これは、フォイエルバッハの人間学的唯物論に見出された。ホネットは世界の感覚的な前哲学的経験、人間的有機体に基づいている感覚性を人間のアプリオリな間主観性の概念によって補完する。ホネットはマルクスとフォイエルバッハの関係を逆転し、フォイエルバッハからマルクスに移行するさいに伴われた理論的ロスに不満を持ったのである。このロスとは何であるか。マルクスはフォイエルバッハのテーマを社会的労働のユニークなカテゴリーにおいて中心化することによって、フォイエルバッハのテーマの概念的深さを過小評価する。人間の基礎的な感覚性は、人間行動学的次元に制限されはしない。フォイエルバッハの間主観主義的実践の労働としてのマルクスの再定式化は、相互行為の領域を労働における協働の次元へと還元する危険をおかしている。

ホネットは、後期に、現代の心理－社会学理論に訴えるが、これは哲学的人間学の回復を通して行われ、史的唯物論の修正という初期のプロジェクトによって準備された。史的唯物論の初期の研究後、承認が労働にとって代わる。この移行は唯物論的生産から規範的間主観的相互行為への移行である。この移行にさいして、全的に脱唯物論化が行われているのではない。というのも、決定的な人間学的唯物論は残っているからである。今や特殊的に唯物論的であるものは、生産様式の特殊性というより、有機的前提条件に社会的行為はそのルートを持っているということである。そして社会的なものは規範の回りのコミュニケーション的統合と考えられ、生産の弁証法は考えられない、ということである。

労働の概念が道徳的概念によって置換されるが、これは承認の倫理学が政治的ラジカリズムを欠いているということを意味してはいない。むしろ、承認論は前科学的経験によりセンシティブであり、ホネットの決定的な利点は、行為する社会化された個人と集団の能力を中心に置き、正義の経験を置く、ということである。承認論はこのように実践的関心を有している。承認の三つの領域の区別を導いてきたのは、正義の歴史的経験である。理論の実践的係留は、理論が社会生活の内部から抵抗と闘争を可能にする内在的超越を明らかとすることを目指しているだけではなく、闘争の強化が理論の究極的目的であり、正当化である。批判理論は実践的テロスを持っている。

ホネットの二つの唯物論的背景に照らしてみれば、人は成熟したモデルで論じられている相互行為の非身体的側面に驚くに違いない。生産からコミュニケーションへ、そして承認のパラダイムへの移行は、相互行為の意味の漸進的な脱物質化と一致している。相互行為は間－主観性へと還元されたように思われる、欠けているのは制度的媒介である。社会生活の厚い実在は、間接的にのみ間主観的行為の結果としてのみ現れる。

ホネットは相互行為を地平的な相互主観性に還元し、他の垂直的な関係の構造的重要性、主観及び間主観的経験の形成のための制度世界の重要性、同様に物質的世界の重要性を過小評価したように思われる。感覚的側面が多少とも欠けている。フォイエルバッハとフォイエルバッハ的マルクスの再発見が史的唯物論の再始動ももたらしたと仮定されたこれらすべての次元が欠けてきた。

ホネットの承認論はさらに『承認をめぐるの闘争』の概念に中心化されたモデルから、情緒的承認の概念に中心化されたモデルへと移行する。このシフトは、承認は概念的及び発生的に認識に先立っているというモットーによって表現される。情緒的同一化の優位性はすべての他の相互行為の規範性の可能性の発生的前提条件であるとされる。かくして、主体の間の相互行為はすべての他のものが依存する唯一の規範的相互行為となった。ホネットは彼の最初の書物においてミードを用いたが、それはミードが人間的行為の唯物論的理論、「行為の自然的基礎」に場所を認めた理論を提供したからである。

社会の物質的側面に対する軽視の傾向は、Jean-Philippe Dranty からすれば、誤った理論的発展に他ならない。以上の議論に対して、私は次の点を付け加えたい。すなわち、それは社会の物質的側面の回復には近・現代における抽象の支配という観点が含められなければならないということである。

第二章　生活世界——ルカーチとアドルノ

1　ルカーチの物象化論と「生活世界」概念

ホネットは、ルカーチの物象化論を批判しながら、自らの物象化論を展開している。ホネットは物象化を世界に対する実存的関与としての本源的承認の忘却として捉え[(1)]、ルカーチが少なくとも十分には語っていない物象化現象の今日的あり方を捉えようとしている。けれども、他方、ホネットの物象化論では、物象化はもっぱら諸個人の意識ないし振る舞いに論定され、資本主義的経済システムそれ自体の物象化という点は完全に視野の外に置かれてしまっている。システム自体の物象化という事態を視野のうちに収めなければ、私見では、新自由主義的資本主義において生起している物象化[(2)]が如何にして生じているかを十分に解明することはできない。以下、ルカーチの物象化論を検討する。それはルカーチがシステム自体が物象化的に存立しているという点を彼の物象化論の基軸に据えているからであるが、同時に、私はルカーチの物象化論において十分ではない（と私には思われる）諸点を明らかにするように試みる。

第二の自然

ヘーゲルでは、習俗（Sitte）は第一の自然に対して第二の自然である。この第二の自然は第一の自然の精神化であり、そのさい、第二の自然は肯定的に捉えられている。「人倫的なものは、諸個人の現実生活と単純素朴に同一になっている場合には、彼らの一般的な行為の仕方、すなわち習俗として現れる。習俗とは、第一の単に自然的な意志に代わって立てられた、いわば第二の自然としての精神的なものであり、それ故にまた『一つの世界として生きかつ現存している精神』」である。(3) 人倫的なものはこうして精神として存在する。自然には自然法則が存在するように、習俗は自由の精神に属する。教育学は人間を人倫的にする術に他ならない。

ところが、ヘーゲルの世界精神がすでに示しているように、この第二の自然は世界精神の運動に取り込まれており、世界精神は、まさしく実体＝主体として、自らのうちから運動していくものとして現れている。(4) この世界精神は資本の変装された姿であったし、アドルノからすれば、それは自然史のイデオロギーであった。ヘーゲルが語った第二の自然は、（人間の）自然史の過程に巻き込まれたものとして、ルカーチでは、人間にとって疎遠な、精神が硬化したところの自然として現れる。

商品形態――システムと生活世界

商品の問題が資本主義社会のあらゆる生活現象の中心的な構造的問題として現れる、とルカーチは言う。この時、すなわち商品の問題があらゆる生活現象の中心的な構造問題として現れるとき、商品関係の構造の中に社会のすべての対象性形態、及びこれに対応する主体性の形態が見出される。(5)

資本主義市場において、われわれは商品に出会う。しかし、こうした商品としての商品だけではなく、あらゆる生活現象が商品形態を取るということが語られる。だから、ルカーチにおいて物象化は単に（労働市場を含めて）資本主義市場に制限されているわけではない。もしわれわれが「資本主義的経済システム」という語を導入し、それを例えば政治システムなどの他の生活領域から区別されるものと考えるなら、資本主義市場に登場するあらゆる存在者が商品形態を取るが、ルカーチが言うのは、商品形態が他の生活領域を捕らえるということである。私は「生活領域」という語の代わりに「生活世界」という語を用いよう。ルカーチは商品関係が資本主義社会のあらゆる生活現象、したがって生活世界の中心的問題であること、このことから議論をはじめている。

ここで、ルカーチの議論には、私の見るところ、いささか曖昧な点がある。これはルカーチが資本主義的経済システムとあらゆる生活現象（生活世界）との関係をどのように考えていたのかという点に関係している。生活世界と（資本主義的経済）システムとの関係については、二つの考え方があり得るように思われる。①システムは生活世界の外の領域であり、生活世界の外の領域に属する。②システムは生活世界に属し、それ自身生活世界の一大領域である。①は生活世界とシステムに関するハーバーマスの構想であるだろう。システムと生活世界との関係に関するこうした理解にあっては、物象化は、ハーバーマスの路線にしたがって、システム論理（今の場合では商品形態）が生活世界を植民地化することによって、生活世界において生じるということになるであろう。②では、これに対して、システムは生活世界のいわば外には属さない。つまり、システムは人間生活ないし人間的生の領域としての生活世界の一部である。それ故、システムと生活世界との関係に関するこのような理解のもとでは、生活世界の一部であるシステムがそれ自身において物象化的に存立し、このシステムにおいて商品形態が基本的な形態となっており、その商品形態がシステム以外の生活世界領域に浸透していくということになろう。私は、ここでは、ルカーチが商品形態があらゆる生活現象の中心問題となると語っており、資本主義的経済システムにおいて商品形態が中心問題になっているはずであるから、②をシステムと生活世界に関するルカーチの見解であると解する。

この解釈はルカーチがテイラーシステムに言及して次のように言っていることからも支持されよう。すなわち、テイラーシステムにあっては、主体たちは労働活動によって有機的に相互に結びつくのではなくて、彼が組み込まれている機構の抽象的な法則性によって媒介される。労働過程は合理的に機械化されるが、この時、労働者は自分の労働力を自分に所属している商品として市場で売却することができる自由な労働者となっている。労働の物象化が進行するためには、社会の欲求充足全体が商品流通という形態で行われることが必要である。ここでは、合理的に物象化された諸関係が現れる。物象化のためには、合理的機械化と計算可能性という原理が生活の現象形態全体を捉えなければならない[(6)]。

主体－対象ないし主体－客体図式

ルカーチは、商品関係の構造の中に、ブルジョワ社会のあらゆる対象性の形態があると言い、それに対応する主体の形態が見出されると言う。それで、ルカーチの分析視覚は、対象（性）－主体（性）である。こうした対象性形態と主体性形態の原型が商品形態になるのである。ルカーチがあらゆる対象性形態と言っていることに注意したい。

対象性の形態がかくして言及される。対象性形態とは何であるか。それは社会を織りなす諸対象と諸関係の形態であり、これらが商品形態をとるということであろう。これがルカーチの出発点である。対象性形態と言うからには、そこではすでに主体性形態が前提されている。というのは、対象性形態というのは、主体性にとっての対象性であるからである。その上で、ルカーチは商品形態があらゆる対象性形態と主体性形態を捉えると言う。

さて、ルカーチの思考にあっては、ハーバーマスであれば言うであろうように、事柄を主体－対象ないし主体－客体関係において見るという意識哲学のパラダイムが優勢的である。私は、まず、ルカーチの思考においては主体－客体図式の支配が見られ、意識哲学（主観哲学）のパラダイムがルカーチの思考において存し、これがルカーチの思考を支配しているということを確認したい。さて、その上で、ルカーチは客体的な面においても、主体的な面においても、物象化を追求する。

人間関係の物象化

まず、対象性の面であるが、この対象性の面において、マルクスに依拠して人間関係の物象化が語られる。商品構造の本質は、人間と人間との関わり合いが、つまり諸関係が物象性という性格を、したがって、幻影的な対象性を持つようになるということ、そしてそれが合理的な独自の法則の中に人間関係の痕跡を覆い隠している、ということ、このことがまさしくルカーチにとって物象化に他ならない。これは資本主義的経済システム自体の物象化であり、こうしてはじめからルカーチとホネットとは物象化問題を扱う思考枠組みが異なっている。ルカーチの場合、はじめから議論の出発点において商品の物神的性格が語られ、商品の物神的性格が言及される。物象化はまずもって商品構造において論定される。商品の物神性、人間と人間との関係が物象性を持つということ、幻影的な対象性を持つに至るということ、これがルカーチの議論であるが、これに対してホネットは主体の意識・態度・振る舞いについてのみ物象化を語る。

ルカーチはまず客体性の面で物象化について語った。この物象化において人間独自の労働が人間から独立しているもの、固有の法則性——これは人間には疎遠な固有の法則性であるが——によって人間を支配するものとして人間に対立させられるということ、ルカーチの言い方ではまさしくこれが客体的な側面であって、まずはこうした社会・労働のあり方が物象化である。世界の法則は、人間自身に対する諸力として、人間に対立する。人間関係が物象化されるわけであって、その対象性はその根源的本質である人間関係の痕跡を覆い隠す。人間と人間との関係性が彼らの外にある対象性をもって立ち現れる。その対象性は自ら運動していく。ところがその運動は実は彼らの社会関係の対象化、外化であるとともに、彼らには疎遠な、そこにある、運動していくものとして現れる。ルカーチはこれを物象化と呼ぶ。ルカーチによれば、この対象性は、合理的な独自の法則に従う。ここで言われているのは、人間と人間との関わり合いが幻影的な対象性を持つに至り、そこでは人間関係のすべての痕跡が覆い隠される、ということである。

商品形態があらゆる生活現象をとらえるということ

以上のように、資本主義的経済システム自身が物象化していることが語られるが、ルカーチはさらに、「商品形態が社会の生活現象全体を貫き、自分の似姿に従ってこの生活現象全体を変形させ」(7)ていく過程を追跡する。つまり、ここで資本主義経済システムにおける人間関係の物象化が語られるが、その場合の商品形態が、資本主義的経済システムだけに留まらないで、他の一切の生活現象を捉えていくこと、商品形態をとるということによって、他の一切の生活現象が変形されていくことが述べられている。

主体の変容

商品形態が経済システムを超えて他のあらゆる生活現象を捉えていくとともに、主体も変容する。ここに主体の物象化が生じる。個人は自分の活動が自分自身に対して対立するようになり、商品となる。この商品は社会的自然法則の人間には疎遠な客観性に従う。したがって客体性の側面と主体性の側面は一体の過程である。主体性の側から見ると、人間の活動は自分自身に対して客体化する商品となる。だから、客体性の運動と主体性のそうした運動は不可分の一つの過程である。

主体性は、ルカーチにおいて、二つの意味で語られているようである。すなわち物象化において、主体性の運動と客体性の運動が一つの統一された過程であるという意味で、統一されている主体性。さらに、主体はそうした過程に対して人間が静観的態度をとるようになる。この時、人間の意識は物象化の諸形態に従属させられることになる。(8)

抽象の支配

商品形態が普遍的となると、ルカーチは言っているが、抽象化が生じる。これを主体的面において見ると、商品に対象化された人間労働の抽象化が生じる。客体的な面では、商品形態が、異質の対象が形式的に等しいものとされるが、このことは、つまり商品が形式的に等しいということは抽象的な人間労働の産物だということによって基礎づけられる。したがって、ルカーチはここにおいて抽象的人間労働に立ち入っているわけである。「抽象的人間労働の形式的同等性は、……商品の事実上の生産過程の現実的な原理となる」(9)。ルカーチは次のように言っている。

社会的に必要な労働時間によってますます正確に測定できる労働、抽象的な等しい比較できる労働、つまり資本主義的分業の労働は資本主義的生産の産物であると同時にその前提として、資本主義的発展の進行のなかからはじめて、こうして成立した社会の主体および客体の対象性形態に、つまりこの社会と自然との関係、およびその内部で可能な人間相互の関係の対象性形態に、決定的な影響をおよぼす一つの社会的カテゴリーとなる。(10)

かくして、ルカーチは商品形態の普遍化という事実から議論を始め、ここで労働が人間相互の関係の対象性形態に決定的な影響を及ぼす一つの社会的カテゴリーになると語る。つまり、抽象的な人間労働、したがって抽象の支配が語られていくことになる。抽象的労働は資本主義的生産の産物であると同時にその前提である。

私見では、この場合、抽象的労働の凝固が価値であり、この価値が人間から自立化して運動するのであるが、価値が実体＝主体になるメカニズムは一定の生活世界を生みだしながら、同時に生活世界パースペクティブからは隠蔽される。そしてそのメカニズムは意識哲学の枠組みでは解明出来ないのである。すなわち、ルカーチ風の意識哲学のパラダイムでは、ということは、ルカーチでは、意識哲学のパラダイムが残存しているということであるが、そのメカニズムは把握（再構成）出来ないのである。というのは、ここで言及されたメカニズムは歴史的に形成された間人間的関係においてはじめて作動するからである。

基本的事実の確認

ルカーチは客体的な面においても主体的な面においても、物象化現象を追跡した。客体的な面について、ルカーチは物象化現象を資本制社会の基本的事実として確認する。しかし確認しただけである。資本主義的経済システムの物象化は基本的事実として導入されている。しかし、確かにこの物象化が基本的事実であるとしても、それを事実として産出するメカニズムが存在する。私見では、ルカーチはマルクスに依拠して資本主義的経済システムの物象化を事実として導入している。しかし、そうした事実を事実として産出する、歴史的で資本制社会に特殊的なあるメカニズムにまでは立ち入っていない。ルカーチは物象化を基本的事実としそれから出発する。またルカーチは人間諸個人に対する時間の自立化について語る。ルカーチは言っているが、資本制社会において、時間もまた変容する。質は問題ではなくなり、時間がすべてとなり、人間甲の労働時間が他の人間乙の一労働時間と等値であるというのではなく、一時間の甲は一時間の乙と等価であることになる。時間が自立化し、「人間はせいぜい時間が具体的な姿をもったものにすぎない」[11]。ここで言われているのは、第一に、①質が問題ではなくなり、第二に、②時間は人間から自立化し、時間は人間の行為の時間ではなく、人間が時間の体現になる、ということである。①についてみれば、ここに言われる時間は量的に測定できる連続体である。ルカーチは主体の部分的労働がその主体の全人格に対して客体化され、これは日常の現実となると述べているが、時間もまたそうであろう。しかし、ルカーチは如何にして時間が人間諸個人に対して自立化することになるのかのそのメカニズムに立ち入ってはいない。

では、ルカーチはそうしたメカニズムを解明することが出来るだろうか。私見では、ルカーチの思考にはそのメカニズムを解明する上での障害が存在する。それは、思考に対する主体－客体図式の支配である。主体－客体図式のもとでは、そのメカニズムを解明することは出来ない。というのは、そのメカニズムは、これはマルクスが『資本論』において立ち入り解明しているものであるが、先に述べたように、一定の歴史的に形成された間主観的関係において、すなわち、資本家と近代史の作品たる労働者との間の歴史的に特有な社会関係において作動し、それ故、このメカニズムを解明するためには、主体－客体図式を超える必要があるからであり、ハーバーマスの用語では、意識哲学のパラダイムを突破しておく必要があるからである。主体－客体図式の元では、客体が主体に対して疎遠なものとなり、人間と人間との関係が人間に対して客体化され、人間に対して彼らの前に存在する、彼らには疎遠な社会的自然法則にしたがって運動するものになるということを事実として語ることができても、そうした事態が如何にして生じるのかは解明することは出来ないのである。ルカーチは、主体－客体図式のもとで、そのメカニズムあるいは固有力学の結果を、マルクスから引用することで、事実として客観の位置に置いているだけである。

私がここで注目したいのは、ルカーチの思考に対する意識哲学（ないし主観哲学）のパラダイムの支配である。ヘーゲル及び『歴史と階級意識』のルカーチによれば、対象化のすべての形式は疎外を結果する。この疎外を克服するということは対象化を超越することであり、その主体は、ルカーチにおいて、歴史の主観－客観としてのプロレタリアートである。しかし、こうした主体もあくまで主観－客観の枠組みで考えられており、この思考枠組みのもとでは、主観の客体化を、あるいは資本主義的経済システムの物象化を事実として論定できても、それを産出するメカニズムを捉えることは出来ない。

己を隠蔽するメカニズム・固有力学

私は、資本主義的経済システムが生活世界に属し、生活世界の一領域をなしていると解釈しておいた。この（経済）システムがそれ自身において物象化しているのである。だから、それは物象のシステムをなしている。ここで私が明らかにしたいことは、ルカーチにおけるある種の曖昧性である。一方では、ルカーチは生活世界を念頭に置くけれども、生活世界内パースペクティヴからは知覚されない、つまり隠蔽される資本の運動という点が、マルクスからの引用によって、実は素通りされている。すなわち、己の姿を隠蔽しつつ運動する資本の運動メカニズムはそれとしては言及されないのである。意識哲学（主観哲学）のパラダイムが克服されることなく、物象化現象がマルクスからの引用によって事実として措定される。それ故、ルカーチでは、（資本主義的経済システムの一大領域としての）生活世界とそれを物象化された生活世界として産出しながら同時に隠蔽されるメカニズム・力学が媒介されずに、この力学の結果だけが物象化された生活世界として語られることになる。このメカニズムは後に立ち入るM・ポストンが言う抽象の支配に関係するが、抽象の支配と物象化された生活世界がルカーチではいわば並存して登場することになる。

今一度言えば、ルカーチでは、物象化された生活世界（今の場合には、経済システム）と生活世界を物象化された生活世界として産出しながら己を隠蔽するメカニズムとが媒介されずに、そのメカニズムの結果だけが現れている。

ホネットとルカーチ

生活世界、われわれが現に生きており、人間的生（生命－生活）が織りなされる時空である生活世界はさまざまな諸行為と行為の差し控えから織りなされており、生活世界で生を営む諸個人は自らの生活史を展開していく。こうした生活世界を明示的に視野のうちにおいてはじめて、生活世界のパースペクティブからは知覚されない社会の側面ということも明示的に視野のうちに登るのである。この時には、生活世界を一定の特質を有する生活世界として産出しながら、己を隠蔽する資本主義に固有の力学が主題化される。私は以下で物象化を社会とその歴史の疑似－自然化として捉え返そうとするが、私見では、物象化、それ故にまた疑似－自然化を解明し、理解するには、己を隠蔽する資本制社会に固有の力学に立ち入ることを欠き得ない。

ところが、ルカーチでは、私の見るところ、生活世界内パースペクティブとそこでは隠蔽される、生活世界を物象化させるメカニズムが隠蔽されるという点がはっきりしていない。ルカーチは暗黙のうちに、生活世界という概念から議論し、マルクスからの引用で物象化や世界の自然化に言及するさい、生活世界パースペクティブの限界という点が明示的に意識されないでしまっている。この点は意識哲学のパラダイム（主体－客体図式）が残存しているということと関連している。

これに対して、ホネットはその理論的視野をもっぱら生活世界に置き、本源的承認という生活世界の人間学的前提ないし準－超越論的次元に立ち入って、物象化をそうした次元の忘却として捉えている。ホネットは、物象化をもっぱら主体の意識・態度・知覚様式に論定し、システム自体が物象化的存立をなしているという点には立ち入らず、それ故にまた生活世界を特定のあり方を有する生活世界として定立・産出する資本主義に固有の力学については、これを完全に視野の外に放逐している。

2　アドルノの哲学と生活世界

私は「生活世界」概念を明示的に導入し、物象化されるのはこの生活世界であると述べた。そのさい、生活世界を物象化された生活世界として産出する社会の側面は当の生活世界内では知覚されず、隠蔽されてしまうという視座を明示的に導入する。アドルノは、例えば、「歴史的生の客観性は自然史の客観性である」[12]と言う。「生(Leben)」という語が用いられているとしても、アドルノは「生活世界」という概念を明示的に導入しているわけではない。しかしながら、アドルノ哲学は、「生活世界」という視座のもとで再構成可能な、つまり、「生活世界」という概念を導入した上で、その生活世界の諸要素として、さらにその生活世界では知覚されず、隠蔽される社会の諸要素として、再構成可能な諸要素を含んでいる。

アドルノによれば、社会は内側から認識されることができるとともに内側から認識されることが出来ないものであり、それら両者である。(13)内側から認識されるという場合、このことを「生活世界」概念を導入して言い換えれば、つまり翻訳すれば、社会は生活世界では、生活世界のパースペクティブから認識されるということであり、内側から認識できないということは、社会は生活世界のパースペクティブからは知覚されない、あるいはそうした諸要素を含んでいる、ということである。だから、社会は理解可能であるとともに理解できないものであり、社会学は理解可能性が終わるところで始まるのである。言い換えれば、社会学は理解できないものを理解しなければならないのである。(14)アドルノの見るところ、理解可能性という点から展開された社会学はウェーバー社会学であり、これに対して、理解不能性という点から展開された社会学はデュルケムの社会学である。

ウェーバー社会学について見れば、ブルジョワ社会内部の行為は合理性として極めて客観的に理解可能(verstehbar)であり、客観的に動機づけられる(motiviert)のだが、ウェーバー社会学は(理解社会学として)、社会の理解可能性の次元に焦点をあわせている。ハーバーマスは言うが、ウェーバーが批判したのは生物学から獲得された経験科学的な進化観念であり、この進化観からすれば、文明の進歩は単なる自然過程に還元される。「ヴェーバーの批判の眼目は、進化論的決定主義、倫理的自然主義、並びに発展理論の普遍主義や合理主義に対するものであったのである」。(15)ウェーバーにとって、社会変化は(行為の)意味連関から理解されなければならなかった。これがウェーバー社会学について言われる理解可能性の意味である。この理解可能性を「生活世界」概念を導入して翻訳すれば、社会は生活世界内のパースペクティブから理解可能であるということになろう。

アドルノによれば、理解可能ということで意味される社会の契機は、何らかの目的に対する合目的に遂行されるさまざまな行為が合理的にあるいは感情移入による追体験によって理解可能であるということである。[16] そうした理解はここでアドルノが言っている仕方で合理的に理解可能という点に尽きるわけではなく、また感情移入による追体験によって理解可能であるということに尽きるわけでもないとしても、ウェーバー社会学の行為の理解可能性を生活世界内行為の、生活世界内的理解と転釈することができよう。というのは、生活世界内的行為意味はその行為を遂行する当の行為者によって、また他者によって理解可能であるからである。

ところが、アドルノの見るところ、ウェーバー社会学は社会における理解不能なものを除外してしまっており、この点で一面的だった。このことは、ウェーバー社会学は生活世界においては理解（認識）されず、隠蔽されてしまう社会の側面を視野の外に放逐してしまったということを意味する。これに対し、社会の理解不可能性の問題に遭遇し、立ち入ったのはデュルケム社会学である。デュルケムは社会的事実を物のように取扱い、これによって彼は理解不可能な側面に遭遇したのであり、社会の不透明性という側面を指摘したのである。不透明性とは理解不可能であるということであるが、社会はこうした不透明性という契機を有している。しかし、デュルケムは社会的事実を物（Dinge）のように扱い、それを理解することは断念すべきであるとする。社会に諸個人は非同一的なもの（Nichtidentisches）、強制（Zwang）としてぶつかるのであるが、デュルケムはそうした物としての社会事実を所与にしてしまい、そこで話を止めてしまった。つまり、デュルケムは「第二の自然」としての物のような社会的事実に遭遇したけれども、そこで留まり、それを理解しようとはしなかった。だから、彼は社会を支配している物象化・自立化の過程を批判的に反省することなく、それを反復しているにすぎない。[17] この論点を「生活世界」概念を導入して翻訳すれば、デュルケムは生活世界では理解されない（隠蔽される）、社会的事実を物として産出する社会の側面（メカニズム）にまで立ち入らず、そうした物としての社会的事実を産出する社会の側面を理解しようとはしなかった、ということになる。

かくして、ウェーバーは理解可能性という点から社会にアプローチし、これに対してデュルケムは理解不可能性という点から社会にアプローチする。アドルノによれば、ウェーバーは社会の理解可能性に安住し、デュルケムは社会の理解不可能性に安住している。いずれも一面的である。これに対して、アドルノは理解不可能性を理解しなければならないと言う。社会は理解可能であるとともに理解可能ではなく、そして社会学の認識は理解可能性が終わるところで始まるのである。では、理解不可能性を理解するとはどういうことか。アドルノは次のように言う。理解不可能性を理解するということは、

人間に対して不透明性へと自立化した諸関係を人間相互の諸関係から導出することに他ならないであろう。今日社会学はまったく理解不可能なものを理解しなければならないであろうし、非人間性の進展を理解しなければならないであろう。(18)

理解可能性が終わるということは、生活世界では隠蔽される社会の側面は生活世界では理解できないものになっていることとして、「生活世界」概念を手に再構成することができよう。理解不可能であるということは、われわれの翻訳では、社会には生活世界では隠蔽される側面があるということであり、この側面が不透明性を（生活世界のうちに）生み出しているということである。何故「人間に対して不透明性へと自立化した諸関係を人間相互の諸関係から導出」しなければならないかと言えば、それは人間に対して諸関係が不透性へと自立化させる社会の作用は生活世界では隠蔽されるからである。

そして、この隠蔽という観点がアドルノのうちには存在する。アドルノは、個人の主観的態度や行為様式に依拠して、それを一般化するということによっては、社会の客観的な構造法則というものを認識することはできない、と言う。[19] これはある仕方で生活世界の物象化の問題と関係するであろう。もっぱら生活世界に視座を定めるなら、近代以降の社会の客観性とその構造法則を認識することはできないのである。

本質は絡み合った罪連関であって、そこに個別的なものはすべて編み込まれており、あらゆる個別的なもののうちにこの連関が表示されている。個々の社会的現象において本質的なものが現象してきている。この時、アドルノによれば、個々の社会的事実は暗号になる。本質的なものとは社会の客観的な運動法則である。この運動法則は人間の運命を左右するものであり、またこの運動法則には事態が変化する可能性、社会が強制的でなくなる可能性がポテンシャルとして含まれている。この本質たる構造法則は一方では諸事実のうちで己を顕す。ここで諸事実とは現象のことである。つまりわれわれがそれに出会い、経験する現象である。こうした現象のうちで構造法則は己を顕すのである。けれども他方では、本質は非本質の法則そのものによって覆い隠されている。だから、本質が存在するということを否定することは仮象の側につくことであり、われわれの現実の生活が全体的イデオロギーとなってしまっているが、そうしたイデオロギーに加担することになる。[20] 本質は隠される。この隠蔽は非本質の法則によって起こる。われわれの現実の生活はいつの間にかイデオロギーになったということは、現実の生活はイデオロギーとして本質を隠している、ということである。

こうしたアドルノの言明を「生活世界」概念を明示的に導入して再構成することができよう。すなわち、諸現象とは生活世界内的事象であり、一方ではそこにおいて本質が己を顕すが、他方ではそこにおいて本質は隠蔽される。かくて生活世界内的諸事象は本質の暗号になる。そして、この隠蔽を惹起するメカニズムがある。

以上のように、アドルノの思考は、私見では、アドルノが「生活世界」概念を明示的に導入していないとしても、少なくともこの概念を導入して再構成可能な諸要素を含んでいる。(21) ハーバーマスの「生活世界の植民地化」のテーゼは、マルクスの物象化ないし物神崇拝の概念をコミュニケーション論的に再定式化したものと見られようが、(22) 私がここで「生活世界」という場合、それはハーバーマスの「生活世界」概念とは異なっている。ハーバーマスでは、生活世界とシステム（一つとして経済システム）は基本的に社会の相互に異なる領域とされている。これに対して、私が「生活世界」という場合、この生活世界は経済システムを含んでおり、私はホネットとは違ってこの経済システムにまずは物象化を論定する。

注

（1）これはわれわれの生活世界を生活世界たらしめる生活世界の準‐越論的地平であり、生活世界の人間学的前提であった。

（2）これを私は後に社会とその歴史の疑似‐自然化として捉え返す。

（3）G. W. Hegel, *Grundlienien der Philosophie des Rechts oder Naturrecht und Staatswissenschaft im Grundrisse*, Werk in zwanzig Bänden, Werk 7, Suhrkamp, 1970, § 151.

（4）これは私の言い方では、人間の自然史である。

（5）G・ルカーチ『歴史と階級意識』城塚登・吉田光訳、白水社、一九七五年、一六一頁。

（6）同上、一七四頁参照。

（7）同上、一六四頁。

（8）ホネットが論じた物象化は主に、この意識の物象化に関わるものである。

(9) ルカーチ、前掲書、一六八頁。

(10) 同上、一六八頁。

(11) 同上、一七二頁。

(12) Th. W. Adorno, ND, S. 347.（四二九頁）

(13) Vgl. Th. W. Adorno, G, S. 11.

(14) Vgl. ebd., S. 12.

(15) J. Habermas, *Theorie des kommunikativen Handelns* 1, Suhrkamp, 1981, S. 220.（ユルゲン・ハーバーマス『コミュニケイション的行為の理論』（上）、河上倫逸ほか訳、未來社、一九八五年、二二二頁。）

(16) それは、アドルノによれば、目的‐手段の理念型が再構成可能であるということを表現している。私はかつてウィトゲンシュタインの言語ゲーム概念に基づき、生活世界をさまざまな実践的行為から織りなされているものと見なし、そうした諸行為の行為意味は生活世界内存在者たるわれわれに一定程度でも理解可能なものとした。拙書『ハーバーマス理論の変換――批判理論のパラダイム的基礎』（梓出版社、二〇一〇年）参照。そうした理解はここでアドルノが言っている仕方で合理的に理解可能という点に尽きるわけではなく、また感情移入による追体験によって理解可能であるということに尽きるわけでもないが、ウェーバー社会学の行為の理解可能性を生活世界内行為の、生活世界内的理解と転釈することができよう。というのは、生活世界における行為の意味はその行為を遂行する当の行為者によって、また他者によって理解可能であるからである。

(17) アドルノ『社会学講義』、七〇‐七一頁参照。アドルノによれば、デュルケムは、社会的事実、社会的なものの否定性、不透明性、個々人にとっての痛みある疎遠性を、君は理解してはならない (du sollst nicht verstehen.) という方法的格律にする。Vgl. Th. W. Adorno, NO, S. 240.

(18) Th. W. Adorno, G, S. 11-12.

(19) アドルノ、前掲書、二八頁参照。

(20) Vgl. Th. W. Adorno, ND, S. 171.（二〇七頁）

(21) これに対して、ハイデガーは明示的に生活世界から出発し、生活世界では存在がそれ自身を隠蔽するという問題次元に遭遇した。しかし、この点に関する、ハイデガーの哲学への論究は、別の機会に譲ることにする。

(22) Cf. Rick Roderick, *Habermas and the Foundations of Critical Theory*, MACMILIAN, 1986, p. 167.

第Ⅱ部

第三章　抽象の支配——ポストン

私がポストンの書物『時間・労働・支配——マルクス理論の新地平』（M.Postone,TLSD.）に言及するのは、ポストンが資本制社会における抽象の支配について語り、マルクスの『資本論』を、単に自由主義時代の資本主義に限定されるのではなく、資本主義批判の一般理論として解釈している点に対する関心によってである。私見では、新自由主義はフォーディズム時代の資本主義が「埋め込まれた自由主義」（D・ハーヴェイ）であったのに対して、人間の自然史という意味での社会と人間の疑似－自然化の（あるいは物象化の）いっそうの強化・進展であり、ポストンの議論はこの点に関する解明にとって有用な手がかりを与えてくれるように思われる。ポストンのこの書物は新自由主義的資本主義そのものを主題にしているわけではないが、（以下に見る）ハーヴェイの議論の不十分性（弱点）と思われる点を補完する潜勢力を有している。ハーヴェイの議論には、資本制社会における抽象（価値）、物象の支配という点に関して、いささか曖昧性がある。

1　理論の性格・批判理論

マルクスの理論の性格・前提への帰還・世界の理論的獲得

ポストンは言うが、マルクスの理論にあってはそれぞれのカテゴリーはその後に続くものを前提とする。諸カテゴリーの展開はその展開において、それが前提としているものを開示するのであり、かくて諸カテゴリーの展開は資本制社会をその全体において理論的に再構成する。『資本論』の叙述は商品のカテゴリーから始まる。これが後に展開される資本のカテゴリーを前提にしているということは、商品のカテゴリーの展開はその前提に再帰するということである。それは世界（資本制社会）総体の理論的獲得である。

このさい、ポストンが強調するのは、マルクスが展開する諸カテゴリーは、あるいは諸カテゴリーとして把握された社会的諸形態は、例えば、マルクスが規定する商品というカテゴリー、労働というカテゴリーは資本主義において存在する商品や労働にのみ当て嵌まる、という点である。カテゴリーとして把握された社会的諸形態は歴史的に規定されたものであり、他の社会に単純に当て嵌めることはできない。例えば、『資本論』において、資本主義における労働は、資本制社会における労働として、資本制社会においてのみ妥当し、これを超歴史的なものとして歴史一般に投影することはできない。(1)

資本主義における労働は社会的に綜合的な性格を有する。ということは、資本主義的な社会編成は労働を介して社会的に産出されるということである。しかし、他の社会編成においてはそうではない。労働そのものがいつも本質的に社会を構成するわけではないのである。(2)

歴史的特殊性と内在的批判

マルクスは探求の対象を歴史的に特殊な矛盾という観点から描き出し、こうした弁証法を資本主義的社会編成の基底をなす特異な社会的諸形態（労働、商品、生産過程など）に根拠づけるが、ポストンによれば、このことによってマルクスは、今や人類史の内在的論理という観念や超歴史的弁証法のあらゆる形態を、それが自然を含むものであれ歴史に限定されるものであれ、暗黙のうちに排除する。超歴史的弁証法とか人類史の内在的論理といったものは否定される。(3) 研究の対象は歴史的であり、そしてそれは内在的に矛盾を孕んでいる。超歴史的な弁証法は、結局のところ、存在そのもの（エンゲルス）、あるいは社会的存在（ルカーチ）に存在論的に根拠づけられなければならないことになる。(4) かくして、マルクスの思考は超歴史的な出発点から歴史的に特殊なそれへと移行するが、このことは諸カテゴリーのみならず議論形態そのものも歴史的に特殊である、ということを意味する。(5)

もしマルクスが思想は社会に埋め込まれているということを前提しているとすれば、マルクスが資本制社会――彼自身の社会的文脈でもある――における諸カテゴリーの歴史的特殊性についての分析を展開した故に、われわれはマルクス自身の理論の歴史的特殊性についても思考せざるを得なくなる。

批判理論の性格

ポストンは資本主義の歴史的形態の一つにだけ批判的であるようなアプローチを批判している。初期フランクフルト学派（ポロック、ホルクハイマー、アドルノら）は自由主義的資本主義からポスト自由主義的資本主義、すなわち、国家中心的形態の資本主義（組織された資本主義）への移行期に誕生したが、これらは単に資本主義の歴史的形態の一つだけに当て嵌るような批判理論の形態を造り出したにすぎない。資本主義は歴史的に変容してきており、歴史的に出現した資本主義の新たな形態を前にして、彼らはその資本主義の形態を批判した。けれども、彼らの理論は新たに出現した資本主義の形態にのみ当て嵌るものだった。ポストンによれば、伝統的マルクス主義は資本（一般）とその一九世紀的形態を混同した。それ故、伝統的マルクス主義は自由主義的資本主義の危機から生じた国家中心的な形態の資本主義を暗黙の内に肯定することになった。ポストンは、資本主義は歴史的に変容する諸形態を有するが、その歴史的形態の一つにのみ批判的である批判理論と社会編成の動態性の核心として資本をとらえるアプローチを区別する。前者について、ポストンが念頭に置いているのは、初期フランクフルト学派の理論やハーバーマスの理論である。

ポストンは資本主義の基礎理論を提出しようとする。かくて、ポストンは社会編成の核をなすものとしての資本と資本主義の歴史的に特殊な形態とを区別する。彼はマルクスの分析を労働そのものの肯定としてではなく、資本主義における労働に対する根本的批判として解釈する

理論の自己再帰性

理論は自己再帰性という性格を持っていなければならない。理論は自己が特殊な歴史的背景を持つものであることを知っていなければならず、この自己再帰性が欠如すると、理論は、したがってその理論を展開する者は、自己の諸概念を超歴史的な妥当性を持つものと誤認することになる。この場合、資本主義に特有な社会的諸構造が物神化されて、超歴史的に見えてくるであろう。マルクスの叙述の方法における重要な点は、彼が価値と資本、つまり、現実の生活関係のカテゴリーに依拠して、経済学者や社会的行為者によって天国化された表面上の現象形態（利潤、賃金、利子・地代など）を説明していることである。マルクスは、彼が資本主義の本質を分析するために用いた諸

カテゴリーの説明から、その諸カテゴリーと矛盾するように見える現象を論理的に導き出すのであり、このことによって、さらには他の諸理論が資本主義の本質の神秘化された現象形態に拘束されていることを示すことによって、自身の批判的分析の厳密さと威力を示す。資本主義に特有な社会的諸構造が物神化されれば、それは超歴史的なものとして現れ、かくして超歴史的という意味で自然化されて現れるであろう。(6) この時には、つまり、この物神化に囚われる時には、理論は自己再帰性を持たないことになる。これに対してマルクス自身の理論は歴史的特殊性を有しており、探求の対象の歴史的相対化はまた、理論自体に再帰するものなのである。そのような概念的枠組みにおいては、すべての理論――マルクスの理論を含む――は、絶対的超歴史的妥当性を持たない。D・ヘルドが言っているように、初期フランクフルト学派はマルクス主義の諸観点を受け入れたけれども、(7) 一九四〇年代の批判理論はある仕方でこの超歴史化に服してしまったというのが、初期批判理論に対するポストンの批判である。

こうした理由から、マルクスは資本制社会に対する批判の提示を厳密に内在的な仕方で構築することを、その社会自身の言葉で資本制社会を分析することを余儀なくされる。(8) 批判理論は絶対的・超歴史的妥当性を持たず、理論にとって外在的特権的理論的立場は存在しない。さらに、批判の立場は社会的対象に内在する。つまり、批判の根拠が社会自体に内在している。(9) マルクスが批判の出発点とした商品は全体の完全な展開を前提としているが、しかしその歴史的規定性は展開する全体性の（歴史的）有限性を含意している。批判の対象たる資本主義の本質的な社会的諸形態が歴史性を示すことは、同時にそれを把握する批判的意識の歴史性を示すことである。(10) ともあれ、もし資本主義が歴史的に超克されるとすれば、資本主義の批判もまた歴史的に相対的であることになる。すなわち、本質的な社会的諸形態が歴史的であるということは、それが歴史的に変換されうる可能性を有するということである。この場合、批判的意識もまた歴史性を示すということになる。(11) ポストンによれば、社会に対して批判的であるような理論は、その理論自身がなぜ存在しうるかということ自体を説明できなければならず、諸カテゴリーは、マルクスの批判が属する社会の本質的な連関構造を表現すると同時に、社会的存在と意識の諸形態を把握するのでなければならない。それ故、マルクスの批判はまた別の意味でも内在的である。すなわち、批判対象の非統一的な、矛盾的な、非静的な性格を示すことによって、かかる批判は己自身をまさしくそれが分析する対象に内在する可能性として説明するのである。

ポストンからすれば、批判自体が、あるいは批判の可能性自体がそれが批判対象とするその対象に内在していること、まさしくこのことがフランクフルト学派には欠如していたのである。このことは対象が非同一的な、すなわち非静的な性格を持つということでもある。すなわち、それは批判対象自体が己を止揚する、必然性ではないが、傾向性を有するということでもある。一言で言えば、理論は、あるいは批判はそれが批判する対象の中に自己の存在の可能性を認識する。

資本主義の基礎理論としてのマルクスの批判理論

ポストンによれば、彼が伝統的マルクス主義と呼ぶ思考形態は自由主義的資本主義から国家介入型資本主義への移行とともに意味を失う。というのは、伝統的マルクス主義は自己調整的市場とそれによって媒介される余剰の私的所有のみを批判の対象とするために、その批判は国家介入型資本主義には当て嵌らないことになるからである。伝統的マルクス主義は介入主義国家あるいは国家介入型資本主義を批判できないが、それというのは、国家介入型資本主義こそ、伝統的マルクス主義が自由資本主義を批判して主張した当のものであるからである。むしろ、伝統的マルクス主義は国家の介入主義国家への変容の時代局面を反映していたのである。(12)

ポスト構造主義や脱構築の理論ももはや現代の社会理論にとって十分なものではない。というのはポスト構造主義や脱構築は、フォーディズム的福祉国家官僚制に対する批判の文脈で意義を持っていたが、フォーディズム的社会統合、これは国家を中心とした（国民国家的）統合形態であって、この統合形態が新自由主義的資本主義及び新自由主義的グローバリゼーションの到来とともに、すなわち、グローバルな秩序を形成する新自由主義的な資本主義の出現とともに、崩壊してきたからである。あるいは、フォーディズム的社会統合の危機の中から新自由主義的資本主義が出現してきたからである。福祉国家体制は七〇年代初頭に縮小されるようになり、また東側のいわゆる社会主義体制は崩壊した。いずれも国家に指導された統合の形態であった。いわゆる社会主義と言われたものは社会主義ではなく、資本主義の一形態であって、福祉国家体制と社会主義体制両者の崩壊には何か共通のパターンがある。それはその発展において一定の危機に陥ったということであるが、ポストンによれば、そうした発展を政治理論やアイデンティティ理論、分配を主たる関心事にする理論では捉えることは出来ないのである。

資本主義のそうした変動は歴史の動態性を示している。歴史的に異なる発展経路は、しかし、異なる発展パターンを示しているのではなく、共通のパターンの変奏である。つまり、ここには共通のパターンがあり、それらの変容が問題だということである。ポストンはマルクスの『資本論』を単に自由主義的資本主義を対象とする、自由主義的資本主義に限定された理論としてではなく、資本の動態性をとらえたものである故、資本主義のその都度の（歴史的）形態に限定されない資本主義の一般理論として捉えようとする。(13) 歴史的動態性をマルクスは捉えたとポストンは言いたいのである。その動態性が今もって働いており、この動態性は、以下に見ることになるが、抽象の支配に関係している。資本主義は独特に非人格的で客観的な（支配）構造を有しており、こうした構造は抽象の支配とその運動に基づいている。資本主義の止揚とはこの抽象の支配の廃絶を意味する。しかるに、ポストンが伝統的マルクス主義と呼ぶ思考形態はまさしくこの抽象の支配とその廃絶ということを視野の外に放逐してしまっている。

2　伝統的マルクス主義の批判

伝統的マルクス主義の諸特徴

ポストンが伝統的マルクス主義と呼ぶ思考形態は以下のような諸特徴を有している。

① 「労働」は普遍的かつ超歴史的なものとして捉えられる。

伝統的マルクス主義では労働は超歴史的概念とされ、それは人間と自然とを媒介する目的志向的な社会活動であり、社会的世界を構成し、かつまた社会的富の源泉であるとされる。そのさい、労働そのものが超歴史的に、したがって何ら問題のないものとして肯定される。伝統的解釈が労働を富の唯一の源泉とし、あらゆる社会の本質的な構成要素であるとする場合、労働は資本主義に特殊的な性格において思考されているのではなく、社会的労働、分配と社会的物質代謝は超歴史的に制御する原理であると考えられており、資本主義における労働の歴史的特殊性が超歴史的なものとして実体化されている。[14] 伝統的マルクス主義では、自然的な人間という概念が前提される。この自然的な人間が歴史において実現されていくというのである。[15] つまり、社会的に構成された歴史的に特殊なものが自然化されて、そうした自然的人間が実現されていくと主張される。[16] かくて、伝統的解釈では、資本主義における歴史的に特殊な富や労働の形態が実体化されて、全歴史に投影される。

② 社会支配は階級支配と階級搾取の観点から理解される。

伝統的マルクス主義では、労働それ自身が超歴史的に捉えられ、したがって、変換されるべきは労働そのものではなく、階級関係と分配関係だということになる。つまり、資本制社会において、廃絶されるべきは私有財産制と市場であり、それらは計画化によって置換されるべきだというのである。社会支配が階級支配と階級搾取の観点から理解されるということが伝統的マルクス主義の特徴の一つである。労働それ自体は何ら批判の対象ではない。問題はもっぱら生産関係にあり、したがって、生産手段の集団的所有が資本主義の超克と見なされる。剰余生産物は労働によってのみ造り出されており、それが資本家階級によって略奪・横領されているというのである。

③　資本主義は私有財産及び市場と生産活動の間の矛盾によって特徴づけられる。

生産活動は労働であるから、労働が超歴史的な活動として規定されれば、資本主義の資本主義的特性は私有財産及び市場にあるということになり、そして矛盾は私有財産及び市場と生産活動の間の矛盾として捉えられる。抽象の支配という点が抜きにされているために、矛盾は超歴史的なものとしての労働（生産活動）と私有財産及び市場との間の矛盾として概念化される。さらに、生産関係と生産諸関係の矛盾は工業的生産と私有財産・市場との間の構造的な緊張とされる。伝統的マルクス主義では、生産そのものへの批判はなされないために、社会主義は労働が明示的に社会生活を構成し、労働が造り出す富が公平に分配される社会であることになる。

④　伝統的マルクス主義では、新しい社会は生産手段の集団的所有と工業化された計画経済によって理解される。工業生産は純粋に技術的な過程なのであって、それは、「労働」、つまり伝統的マルクス主義が考える「労働」と同じく、それ自身では資本主義から独立しているとされる。では適切な様式とは何であるかと言えば、生産手段の中央集権化と集中、所有と経営の分離、工業プロレタリアートの組織化と集中である。市場・私有財産を基礎とする社会的分配の様式は発展した工業的生産にとって不適切である。だから、工業的生産は肯定されて、私有財産が廃

止された上で国家による公共的計画がもたらされるとされる。(17)

伝統的マルクス主義へのポストンの批判

①「労働」は普遍的かつ超歴史的なものとして捉えられる、ということに対する批判

ポストンによれば、真なる変革は価値を生みだす労働の廃絶にあり、もっぱら分配様式に限定してなされる批判は労働の超歴史的な存在論に結びついている。分配様式（だけ）が問題だとされる場合、労働は超歴史的なものとして措定されているのであった。すなわち、その場合には、労働自体は問題ではなく、それ故批判されることもない、ということである。伝統的なマルクス主義では、搾取と市場における私有財産への批判は工業的生産における労働を基礎にして行われる。しかし、これは資本主義的な社会編成の別のバージョンを生みだすだけである。「労働」を批判のための立脚点として、この立脚点から資本主義を批判するというのが伝統的マルクス主義だとされるが、これに対してマルクスは労働それ自身を批判する。というのは、資本主義社会における労働は資本制社会それ自身を構成するからである。ポストンは言うが、価値は分配の領域だけではなく、生産の領域をも構造化しているのである。労働の超歴史的な真なる本質というものはない。資本主義における労働はそれ自身で社会的媒介を行い、社会的諸関係を構成する活動である。非資本主義社会においてはそうではない。もとより、マルクスの批判は媒介そのものに対する批判ではなく、特定の資本主義的媒介への批判である。

スミスとリカードは未分化な労働概念を用い、彼らはその歴史的特殊性は認識していない。資本主義における労働が超歴史的なものとして扱われ、それ故にまた労働は無批判的な仕方で扱われている。かくして、労働は人間と自然との間の物質代謝が媒介される活動一般として考えられることになる。マルクスは、そうした超歴史的なもの

として考えられた概念を資本主義に特殊的な形態を批判するカテゴリーに変換する。

さて、資本主義における商品に規定された労働、歴史的に特殊な労働は「労働」として超歴史的な形態で現れる。これに対し、むしろ語られなければならないのは資本主義的労働の廃絶である。伝統的マルクス主義は労働の視点から資本主義を批判するが、これに対してマルクスは資本主義における労働そのものを批判した。

② 社会支配は階級支配と階級搾取の観点から理解される、という点に対する批判

問題はどこにあるのか。問題は労働を肯定しつつ階級搾取の様式を批判することではなく、抽象の支配を明らかにすることである。それは社会的政治的支配という観点では捉えることは出来ない。そこにあるのは特異で疑似－客観的な構造的支配形態である。それは歴史的に特殊な社会的媒介の形態に根ざしていて、歴史的に特殊な労働の形態によって社会的に構成される。それは自由を束縛する形態である。独特な抽象の諸形態による人間生活の支配、これが問題である。だから、そうした労働はマルクスにとって批判の対象である。

形式的合理性は抽象を基盤としている。換言すれば、使用価値次元は価値の時間次元によって横領されるのであるが、形式的合理性はその価値の時間次元をその源泉としている。これに対して、ポストンによれば、ホルクハイマーはこうした過程の源泉を労働それ自体に位置づけた。この点については、アドルノについても言うことが出来よう。『啓蒙の弁証法』の著者たちは、労働それ自身を、自然支配として、道具的理性として概念化する。労働の歴史的形態が超歴史化され労働一般の本性とされた。

ところが、価値の次元と労働の具体的次元は不同一なのであって、決して同一的ではなく、両者のこの不同一性が両者が将来分離しうることの可能性を与える。価値次元と労働の具体的次元は不同一ないし非同一である。価値

次元が労働の具体的次元を制約し、それを支配している。これは物質的富を生産する労働がそれ自身で価値を、そして剰余価値を生産する労働になっているということである。そしてこうした労働が生産するのは商品である。具体的労働はそれ自身において転倒しており、手段が労働者を使用し、価値を吸収する。ともあれ、両者が分離可能であるということ、このことが重要である。というのは、それは価値の、したがって抽象の支配の廃絶の可能性を示すからである。

③　資本主義は私有財産及び市場と生産活動の間の矛盾によって特徴づけられる、ということに対する批判

伝統的マルクス主義では、資本主義は生産過程に対して外部的な要素とされ、したがってまた、階級支配は生産過程に対して外部的なものとされるのであるから、資本主義の（根本）矛盾は工業的生産と私有財産、市場の間の矛盾となる。批判は分配様式に対する批判である。伝統的マルクス主義では、批判は生産そのものには向けられない。普遍的で真に社会的なものは労働によって構成され、それが特殊主義的な資本主義的諸関係によって十分な実現を妨げられている、とされる。マルクス主義は、もしそれが伝統的な仕方で理解されるならば、国家によって構成され支配される社会を批判することはできない。

④　工業的生産を純技術的過程とすることに対する批判

ポストンは批判の矛先を所有と市場を巡る考察から引き離し、労働の領域に向ける。彼は工業的生産過程の批判に向かう。社会主義は工業化を背景にした生産手段の集団的所有及び計画経済だとされた。しかるに、工業的生産は資本主義的なものである。伝統的マルクス主義では、資本主義の矛盾は私有財産・市場と工業的な生産様式の矛

盾であった。この場合、工業的生産は未来の社会主義の基礎だということになるが、マルクスは工業的生産を資本主義的なものとして批判する。

総じて、ポストンの伝統的マルクス主義に対する批判は、伝統的マルクス主義は資本制社会における、独特の抽象の支配への目配りがない、という点にある。ところが、資本制社会の止揚とはまさしくこの抽象の支配とこれと結びついた非人格的で客観的な支配、したがって価値の廃絶にあるのである。

3　抽象の支配

私は、新自由主義及び新自由主義的グローバリゼーションは人間の自然史の現代版であり、それはアドルノが語った意味での自然史の一層の進展であると述べた。人間の自然史は、資本制社会における抽象の支配及び抽象の運動に関係しており、人間社会とその歴史の自然化は、抽象の支配、したがって物象化に基づいている。(18)それ故、抽象の支配に関するポストンの所論は人間の自然史の解明、それ故にまた、新自由主義及び新自由主義的グローバリゼーションが人間の自然史の一層の進展である次第を解明するさいに、有用な論点を提供してくれる。

抽象的労働と価値

ポストンによれば、「マルクスの価値のカテゴリーは、単に市場に媒介された富（wealth）の分配の形態を表すものとしてのみ理解されてはならない」(19)。価値というのは、時間によって規定された特殊な富の形態であり、具体的な富とは区別され、それは抽象的労働の凝固である。労働が、すなわち、それ自身において抽象的労働に転化した労働が社会的諸関係を媒介するとは、労働を介してそれらの諸関係が再生産されるということである。[20] 商品形態は、資本制社会では、生産物、富の一般的、基本的形態である。労働力は労働力商品となるが、これは人間の商品化である。人間は抽象的労働を行うものと見られる。これは労働者自身が商品の売り手として、労働力が商品として、労働が一般に賃金労働として現れる資本を前提としている。労働者自身が商品の売り手として現れるということは、労働者が自らの労働力を商品として売るということである。この場合、労働は賃労働として現れるのであるが、賃労働はしかしまた資本を前提としている。

商品形態と価値法則は資本主義的社会編成の根本的な形である。具体的労働の社会的次元は疎外された社会的次元に組み込まれており、この疎外された社会的次元は抽象的労働によって構成される。[21] 実質的次元は抽象的形式的次元に、上に言われた疎外された社会的次元に、組み込まれる。

労働価値説というのは、労働一般についての、労働一般の固有な性質についての理論ではなく、富の形態としての価値を、したがって労働の歴史的特殊性を分析するものである。すなわち、それは資本主義における労働の特殊性を分析するものである。抽象という場合、それは概念的な抽象過程にのみ言及しているのではない。労働は社会的媒介を構成する実践として、労働一般である。人々の抽象的労働が合併されることによって構成されるのは、さまざまな抽象的労働の集積なのではなく、社会的媒介である。つまり、社会的に全体化された抽象的労働が構成されるのである。人々の生産物は、社会全体的な媒介–価値を構成する。ポストンによれば、価値とは社会的媒介に他ならない。（あるいは、価値は社会的媒介の役割を果たす。）ここでは、あらゆる労働生産物が商品として機能することができ、それ故にこそさまざまな活動の生産物が同種のものとして分類されることになる。

抽象的労働・抽象的時間の支配

資本制社会においては、時間（抽象的時間）が生活世界を支配している。疎外された社会関係、すなわち諸個人から自立化して運動する社会的諸関係は抽象的支配の領域であり、この抽象的支配は時間次元を持っている。[22]商品の価値は抽象的労働の凝固である。価値は時間によって規定される特殊な富の形態であり、伝統的理解では、労働は超歴史的とされ、歴史的に変化するのはその社会的な分配と管理の様式にすぎないとされたが、それは富の分配の形態を表すだけのものではない。

抽象的時間のシステムは諸個人の活動から独立した枠組となっており、その内部で出来事や行為が生起する。抽象的時間は均等であり、単位に分割できる時間であり、それ故、それは通約可能であり、交換可能な部分への分割が可能な時間である。抽象的時間は独立した枠組みとなることで、実質的時間は抽象的時間に変容する。抽象的時間は時間の運動を表現するのではなく、運動に対する絶対的な枠組みを構成する。[23]

価値と物質的富

生産力が増加するとする。すると、単位時間当たりに生産される商品の平均的な量は増加する。これが示すのは生産力の増大である。この場合、時間の面から見れば、一つの商品を生産する社会的必要労働時間は減少し、物質的富は増加するが、その一つ一つの商品を生産するのに必要な社会的労働時間は減少するので、実は生産される価値は一定である。例えば、単位時間に生産される物質的富が二倍になれば、その物質的富を生産するのに必要な社会的に必要な時間は二分の一になる。それで、実は抽象的労働の客体化である価値は不変である。この時、生産力は具体的富に関して語られ、生産力とは具体的富の生産力である。

価値の総量と剰余価値

資本の生産力が上昇すると、単位時間ごとに生みだされる価値は短期的には増大する。この時、資本家は特別剰余価値を手にするであろう。しかし、その生産力をもたらす技術的手段が一般化すると、そうではなくなる。ところで、単位時間当たりに生みだされる剰余価値の総量は価値の総量を決して超えることはできない。階級闘争がその割合を決定する。剰余価値の総量が価値の総量を超えることが出来ないということ、ここに剰余価値の限界がある。

資本主義においてのみ社会的労働は二つの性格を持つ。価値は人間活動の特殊な社会形態として存在する。マルクスのカテゴリーが示す社会的諸形態は歴史の始まりからあったのではなく、資本主義の中で初めて存在し、十全に発達した。

4　媒介

抽象的労働と社会的媒介

価値が富の一般的形態であるような社会、これは社会的相互依存の特異な形態を特徴とするのであるが、その特徴というのは、人々は自分が生産するものを消費せず、他の商品を獲得するために商品を生産し交換するということである。この点が商品生産が全面化した社会の基礎である。人々が自ら生産した物を自ら消費するのであれば、商品交換は生じない。そうした特異な関係が十全に発展するのは、労働力の商品化が起こった時である。ある人の労働によって客体化されたものは他者が生産したもの、生産した財を獲得するための手段であって、人が労働するのは他者の生産物を獲得するためである。それは一方では特定の労働であり、他者のために何らかの財を産出するが、他方、労働は他者の生産物を獲得するための手段である。この時、労働の性質とその労働という手段によって獲得される生産物の間には内在的関係は存在しない。机を作る労働は、手段としては、例えば鉛筆を獲得する手段であって、机を作る労働という労働の特殊性は鉛筆とは何の内在的関係も有しない。労働そのものが他者の生産物を獲得するための手段として機能するということによって、労働そのものが社会的媒介を構成する。

人間間の媒介はかくして労働を媒介として生じる。労働が他者の生産物を獲得するための手段となることによって、労働は人々の間の関係を媒介することになる。そしてこのことが可能となるのは、具体的労働がそれ自身において抽象的労働に転化していることによってである。労働そのものが社会的媒介となるということは、労働が人間たちの間の社会的関係を媒介するということである。労働を通して社会的関係、ある種の社会的関係が再生産され、産出される。この媒介において労働はそれ自身を再生産し、基礎づける。労働を通して産出されるのは、社会的総体、全体性である。

社会的媒介としての商品は価値である。労働とその生産物は質的に見れば特殊であるが、同時に一般的次元を有する。特定の使用価値を造り出す活動、労働は同時に抽象的労働、すなわち他者の財を獲得する手段として一般的なものである。労働はそれ自身において労働一般である。抽象的労働として各々の労働は労働一般である。

あらゆる特定の労働が抽象的労働として機能し、あらゆる労働生産物は商品として機能することができる。それ故、資本制社会とは異なる他の社会においては同種のものとはされない活動や生産分野が同種のものとされるのである。抽象的労働によって構成される抽象的一般性。現在的直接的な社会的諸関係は存在し続けるが、資本制社会は基底となる新しい水準での社会的相互依存関係によって規定される。価値は抽象的労働の客体化であり、社会的媒体であって、すべての特殊性から抽象されているのであるが、それは客観的な社会的媒介として直接的な人格的媒介からは独立している。ということは、価値による社会的媒介は、直接的な人格的媒介も存在しているのであるが、それから独立しているということである。(24)

社会の全体性は自己運動するようになる。労働が社会的媒介であるのは、あるいは社会的媒介を構成するのは、それがそれ自身において抽象的労働に転化しているからである。そして抽象的労働は価値を生みだす。資本主義における労働は社会的に綜合的な性格を有し、それは資本制社会を構成する。

労働の自己媒介

労働はそれ自身を根拠付ける社会的媒介を構成し、このことによって一種の社会的総体性、全体性を構成する。このことが意味するのは、労働は自己媒介となるということである。すなわち、労働はまさしくその労働において自己を再生産するのであり、したがってまた一定の歴史的に形成された社会関係、だからまた資本家階級と労働者階級の間の階級関係をも再生産し、これが労働の客観的機能となる。資本制社会において、労働が社会的媒介の機能を有するということによって、生産された商品がまた社会的媒介の機能を果たすことになる。商品の社会的媒介としてのこの機能は――そしてここがわれわれにとって重要であるが――商品の特殊な物質的形態から独立しているのである。この機能はすべての商品に共通である。各商品は使用価値としては特殊であるが、社会的媒介としては一般的である。

商品が社会的媒介の機能を果たすのは、それが抽象的労働の凝固たる価値を担っているからである。商品はそれによって人々の間を媒介することになる。労働とその生産物は直接的な社会関係によって媒介されて社会的性格と意味を獲得するのではない。かくて、商品生産活動は特定の使用価値を作り出す活動であると同時に、抽象的労働、他者の財を獲得する手段として、社会的に一般的なものである。

商品、ある人の生産物は始めから商品として生産されるが、これは他者の財を獲得する手段となる。このことによって商品は諸個人の間の関係を作り上げ、媒介する。労働のすべての形態は、まさしくそれらが労働であるという点において共通であるが、このような理解では資本主義理解に資するところはない。重要な点は抽象的労働と価値は資本主義の社会編成に特異なものだ、ということである。社会的媒介としての労働はその生産物の特殊性から抽象される。それ故、抽象的労働のカテゴリーは現実の社会的抽象過程を表現するものである。そして、労働はそれ自身において自己を再生産するのであって、このことによって労働は己自身を媒介的に再生産する。

ポストンは言う。

> 資本主義における労働の二重性、すなわち生産的活動として労働と社会的媒介としての労働という二重性についての分析によって、彼［マルクス］はこの労働を非形而上学的な、歴史的に特殊な「自己原因（causa sui）」として理解することができるようになるのである。(25)

このような労働は己を社会的に根拠づけるのであるから、実体の属性を持っている。マルクスは、抽象的人間労働のカテゴリーに言及するさいに、「実体」という語を用いているが、これによって、労働によって社会的全体性が構成されることが表現されている。

全体性は、自ら自己を根拠づけ、自己媒介し、客体化されるがゆえに、まるで自存するかのごとくに（quasi-independently）存在する。(26)

ポストンの語るところを引き継いで言えば、この実体は一種自立的な生命的性格を有することになるが、この自己運動において、この実体は疑似－自然として現れる。つまり、抽象的人間労働は実体化し、実体として自己運動するようになる。それは疑似－自然的な生命性という性格を獲得するのである。

5　非人格的・客観的構造・支配

生産過程は単に生産諸力のみを含むのではなく、生産諸力と生産関係の両者を内包する。生産の様式は単なる技術的過程ではない。それは価値や資本のように社会的諸関係の客体化された諸形態によって作られている。その批判は資本主義における労働それ自体に向けられたものである。

資本主義に特徴的な社会的支配の形態

資本主義における社会的支配は社会的労働の形態と結び付いている。物象的依存性の枠内における人格的独立性・諸個人自身に対立して自立化した相互的な生産連関。本質的な社会的諸関係は目に見える人間関係としてではなく、諸個人に対する半ば独立した構造群となり、それは非人格的な物象的必然性と物象的依存性の領域として存在している。諸個人は以前には相互に依存し合っていたが、今ではもろもろの抽象によって支配されている。資本主義とは抽象的非人格的な支配のシステムのことである。人々は以前の社会形態に比べて自立しているように見えるが、実際には客観的に見える社会支配のシステムに従属して（subsumirt）いる。資本主義における諸個人の独立性は実は依存性、非自立性の形式でもある。

非人格的な物象的必然性(27)

資本主義において、社会的労働はそれ自体が支配の本質的な土台であり、諸個人は自らの社会的労働によって支配されるのである。社会的諸関係は半ば自立化した抽象的構造になる。資本制社会における社会的労働、この労働自体が支配の土台である。社会的労働を媒介として編成され、産出され、またそうであり続ける社会システムは、まさしくその社会的労働の性格の故に、つまり資本制社会におけるその社会的労働の特殊な資本主義的な性格の故に、物象の支配をもたらす(28)。

抽象的非人格的な支配のシステムの客観的性格

さて、抽象的労働によって構成される社会的諸関係は如何にして、何故に客観的となるのか。客観的というのは、諸個人から独立して運動するということであり、諸個人に対する強制となって作用するということである。資本制社会の社会構造の自立化については、二重の意味で語ることができる。すなわち、第一に、諸個人は生きるために商品を生産し交換するように強制される。第二に、資本制社会の社会的諸形態は抽象的で普遍的な他者として諸個人に対して聳え立つ。それは主体にとって疎外された構造となる。疎外された労働は抽象的支配の社会的構造を構成する。ボストンでは、普遍的な他者として諸個人に対して社会諸関係が聳え立つということ、このことが疎外であり、それ故、疎外とは抽象的労働の客体化の過程に他ならない。だから、このポストンの考えからすれば、疎外と社会的諸関係の客体化、物象化は結びついている。抽象的労働の客体化は物象化であるだろう。疎外は物象化を人間にとってよそよそしいものとなるそうした側面を言ったものである。

平等性という近代的な概念は商品形態の発展、つまり疎外の過程に付随して発生した平等性という社会的形態に根ざしている。疎外は、ポストンの解釈においては、あらかじめ存在する人間本質の外化を意味するのではなく、抽象的労働の客体化の過程に他ならない。ポストンは言う。

疎外とは、社会的に媒介する活動として自らを客体化する労働によって発揮される人間諸力が、歴史的に構成される過程を示している。(29)

社会的構成を扱うものとしてのマルクスの理論は近代の普遍性と平等性の性格を批判的に検証し、社会的に根拠づける。マルクスの分析によれば、普遍的なものとは超越的な観念ではなく、社会的諸関係が商品によって規定された形態が発展し強化されるとともに歴史的に構成されるものであり、この場合、歴史的に出現する普遍的なものは普遍的なものそれ自体なのではなく、特定の普遍的形態である。現実の過程において、労働の具体的特殊性が抽象され、人間労働という共通の分母に還元されるが、この変化の過程が人間の平等という観念が生じるための社会、歴史的な前提条件である。

客観的法則と客観的システム

生産力の上昇と社会的労働時間は次のように関係している。すなわち、生産力の上昇は社会的必要労働時間の再規定をもたらす。この過程は人間の意識から独立しているのであって、それは客観的法則のような性格を持つ。社会的に必要な労働時間は生産力の上昇に伴って変化する、この場合には減少する。抽象的時間の尺度は新しい内容（具体的労働の生産物）と結びついて、現在にとどまる。古びるはずのものが現在にとどまることが前方へと進んでいることになる。

労働とは自らを生産物のうちに必然的に客体化する活動である以上、商品によって規定される労働の社会的媒介活動としての機能は客体化という行為と解きがたく絡み合っている。商品を生産する労働は、特殊な使用価値における具体的労働として自らを客体化する過程において、自らを社会的諸関係における抽象的労働として客体化するのである。(30)

価値とは抽象的労働の客体化である。社会的諸関係は客観的形式を有する。生産的労働は自らを抽象的労働として客体化する。労働は商品へと客体化される。労働の商品への客体化には二つの形態があったが、これに対応する富の二つの形態があって、それは価値と物質的富である。価値は抽象的労働の客体化であり、これは富の分配形態である。分配は価値を通してなされ、それ故、価値は媒介のカテゴリーである。価値は客体化された形態で存在し、社会的媒介として客観的な形態を持っている。その社会性は顕在的なものではない。ポストンは言う。

社会的靭帯は社会的媒介としての労働の機能から生じるのであるが、社会的媒介としての労働は、これらの性質のゆえに、直接的な社会的相互関係に依拠しておらず、空間的及び時間的隔たりにかかわらず機能しうる。(31)

社会的カテゴリーの属性は哲学的カテゴリーとして実体化された形態で現れる。ヘーゲルが全体性によって把握しようとしたものは、絶対的で永遠なのではなく、歴史的に規定されたものである。社会的媒介がそれ自身の生命を獲得する。それは一種生命的存在となり、諸個人に優越し対立する客観的システムへと発展する。社会的諸関係は労働、すなわち抽象的で同質的である客体化する実践の形態によって構成される。

マルクスの批判理論は、資本制社会においてはシステムと行為が相互的に構成されるということについての複雑な分析をもたらす。……抽象的労働によって構成されるシステムは、社会的支配の新しい形態を形づくる。……その非人格的、抽象的、そして客観的性格は歴史的に新しいものである。(32)

客観的な支配の形態は階級に基づいていない

抽象の支配は非人格的な支配の形態であって、ポストンによれば、これ自身は階級に、人格に、制度に基づいていない。社会は疑似的に独立した、抽象的で普遍的な他者として諸個人に対して聳え立つのであるが、まさしくこのことが諸個人に対する支配の形態である。(33)こうして、資本制的経済システムは疑似的に独立となり、抽象的で普遍的な他者として諸個人に相対する。それは諸個人に対して非人格的な力を行使する。それは疎外された構造となる。社会的活動としての労働の機能、これは独立した抽象的な社会的領域として具現される。「資本主義における労働は、労働を支配する社会的構造を生起させる。この自己生成的な再帰的支配の形態が、疎外なのである」[34]。

人間が自らの労働によって支配される

資本制社会にあっては、労働時間が富及び社会的諸関係が形成され作られる原材料となる。価値のカテゴリーが意味するのは、人間が自分の労働によって支配され、この支配を維持するように強制されるということである。

搾取

剰余が存在し、これは不労階級によって収奪されるような社会においては、収奪は直接的な社会的強制に基づいている。これに対して資本制社会では、搾取と支配は商品に規定された労働にあって労働に内在化された契機となる。資本主義の特徴をなす抽象的支配、労働の搾取は、究極的には不労階級による剰余の横領ではなく、資本主義における労働の形態に基礎づけられている[35]。

6　資本の運動・動態性・全体性

自己生成性

資本制社会における社会諸関係の諸形態は自己生成的性格を持っている。ポストンによれば、確かに資本主義社会は階級社会であるけれども、階級社会という点は資本制社会における社会的支配の究極的な基礎なのではなく、むしろ、社会的支配は階級関係よりも高次の抽象の支配の結果である。マルクスの諸カテゴリーはまさしくこの抽象的支配とその動態性を捉えるものであって、階級関係はこの動態性に属している。(36) 資本は価値という点から規定され、自己増殖するものとして、自己自身で運動する自動的な主体として現れ、資本の運動は一種生命体の運動として現れる。(37)

労働は生産活動であるが、それは同時に社会的媒介活動でもある。資本主義は労働という単一の原理から展開される全体性となり、この全体性は抽象的強制のシステムによって生産を不断に加速するという方向性を持つ。

永遠の現在

以上のように、資本主義は動態性という性格を本質的に有するが、ポストンによれば、それにもかかわらず、資本制社会は永遠の現在に留まるのであって、この性格は資本主義の根本性格である。資本制社会は時間的二重性を有しており、この二重性は、一方では、継続的かつ加速する歴史の流れがあるとともに、他方では、この時間の運動が絶えず不変の現在へと変換される、ということを言っている。換言すれば、資本主義は一方では生産力の絶えざる向上へと向かう衝動を有していると同時に、その基礎的社会形態を絶えず再構成する。物質的富が生産力の増大とともに増大するけれども、一定時間に生産される価値は実は一定である。例えば、ある資本家が革新された技術を採用して、生産力を増大させるとしよう。この時、既述のように、この資本家は特別剰余価値を手にすることになるが、しかしこの技術が一般化すれば、一定時間に生産される価値はその技術が採用される以前と同じになる。すなわち、価値量は永遠の現在として現在に留まるのである。一定時間において生産される価値量は実は不変である。技術が進歩すれば、一定時間に生産される物質的富が増大しても、抽象的労働という点からすれば、一生産物単位に凝固する抽象的労働は減少するのであり、この減少は一定時間に生産される価値量が一定であるという仕方で生起する。一時間に一個のある商品が生産されていたとしよう。生産力の上昇によって、つまり技術の進歩によって一時間に二個の商品が生産されるようになると、その商品一個の生産に必要な労働時間は半分になる。これはその価値が半分になったことを意味する。生産力上昇以前に生産された商品の価値が２ｖであったとすれば、生産力が上昇した後での一個の商品の価値は１ｖである。以前には価値は２ｖであった。今や商品は二個であり、それぞれの価値は１ｖであるから、価値の総量は

$$1v + 1v = 2v$$

である。これは以前の価値量２ｖと同じである。このような仕方で、生産力の上昇は具体的労働の次元で生じるが、生産力のこの新しい水準は社会的必要労働の短縮化を、つまり再規定をもたらす。如何に具体的労働の次元で生産力が増大しても、価値のレベルでは、それは永遠の現在に留まるのである。

自己否定性

以上のことが意味するのは、労働を通じて資本主義的諸関係が産出され、価値に基づく生産が発展するのであるが、この発展はそれ自身の否定の可能性を生みだすということである。労働の生産力は労働者の直接的労働に必ずしも拘束されるわけではなく、科学的、技術的な、そして組織上の知識と発展に依存してもいる。マルクスの説明では、資本は生産力のレベルが労働者の直接的労働に依存する度合いが低下し続ける仕方で展開する。このことが示すのは、現実的富、具体的富と価値の分離可能性である。価値が現実的富の尺度としては意味を持たなくなって

いき、その妥当性を失っていく。このことが価値がそれ自身の否定の可能性を生みだすということである。否定のこの可能性の現実化は同時に資本主義的労働の廃絶になるけれども、もとよりそれは労働の廃絶なのではない。そうではなく、資本主義では価値が社会的富の決定的要因になっているということが止むのであり、そうした価値の現実的富に対する支配が止むのである。もとより、この分離、具体的富と価値との分離はあくまで可能性であり、その現実性でも必然性でもない。この分離はあくまで傾向性としてある。ところで、もし現実的富と価値とが分離するとすれば、そのときには具体的富に対する価値の支配が止むが、それだけではなく、価値自体が廃絶されるであろう。

7　抽象の支配と物象化・自然化

労働が労働一般として現れるということ、労働の超歴史化

社会的労働は資本主義においてのみ、二重性を、すなわち、それが具体的労働であるとともに抽象的労働であるという二重性を有しているが、具体的労働がそれ自身において抽象的労働に転化しているということ、こうした意味での労働の二重性は、抽象的労働が直接的にはわれわれの眼には見えないために、（換言すれば、それは、ポストンの言い方ではないが、生活世界のパースペクティブからは知覚されないために）資本主義における労働が労働一般として現れ、資本主義に特殊な労働の形態が労働一般として現れてしまう。このことは、資本主義に特殊的な労働の性格が看過されて、労働が労働一般として理解されるということを引き起こす。そして資本主義に特殊な労働が労働一般として取り違えられることによって、剰余価値というカテゴリーが人々の視野から消失してしまう。

この時、資本主義における労働という歴史的に特殊な労働の形態が労働一般として超歴史化され、超歴史化という意味で自然化されるのである。(38)

以上のように、労働が超歴史化され、この意味で自然化されるが、この時、資本制社会において、労働は間接的生活手段であり、この労働が間接的生活手段であるということが人間の条件であるように見えてくる、すなわち永遠の、社会的に自然な側面であるように見えてくる、という事態が生じる。以上見たのは、労働の超歴史化という意味での（労働の）自然化である。

資本主義における労働の社会構成的性格と社会諸関係の自然化

しかし、社会諸関係が自然化されるという場合には、以上に見た労働の超歴史化という点に加えて、さらに、社会諸関係が自然化されるということが現れる。

伝統的社会では労働とその生産物は社会的諸関係の母体のうちに組み込まれていた。労働は社会的諸関係によって性格付けられていたのである。伝統的社会では、働くことは単に労働として現れるのではなく、労働の諸形態は社会的に性格付けられる。労働のこうした諸形態を道具的行為として特徴付けることは適切ではない。労働が商品によって規定される労働を印づける特異な綜合的性格を持たない非資本制社会では、労働は社会的諸関係によって構成されるのであって、社会的諸関係を構成するのではない。これに対して、資本制社会では、労働は自らを媒介する。伝統的社会では、社会的諸関係が労働、用具、物を規定した。これに対して、資本主義では、労働とその生産物が客観的な社会的諸関係の領域を作り出す。労働と生産物は社会的に規定する作用を持つとともに、しかしそのようなものとしては現れず、純粋に物質的なものとして現れるのである。これは社会的諸関係の自然化であり、ポストンにとって社会的諸関係の自然化はまさしく抽象の支配であるために、抽象の支配の自然化になる。

抽象的支配の構造は労働によって構成される。けれども、この構成されたものは社会的に構成されたものには見えない。そうではなく、自然化された形態で現れる。先にその第一の規定が述べられたが、社会的必然性の形態は直接的、人格的、社会的支配の不在という仕方で存在する。行使される強制力は非人格的で客観的であるから、それは社会的であるようには見えない。むしろ「自然」であるように見えるのである。これは抽象的支配の自然化である。このような自然化、抽象的支配の自然化は、社会的労働に結び付けられる二つの異なる種類の必然性が重なり合うことによって強化される。第一に、労働そのものは人間の社会的存在の必然的形態である。これは超歴史的あるいは自然的な社会的必然性である。第二に、生産者は自分が生産するものを消費せず、労働は消費される生産物を獲得するための社会的必然性であるという意味での必然性。この必然性は歴史的に規定された社会的必然性である。第一の必然性によって、第二の必然性が覆い隠され、このようにして二つの必然性が融合されてしまう。かくして、商品生産労働が演じる特殊な社会的媒介は覆い隠され、それ故かかる労働は労働そのもの、労働一般として現れ、二つの種類の必然性は超歴史的に妥当する必然性の形態において融合するのである。かくて，資本主義に特殊的な社会的必然性の形態は物事の自然的秩序として現れる。さらに、社会的諸関係の自然化は物事の自然的秩序として現れる。

転倒

抽象の支配は近代世界の転倒と関係している。この転倒において、抽象的諸構造の下に諸個人が包摂されるのである。諸個人は文字通り手段に、すなわち価値増殖過程のための手段になる。資本主義の運動過程は人間を手段に変える。人間のこの手段化の第一段階は労働力としての労働の商品化であり、その第二段階は剰余価値を生産する過程において生じ、これが労働の資本のもとでの実質的包摂である。この第二段階は剰余価値を生産する過程が自らの姿にならって労働過程を形成するときに生じる。この時、抽象的労働は具体的労働を強化し、自分の姿に見せて形成し始める。つまり、生産過程において原料になるのは物質の素材ではなく、労働者である。

物質的富を生産する労働は、価値増殖過程においては、その原材料になる。重要なのはこの転倒である。社会の疑似－自然化の根源は物質的富の生産が価値増殖過程になっているということ、それが抽象的労働の凝固過程となっているということにあるが、こうした転倒において、資本主義的社会諸関係は諸個人から自立化し、客観的非人格的な構造形態となる。

抽象と物象化・物神化・抽象の支配・抽象的労働と物神性

資本主義における労働は、それが社会的に綜合する性格を持つものであるが故に、社会的媒介の役割を果たすものであった。こうした資本主義における労働の特定の機能を理解しなければ、社会的媒介の機能を労働そのものに帰してしまうことになる。(39) つまり、資本主義において労働が果たす社会的媒介という機能は、上の場合、労働そのものに根ざすということにされてしまうのである。

ところで、商品は客体化された社会的媒介であって、商品は使用価値としては特定の具体的労働の客体化であり、他方では価値としては商品は一般的なものであって、抽象的労働の客体化である。商品は社会的媒介――これは生産者は自分が生産したものを消費せず、自分の生産物は他の生産物を獲得するための手段となるということである――という性格を持つが、この性格、この一般的性格は貨幣によって表現され、こうして貨幣は普遍的媒介者として現れる。このように商品の社会的媒介としての一般的機能が貨幣において表現されると、貨幣が普遍的媒介として現れ、商品は単なる物的な対象、つまりは財として現れる。これは現れである。この時、価値を作り出す労働は社会的に媒介する労働としてではなく、富を作り出す労働一般として現れるのである。ポストンは言う。

価値をつくり出す労働は、社会的に媒介する活動としてではなく、富をつくり出す労働一般として現れる。したがって、労働は単にその支出によって価値をつくり出すように見えるのである。かくして抽象的労働は、マルクスの内在的分析において、すべての社会における人間の労働のすべての形態の「基底となる」もの――すなわち、筋肉、神経、その他諸々の支出――として現れる。(40)

ポストンによれば、資本主義において労働の媒介的性格が生理学的行動として現れることは資本主義における物神性の原則的核心となるのである。マルクスは、抽象的労働に関して、それは生理学的、生物学的エネルギーの支出であると言うが、これをポストンは物神性の現れであると解釈する。換言すれば、そのように抽象的労働を生理学的行動として規定することはポストンによれば既に物神性に囚われていることなのである。私は後に、ポストンのこの解釈を批判し、否定することになろう。ともあれ、ポストンによれば、資本制社会における社会的諸関係は物神の間の関係として現れ、したがって超歴史的に見える。すなわちそれは自然化されるのである。

人間と自然との関係、社会の自然化

資本主義においては、労働それ自身が構成する社会的媒介は直接には目に見えない。それ故に、労働は労働一般

として現れる。労働は客体化された、そして抽象化された諸関係を産出するが、そのメカニズムは目に見えないのである。つまり、労働による媒介が目には消失するのであって、それ故それが構成するものは、それ自身の生命を有する自然のように現れる。そしてそれらは諸個人から独立して運動することになる。ここで言われていることは、社会的諸関係が自己運動する一種の生命体として現れ(41)、諸個人から自立化する、ということである。労働を媒介として内在的な動態的諸関係が構成される(42)。商品に規定された労働の二重性は具体的次元と抽象的次元を有し、それを特徴とする社会的諸領域を構成することになる。具体的次元は、直接的、感覚的経験の変化に富んだ表現であり、抽象的次元は一般的統一的であらゆる個別性から抽象されたものである。この抽象的なシステムにおいては、物質的富は価値の、抽象的労働の客体化の担い手としてのみ現れるのであるが、資本制社会にあっては、この抽象的システムの運動によって人間と自然との関係が媒介される。

資本主義は疎外された動態的な社会構造を持ち、暴走する可能性を持つ。これによって自然環境の加速度的破壊がもたらされ、物理的自然が原材料に還元される。しかし、それは何故か。それは物理的自然が剰余労働時間を引きだすための手段となるからである。それは手段としてのみ現れる。ポストンによれば、自然破壊は自然が人類の客体になったということの結果ではなく、生産物が価値の担い手になったことによるのである。質的に特殊な原材料は（抽象的）時間の均質的な担い手になる。人間と自然との関係、したがって人間と自然との間の物質代謝は、資本制社会では、生産物が価値の担い手として、そして価値の担い手としてのみ登場するということによって媒介されるのであって、この媒介は単に物質代謝なのではない。

しかしながら、事態は以上に尽きるのではない。さらに、人間と自然（あるいは社会と自然）が相互に対立することになる。抽象的で疑似－自然的な社会支配の形態を基礎とする社会の歴史的発展は社会的支配の人格的形態に取って代わっただけではなく、人類はそのことによっていわば第二の自然の支配に服したのである。

資本主義の発展とともに人類は、予測不能な自然環境への抗し難い依存から自らを解き放ったが、それは労働によって構成される支配の疑似－自然的な構造――第二の自然のごときもの、――を無意識的に、意図せずにつくり出すことによって行われたのである。人類は第一の自然、つまり自然環境による支配を克服したが、その代償として、この第二の自然の支配を構成したのである。(43)

疑似－自然としてのこの第二の自然は、意志とは無関係かつ拘束的な仕方で作用し、この領域は客観的である。社会的諸関係の構造は、物的な自然と抽象的で普遍的な客観的自然法則との疑似－自然的な対立という形態をとる。ここでは社会的なもの、歴史的なものは消失している。第一の自然と第二の自然は、抽象の支配を通して相互に対立することになる。

生命体として現れるということ

『資本論』でマルクスは、ヘーゲルの観念論的諸概念は資本制社会について社会的に妥当するとする。彼は価値を実体を持つものとし、それを抽象的人間労働に見定める。マルクスは資本を価値という観点から規定するが、それは自己増殖するものとして現れ、マルクスはその資本の概念をヘーゲルの精神と関係づける。価値は、マルクスによれば、自動的な主体に転化し、自己自身で運動する主体として現れる。マルクスはこの主体をプロレタリアートのような社会集団とも人類とも同一視していない。

他者の生産物を獲得する媒介は、それは労働による媒介であるが、それを媒介する諸個人から独立したそれ自身の生命を獲得する。「実体」のカテゴリーによって表現されるのは、資本主義的諸関係が独自の生命性を受け取るということである。商品カテゴリー、社会的媒介としての労働の規定からマルクスは進んで貨幣と資本のカテゴリーを展開する。他者の生産物を獲得する手段である媒介は、それを媒介する諸個人から独立したそれ自体の生命を獲得する。(44) 資本主義とは、あるいは資本制社会とは抽象的諸関係の巨大なシステムであり、この巨大なシステムは自動的に展開する運動性を有する。

8　本質と現象

抽象と具体の分離

商品の具体的次元は直接的な感覚的経験と変化に富んだ表面であり、抽象的次元は一般的、等質的であらゆる個別性から抽象されたものである、と言われた。抽象的次元は人間たちの意志から独立した仕方で、人間たちの意志とは無関係に拘束的に機能する抽象的必然性の同質的で一般的領域であり、ここでは普遍的な客観的自然法則が支配する。(45) このようにして、抽象と具体は分離されるが、分離されると言っても、それは抽象の支配が廃絶されて、具体的次元が抽象の支配から解放されるということを意味しているのではなく、ポストンの言い方では、抽象的次元が直接的で変化に富んだ表面から隠され、隠蔽されるということである。ポストンはこの事態を「本質」と「現象」という概念によって捉えている。すべての商品は具体的で特殊な質を有するが、これが事態の現象的側面であり、これに対して価値、時間的に規定される次元は非顕在的な抽象的質である。商品の抽象的な質としてのこの次元は非顕在的であり、感覚という点からすれば超感覚的なものである。それ故にまた、価値と物質的価値の区別もまた、現象的側面において隠蔽されることになる。価値と物質的価値の区別は行為者が意識しないところで作用し、現象形態は本質的な基底的諸構造を隠蔽する。現象は本質によって規定されながら、その本質を隠蔽するわけである。人々はその現象形態に依拠して行為し、かくてその本質的諸構造を再生産する。

労働が超歴史的に見えるということ

資本制社会において商品を生産するのは労働であるが、この労働について商品について語られたのと同じ事態が生起する。労働の歴史的に特殊的な役割（資本主義における労働の特殊な役割）は労働の外見上超歴史的な物質的次元によって表現される。目に見える諸形態は労働の独特な機能の必然的な現象形態であるが、それは社会的なものには見えないのである。それは、ポストンの用語では存在論的に見える。存在論的に見えるということは客観的で超歴史的なものに見えるということである。その現象形態においては、労働は社会的媒介として現れるのではなく、単に労働それ自体として、労働一般として現象するのである。(46)

使用価値としての商品は具体的労働の客体化であり、価値としての商品は抽象的労働の客体化である。資本主義の根底をなす諸関係は労働によって媒介され、客体化される。それ故、そうした諸関係は特殊的なものとしては現れず、存在論的な、すなわち超歴史的なものとして現れるのである。ある事柄が存在論的というのは、あるいは存在論的に考えられているというのは、その事柄が事物そのものの本性として、その事物に備わっていると考えられているということであろう。超歴史的に見えるというのは、労働の資本主義に特殊な形態が人々の目には隠蔽されるということであり、それ故、そのことは労働の現象形態である。

価格、利潤、地代

『資本論』でマルクスは、彼が資本主義的な社会性の根本規定として前提してきたもの（価値と資本）の媒介性と矛盾するように見える（価格、利潤、地代のような）諸現象がこの規定の表現に他ならないことを示そうとする。そうした諸現象（価格、利潤、地代）は価値と資本の運動の表現であり、かつまたその隠蔽である。『資本論』第一巻は資本主義の本質の分析であり、第三巻はその本質が社会の表面にどのように現れるかの分析である。マルクスは価値のカテゴリーと価格のカテゴリーによってそれぞれ把握されるものの関係を、本質と現象との関係として示している。[47]資本制社会には、価値として客体化された本質があるが、それはその現象形態によって隠蔽されてしまうのである。

価格は価値（本質）の現象形態である。マルクスは言う。

われわれがこの第三部で展開するような資本のいろいろな姿は、社会の表面でいろいろな資本の相互作用としての競争のなかに現れる生産当事者自身の日常意識（der gewöhnliche Bewusstsein der Produktionsagenten）に現れるときの資本の形態に、一歩ごとに近づいて行くのである。[48]

ここでマルクスは生産者自身の日常的意識に言及している。現象とはだから、日常的意識に現れる本質の姿なのである。しかし、生産者自身の日常的意識に現れる基本形態が問題であるというのなら、事柄は単に日常的意識の事柄に還元されてしまうのではないか。労働が超歴史的なものとして現れるのも、価値と物質的富の違いが隠蔽されるのも、単に意識にとっての事柄であって、意識外にこそ本質があり、隠蔽は意識における隠蔽であるということにならないだろうか。もしこのように理解されるなら、隠蔽は意識内に、本質は意識外にあるということになるであろう。けれども、ポストンによれば、マルクスの考えはそういうところにあるのではない。ポストンは言う。

価値の分析の次元で把握されたものと、価格の分析の次元で把握されたものとの関係は、さらに社会の深層にある諸構造と日常的行為（everyday action）や思考との相互構成についての（完成されなかった）理論を構成していると理解することができる(49)

かの隠蔽は単に（日常的）意識にのみ関係しているのではなく、日常的意識のみならず日常的行為や思考にも関係しており、日常的行為はまた相互行為を含んでいる。「この相互構成の過程は、深層の諸構造の現象形態によって媒介され、それが行為や思考の文脈を構成する。日常の行為や思考は、深層の諸構造の顕在的な（manifest）諸形態に基づくものであるが、同時に行為や思考がそうした諸構造を再構成する(50)」。深層にある構造と日常的行為の関係に関する理論、これはマルクスによっては完成されなかったと言われている理論であり、この理論がここには潜んでいる。恐らく、この理論は生活世界概念を必要とし、生活世界の構造編成と行為、主観性・意識の諸形態の展開を含むことになるだろう。生活世界は単に意識に還元されるのではなく、実践的な行為世界であって、この生活世界は一つのこととして抽象の運動の一定の生活世界定立作用によって産出される。すなわち、ポストンが言う本質、深層構造とわれわれの生活世界とは二元論をなしているのではなく、深層構造の運動、したがってポストンが言う抽象の支配・運動は一定のあり方を有する生活世界定立作用を含んでいる(51)。とはいえ、ポストン自身はそうした完成されなかった理論の完成に向かって思考を進めようとはしておらず、「本質」と「現象」という概念によってマルクスの理論を再構成している。

9　資本主義の根本矛盾

資本の動態性と矛盾

先に述べられたが、資本制社会は動態性を持つものであった。ここで動態性というのは、生産の加速方向へ向かっての動態性であるが、しかしこの動態性はさらに資本の自己の否定へ向かっての動態性でもある。この動態性を生みだすのは、資本制社会における根本矛盾であり、資本制社会を解明する諸カテゴリー（とその配置）はこの根本矛盾、理論（批判理論）の対象に内在する矛盾を捉えなくてはならない。社会の基礎的諸関係を表現する諸カテゴリーは対象に内在する矛盾を論定する。社会的諸形態が孕む矛盾の故に、全体性は一方では均質的全体性となるとともに、その全体性への批判及びその変容の可能性が生じる。全体は静的に循環していたり、一義的であったりするのではなく、動態的な矛盾を含んでおり、これを基礎にして、主観性の歴史的変容についての理論を展開することができる。主観性の歴史的変容という場合、例えばその一つのレベルとして、欲求と知覚の変容がある。これらの変容が可能なのは、欲求と知覚はシステムを永続化させる傾向を持つものとシステムに疑問を投げかけるものの両者を含むからである。すなわち、社会的諸形態は矛盾を孕んでおり、それ故まさしく主観性の諸領域もまた矛盾を含むものになる。資本制社会では生産は究極的な目的を持たない。もし究極的な目的を持つとすれば、その究極を達成したときに生産は止むということになるであろう。それには終わりがない。生産は生産のための生産であり、資本は増殖することをもって資本として存続できるが、このことが生産を駆り立てる。

資本とは疎外された、自ら動く（人間にとっての）他者であるが、それはその外部に目的を持たず、方向性を有する不断の運動を特徴とする。この運動はしかしまさしくその運動において己を否定する（現実性・必然性ではなく）傾向性、あるいは可能性をも生みだす。それは資本主義的社会関係に内在する矛盾のためである。

では、ポストンにおいて、それは何と何との矛盾なのか。そしてそれはどのような矛盾なのであろうか。資本主義における支配的な富の形態は価値なのであるが、ポストンによれば、その矛盾は具体的物質的富と価値との間の矛盾である。資本制的生産においては、具体的労働はそれ自身において抽象的労働に転化しており、具体的労働は物質的富を生産し、抽象的労働は価値を生産する。それ故、具体的富と価値との矛盾は労働の二重性に由来し、それ故に、労働の二重性の間の矛盾に由来するであろう。

では、具体的富と価値との間の矛盾とはどのような矛盾なのか。生産力の発展とともに、そしてこの生産力の発展を駆動するのは、（剰余）価値生産の要請であるが、そこに生まれるのは、労働時間を最小限にしようとしながら、労働時間を富の唯一の源泉とし続けるということである。価値は物質的富の源泉としては不適切になっていくにもかかわらず、資本主義が資本主義であり続ける限り、価値が構造的前提条件であり続ける。これが言われるところの矛盾である。大工業の発展とともに、現実的富の創造は労働時間と充用された労働量に依存することは少なくなる。そしてそれは直接的な労働時間に比例しないで、科学の一般的状態と技術の進歩に依存するようになる。ここでは価値と現実的富が対置されている。労働時間及び充用された労働の量に依存する富とこれに依存しない富の形態の対比がここにある。生産力の発展とともに、価値は富の尺度としてはますます不適当となり、妥当性を欠いたものとなっていく。ということは、資本主義は自己の否定の可能性をその発展において生みだすということである。ポストンは言う。

大工業が分析されてはじめて、（抽象的な）人間労働の対象化という、マルクスの価値規定の十全たる意義が明らかになる。既に見たように、資本主義的生産の目的は剰余価値であるので、それは生産力の増大に対する、絶えることなき衝動を生み出す。そして生産力の増大は、最終的には直接的人間労働を、物質的富の主要な社会的源泉としての、社会的に一般的な知識の生産諸力によって、置き換えていく。同時に――この点がきわめて重要であるが、――資本主義的生産の目的は剰余価値であるがゆえに、それは人間の労働時間の支出に基づいており、またそうであり続ける。(52)

これがかの根本矛盾なのである。つまり、資本制的生産の発展とともに、物質的富の生産は直接的人間労働に依存することを止めることは出来ないのである。もし生産が価値増殖過程であること、だからまた剰余価値生産過程であることを止めるならば、そのときには、もとより、労働自体が廃絶されることはないが、具体的労働がそれ自身において同時に抽象的労働に転化しているということは止むであろう。この時、労働は将来的な労働形態、したがって人々が行うことになるであろう労働となる。それ故、ポストンが言う資本主義の根本矛盾は、さらに、資本主義において実際に行われている労働と人々が行うであろう労働との間の矛盾としても規定される。(53)

以上の点はプロレタリア労働に対して結果を持っている。工業的生産がますます発展するとしてみよう。この場合、物質的富の形式は生産における直接的人間労働の支出には依存しなくなるが、しかし直接的人間労働は剰余価値生産が依拠するものであり続ける。物質的富の生産の観点からはプロレタリア労働は余分なものになっていく。

これは潜在的にプロレタリア労働を時代錯誤的なものにし、それでまた価値それ自体を時代錯誤的なものにする。かくて、プロレタリアートは価値の源泉として構造的に重要であり続けるけれども、物質的富の源泉としてはそうではない。[54] 人類の一般的な諸能力の発展、これが生産諸力によって意味されていることである。してみれば、それは単に生産量が増大するということではない。根本的緊張とは、疎外された形態で蓄積される社会的に一般的な知識とその能力と媒介の形態との緊張である。人類の一般的能力、一般的諸力が剰余労働を労働から引き出すために用いられる。これをポストンは足枷と言っている。価値に基づく生産形態の発展は、価値自身の否定の可能性を、歴史的可能性を生みだすのである。

生産諸力と生産諸関係の矛盾

資本主義の全体性が孕む根本的矛盾は生産の領域に内在する。これは社会的全体性を矛盾を孕むものとして把握することへと導く。以上のようにすることによって、ポストンによれば、ポスト自由主義的資本主義が一次元的ではないことを示すことができる。伝統的マルクス主義は分配様式に焦点を当て、資本主義の矛盾を（超歴史的なものと解された）労働あるいは工業的生産と分配様式の間の矛盾としていたし、かくして、生産諸力と生産諸関係の矛盾を労働ないし工業的生産と分配様式の間の矛盾としていた。けれども、ポストンによれば、分配様式は所有関係を包含しているが、生産諸関係をもっぱら分配様式の点からのみ理解してはならない。むしろ、生産諸関係は価値生産、したがって抽象による支配形態に関係しているのである。生産諸力と生産諸関係の矛盾は生産過程の諸契機の間の矛盾である。価値は生産過程において直接的な人間労働の支出によって構成され、時間次元を有し、生産の基盤であり、根本的な社会関係である。価値に立脚した生産、これは生産様式である。価値というカテゴリーは資本主義を特徴づける社会的諸関係であるとともに、富の特殊な形態をもたらすのである。重要な点は、価値というカテゴリーは一つの特殊な社会諸関係を表現するということである。価値は生産過程において直接的な人間労働の支出によって構成される。生産諸関係は価値次元において、抽象の支配において、抽象的構造において成り立つ関係であるが、この関係において労働過程は価値増殖過程に、価値生産過程に転化する。この転化がすべての始まりである。この転化において生成する（抽象的な）社会構造の支配が問題である。

このように、生産諸関係は価値生産に、したがって抽象による支配に関係しているが、これに対して、ポストンの理解では、生産諸力は具体的富、物質的富を産出する諸力である。資本主義の元での社会的に一般的な知識と力の諸形態は資本の諸属性として現れ、そうしたものとして生産過程に組み込まれる。価値とともに生じる抽象的な時間的強制は労働過程の具体的形態を規定する。つまり、価値の諸次元の諸特性によって具体的次元が本質的に構造化される。「労働の具体的次元は、いわばその抽象的次元によって『横領』されるのである」[55]。しかし、そこには生産諸力が価値の支配から己を解放する傾向性が存在するのであり、これが生産諸力と生産諸関係の間の矛盾を形成する。

この矛盾の解決は、生産諸力のそれに対する桎梏としての生産諸関係からの解放、したがって具体的物質的労働のそれに対する価値の支配からの解放を意味することになろう。それは抽象の支配の廃絶となるであろう。生産諸力の生産諸関係からの解放は、しかし、なにも生産諸力の無限の拡大を意味しているわけではない。もし生産諸力が無限の発展の潜勢力を有しているが、生産諸関係がその制限となり、制約となっていると予め設定されるならば、生産諸力の生産諸関係からの解放は生産力の無限の解放をもたらすとされることになろう。もし生産が内在的に無限の発展的潜勢力を有しているとすれば、生産関係による制約とはその発展の力に対する制約であるだろう。けれども、生産諸力の発展、したがって具体的物質的富の生産が価値の否定の可能性を生みだすとしても、すなわち資本主義の発展が己の否定の可能性を生みだすとしても、それは何も生産諸力の無限の拡大性を前提しているわけではない。ポストンによれば、生産諸力の生産諸関係からの解放とは、生産量の無限の増加を意味するのではなく、生産諸力の質的変化、すなわち価値の足枷からの解放を意味する。生産関係の桎梏から生産諸力を解放するということは、抽象的労働の支配から具体的労働を解放するということである。

10　階級

抽象の支配と階級（伝統的マルクス主義批判を含む）

資本制社会では、社会関係は労働によって媒介的に産出されるが、ポストンによれば、資本主義の動態的な社会関係はこれをもっぱら階級関係として捉えることは出来ない。これが何を意味しているのかと言えば、階級関係が成立するためのいわば資本主義システムの存在様式、その構造のあり方がマルクスにとって問題であったということである。基本的な構造は労働力によって疑似客観的に媒介された社会関係という点にあり、この社会関係は労働力の媒介によって産出され、生みだされている。

これまで、資本主義における階級関係は資本主義の最も基本的な社会関係として捉えられてきた。これに対して、ポストンはマルクスはもっと深いレベルで資本主義の根本的な諸関係を概念化していると言う。これが意味しているのは、階級関係をも生みだすような基本的な構造があるということである。資本主義社会は階級社会であるが、階級社会という点は社会支配の究極的単位ではない。社会的支配のより高次の形態は抽象的な支配形態である。社会関係の諸形態は自己生成的であるということは、それが疑似－自然化しているということである。この自然化は抽象の支配と関係している。抽象的労働の凝固があたかもそれ自身の生命を与えられているかのように——そしてそれは人間の諸行為によって絶えず再生産されているのだが——運動する。それは抽象的労働の凝固がそれ自身ある種の自立的形態を受け取るということである。そして、こうした抽象の支配的構造が階級存在の根拠である。資本制社会では、抽象の支配なしには階級は存在し得ない。

本源的蓄積は階級関係の成立に関係している。それが成立すれば、今度は労働、資本主義的労働を介して、その階級関係それ自身が絶えず再生産される。階級関係の成立において抽象の支配が起動するが、抽象の支配と階級関係は相互に不可分の関係にある。ところが、ポストンは階級支配よりも抽象の支配のほうがより根源的次元をなしていると言う。この観点からすれば、抽象の支配と階級関係、搾取関係を相互に分離して、階級関係、搾取関係だけを問題にしても、それは抽象の支配を克服したことにはならない、ということになる。そして、ポストンによれば、資本主義の超克とはそうした抽象の支配を超克することなのである。ところが、伝統的マルクス主義は、抽象の支配という点を抜きにしている。

ポストンにとってはこの抽象の支配が問題であり、近代以降の社会と歴史の動態性の根源こそそれであるが、この場合、階級闘争の位置づけはポストンでは第二義的になっているように見える。抽象の支配を考慮することなく、分配と階級関係を考察したのが伝統的マルクス主義であるが、ポストンは、第一義的に抽象の支配に焦点を当てている。そしてその分階級支配はより背景に退いたように見える(56)。

ポストンの考えでは、階級闘争が（資本主義の）発展を駆動するのは、この階級闘争が動態性を帯びた社会関係によって構造化されているからである。動態性を帯びた社会関係は抽象が支配する社会関係であり、非人格的で客観的な性格を有し、こうした社会関係によって階級闘争が構造化されているということは次のことを意味する。すなわち、そうした社会関係がいわば先に来るのであり、それ故、階級闘争はその社会関係の力動性の内部にあって、かくして階級闘争は資本制社会の（抽象に支配された）社会構造の止揚の意義を持たない、ということである。人間に対する抽象的構造の支配。ポストンによれば、こうした抽象的構造の支配は階級支配を含んでいるが、しかしそれを超えている。だから、階級支配の根拠は抽象的構造の支配であって、階級構造の廃絶はそれだけでは抽象的構造の支配を廃絶することにはならない。

動態性と階級

搾取の階級関係は社会編成総体の動態的発展の重要な要素である。階級闘争は広範な集団的社会的行為を含みうるが、マルクスがはじめに導入したのは、日常的水準の階級闘争である。労働者と資本家の対等な契約において、労働者は労働力を販売し、資本家はそれを購入するのであり、これは一つの交換である。ここでは権利対権利が現れる。労働日の長さや必要労働時間と剰余労働時間の比率などは本来無規定であるから、それはいつでも交渉や闘争の主題となる。この闘争は資本主義的な基本的社会関係に根ざしている。資本家階級と労働者階級の関係は搾取の関係として資本制社会を規定するものと考えられてきたし、また階級闘争は歴史的な変化を駆動するものと考えられてきた。確かに、搾取の階級関係は社会編成の動態的な発展の重要な一要素である。けれども、ポストンによれば、こうした諸関係はそれ自体で動態的な発展を生みだすのではない。

労働者の自己実現とは何か

だから、ポストンは言うが、「労働者たちは集団的行動によってのみ、自らの商品に対する有効な所有――つまり、商品の有効な支配――を獲得することができる」[57]。つまり、労働力商品の所有者としての労働者が己を実現することができる。労働者が己を労働者として実現することは、したがって、資本主義社会の基本構造の再生産である。だから、ポストンによれば、労働者の集合的行動の諸形態の発展は資本制社会の社会的諸関係に対立するものではない。階級関係における潜在的な敵対性は全体性発展の契機となる。ポストンは次のように言っている。

> 階級闘争が資本主義における歴史的発展の駆動力である理由は、もっぱらそれが商品と資本という社会的な諸形態によって構成され、そこに埋め込まれている点にある[58]。

> 諸階級とは、適切に言うならば、近代社会の関係性のカテゴリーである[59]。諸階級は、社会的媒介の規定された諸形態によって、動態的全体性における敵対する契機として構築される。

賃金闘争もまたそうした動態性としての構造に組み込まれ、そこから出てくるのであり、それ故賃金闘争は資本主義の克服には何らならない。賃金闘争は労働者階級の労働者階級としての自己の実現であって、それ故、それは資本制社会を超えでる契機を有さないものとポストンは考える。階級闘争は資本主義の構造に内的であって、それ故階級闘争は、それは労働時間や賃金の問題をめぐって現れるが、資本主義的システムの動態性を構成する要素である。ここから、ポストンは次の結論を引き出す。すなわち、革命の主体としてのプロレタリアートという考え、社会主義において自己を実現する社会的行為者としてのプロレタリアートの観念は否定される、ということである。労働者階級が自らを歴史的に構成し、自己を主張するという概念と資本主義を乗り越えようとする欲求、要求の間に直線的な連続性は存在しない。

契約、交換によって資本家及び労働者の関係が構成される。この関係において闘争は本質的だ。ここに登場するのは権利対権利である。労働日の長さ、労働力の価値、必要労働時間と剰余労働時間の比率、これらはいつでも交渉や闘争の対象になる。

ポストンによれば、

> 労働日の法的規制についてマルクスは、階級としての労働者たちが、かれらの商品の売却に対する、幾らかの支配を獲得したことを示すものとみなしたのである。この章の叙述は、商品所有者としての労働者の形式的な規定性から、その規定性の実現へと、つまり、労働者階級の現実の、集団的な商品所有者として考察することへと進む。……商品というカテゴリーは、……原子的個人の疑似－客観化された相互関係だけでなく、大規模な集合的かつ社会的な構造や組織についても言及するものとなる。(60)

要するに、集団的な商品所有者としての、すなわち、労働力商品の所有者としての自己の確証であれば、こうした階級闘争はそれ自身では資本主義の止揚という意味での資本主義の廃絶に向かうものではない。ポストンによれば、そうした階級闘争は資本主義の枠内にある。集合的な諸形態はそれ自体では資本制社会を超克しようとするものではなく、むしろ、労働者は集団的な商品所有者として自己を確立するのである。労働日の制限は相対的剰余価値の生産に導く。労働争議、社会保障、労働者の諸権利、こうした抗争は必要労働時間と剰余労働時間の比率に影響を与える。階級対立が中心的役割を演じるのは、資本制社会が描く歴史的軌道の水準においてである。階級対立は資本主義の歴史的発展の駆動要因であるけれども、階級闘争がそうした要因であるのは、資本制社会における社会的諸関係が動態的な性格を持っているが故にであり、その闘争自体がその動態性をもたらすわけではない。階級対立は社会編成の根本的な構造的矛盾と同一ではない。

賃金闘争についてはどうか。根本的な構造矛盾とは、資本主義と資本主義の超克の可能性の矛盾である。それは抽象の支配とそれを超える傾向との矛盾である。賃金闘争はそれ自身では、抽象の支配の枠内にあって、抽象の支配を超えるものではない。

ここで言及されている集団的行動とは労働条件、労働時間、労賃といった諸問題をめぐる集団行動である。ポストンが言うには、労働者は集合的にのみブルジョワ的主体になる。商品としての労働力を有する労働者の自己実現は、商品所有者としての主体の実現である。それ故に、そうした集団的行動は資本主義の枠内での行動であって、資本制社会を超克する志向性を持たない。集団的行動は商品所有者の商品所有者としての実現を目指す。ポストンによれば、この集合的行為はむしろ自由主義的資本主義からポスト自由主義的資本主義への移行において重要な契機となったのである。

階級闘争は資本主義を超克するものではない

階級対立は資本主義の歴史的発展の駆動要因であるが、階級闘争は支配階級と社会主義を体現する階級の闘争ではなく、そうした闘争が資本主義を超えることに導くという考えは妥当ではない。労働者の労働者としての地位を肯定することをマルクスは志向しているのではなく、むしろ労働の廃絶を志向しているのである。このことが意味するのは、すなわち労働の廃絶が意味しているのは、抽象の支配を超克するということである。

プロレタリアートが代表する普遍性は実は価値の普遍性である。プロレタリアートは価値の否定を代表することからはほど遠い(61)。さらにポストンは、労働者を主体として規定することは労働者を集合的な商品所有者として規定することであると言う。ブルジョワ社会の普遍主義的原理を人口のより大きな部分に拡張することは資本制社会を乗り越えることではない。これらの諸原理の実現は労働者階級の運動によって、女性運動やマイノリティー運動によって実現されてきた。これは大いに民主化をもたらしたが、そうした運動が実現に寄与した普遍性の形態は媒介の価値形態によって依然として束縛されている。

プロレタリアートの自己主張と結びついた行動や主観性の形態がいかに戦闘的なものになろうと、これらが資本主義の克服に向かうことはなかった。資本の超克は労働者階級の自己主張に依拠することはできない。剰余の価値形態の超克が必要である。己を主張する労働者階級と結びついた行動や政策と資本主義を乗り越えようとする行動や政策との間には直接的関係、あるいは直接的連続性はない。労働者に関わる運動が資本主義の超克を目指すのであれば、それは労働者の利害を守ると同時に、労働者の変容に参加するものでなければならないであろう。例えば、所与の労働の構造を問い直すといったことである。例えばフェミニズムの運動は同質的な普遍性と個別性との対立を超えて、新しい形式の普遍性を定式化しようとするものである。

社会運動、主観性、歴史的分析

ポストンにおいて、プロレタリアートは資本主義に対する社会的な対抗原理であるという考えは否定される。労資の階級闘争は、それは労働時間や賃金をめぐって露呈するが、資本主義の構造に内的なものであって、システムの動態性を構成する要素である。つまり、ポストンによれば、階級闘争は資本主義システムに内的なものであり、資本主義を超えるものではない。矛盾はプロレタリア労働と資本主義の間には存在せず、その矛盾はプロレタリア労働といま一つの生産様式の間にある。

注

（1）この点は初期フランクフルト学派に対するポストンの批判に関係する。ポストンによれば、ホルクハイマーは労働を道具的理性とし、これを労働一般の性格としてしまったのである。価値もまた資本主義においてのみ存在する。

（2）労働が社会的に綜合的な性格を有するということは、以下に見ることであるが、資本制社会における抽象の支配に関係する。ポストンにとって、資本制社会の止揚とは資本主義における労働の止揚なのであり、それ故、抽象の支配の止揚ないし廃絶なのである。

（3）ポストンは、コミュニケーション的行為に関するハーバーマスの理論も超歴史的なものとされているとして、ハーバーマスを批判している。Cf. M. Postone, TLSD, chap. 6.（第六章）

（4）超歴史的弁証法は、ルカーチの場合では、社会的存在に存在論的に基礎づけられなければならないと言われる。マルクスは弁証法を歴史哲学の領域から取り去り、歴史的に特殊な社会理論の枠組み内部に位置づける。してみれば、この場合、歴史哲学というのは、そうした存在論的本質に根拠づけられた理論ということになる。

（5）この点は、R・ローデリックが歴史に対するマルクスのアプローチを「文脈主義（contextualism）」と呼んでいることと関係する。Cf. Rick Roderick, *Habermas and the Foundations of Critical Theory*, MACMILIAN, 1986, p. 169.

(6) とはいえ、資本の運動それ自身が己を自然化されたものとして呈示するのだが。

(7) Cf. David Held, *Introduction to Critical Theory: Horkheimer to Habermas*, University of California Press, 1980, pp. 41-42.

(8) Cf. M. Postone, TLSD, p. 140.（三三四頁）

(9) Cf. ibid., p. 140.（三三四頁）

(10) ホネットも批判理論の自己再帰性について語っている。ホネットは例えば次のように言っている。「批判理論はある種の具体的な経験や態度を名指す自信を持ちうるのでなければならない。それらの経験や態度によって、批判理論の規範的な視点が現実のうちにまったく足場を持たないわけではないということが、すでに学以前のレヴェルで指し示されるのである」(A. Honneth, "Die soziale Dynamik von Missachtung. Zur Ortsbestimmung einer kritischen Gesellschaftstheorie", AG, S. 96.（一〇二－一〇三頁）

(11) この点は、David Couzens Hoy and Thomas McCarthy, *Critical Theory*, BLACKWELL, 1994. の4　A Deconstrative Reading of the Eary Frankfurt School の議論が関係する。この議論によれば、初期フランクフルト学派は、根本のところで、全体性を静的なものとして捉えている。すなわち、それはそれを超えていく内在的矛盾を欠いたものと見ている。

(12) これは伝統的マルクス主義の資本主義批判は介入主義国家によって回収されたということであろう。資本主義に対する批判の資本主義による回収については、ボルタンスキーとシャペロも語っている（『資本主義の新たな精神』上下、三浦直希・海老塚明・川野英二・白鳥義彦・須田文明・立見淳哉訳、二〇一三年、ナカニシヤ出版。この点については、第十一章を参照。）ポストンが語る伝統的マルクス主義とは、資本主義の、自由主義的資本主義のポスト自由主義資本主義への変容局面に属していたのであり、そしてこれは独占の進展の時代であった。

(13) この点では、ポストンからすれば、初期フランクフルト学派の批判理論も、ハーバーマスの批判理論も、資本主義のその都度の形態を捉えていただけだったのである。ポストンの議論及び批判は主に、自由主義的資本主義からポスト自由主義的資本主義への資本主義の移行とともに生じた思想形態に向けられている。一つは伝統的マルクス主義であり、また一つはフランクフルト学派（ポロック、ホルクハイマー、ハーバーマス）である。新自由主義的グローバリゼーションという形態で、グローバルな構造変化が生じている。この構造変化は如何にして生じたのか。批判理論はこれを捉えることが出来なくてはならない。

（14）この点は、ハーバーマスにおいても同様である。ハーバーマスはこうした超歴史的労働概念に対して、コミュニケーション的行為概念を対置した。ホルクハイマーは理性の道具化を複雑になっていく生産方法と関連付けているが、そして理性の道具化のこの過程が生産それ自体に起因するものではなくて、生産の社会的文脈に起因するものだと述べているのであるが、しかしホルクハイマーは結局のところ労働それ自体を道具的行為と同一視する。これが意味するのは、ホルクハイマーでは、資本主義における労働の性格が労働一般にされている、ということである。ポストンはアドルノについて次のように言っている。「商品に規定された労働の二重性に根差すところの疎外された全体性は、例えばアドルノが主張したような社会的に非同一的なものを自身に組み込むことによって、支配の普遍化を導きつつ全体を矛盾なき統一体にしていくような同一性なのではない」（M. Postone, TLSD, p. 185.（三〇五頁））。ここで言及されていることは、全体性は内的に矛盾したものになっているのであって、この全体性は非同一性を完全に同化した単一の同一性になっているのではない、ということである。

（15）自然な人間というものを設定することと、人間は自然に関して内在的超越としての人間的自然であるということとは全く別のことである。

（16）これまた抽象の支配の観点の欠如と関係がある。そして、労働を超歴史的にとらえるというのは、ある種の欺きの結果である。というのは、抽象的労働は目に見えないからである。

（17）こうした考えには、市民的公共性の考えが入る余地はないであろう。計画は国家官僚によって行われることになる。

(18) 私は物象化、物化、物神化を社会とその歴史の疑似－自然化を織りなす諸形態として捉える。この点については、第Ⅲ部第七章を参照。
(19) M. Postone, TLSD, p. 123.（二〇七頁）
(20) 要するに、抽象が世界を支配している。そしてこの抽象の世界支配は具体的労働なしにはあり得ず、そしてそれは具体的労働を支配し、具体的労働をホルクハイマーの意味での用語では道具的労働にかえる。
(21) 労働が社会的媒介の機能を果たすというのは、労働がそれ自身において抽象的労働に転化しているということによってである。
(22) だからハイデガー風に言えば、存在者の存在は時間性であるわけである。すなわち、商品という存在者の存在は時間的性格である。もとより、ここで言われる「時間性」はハイデガーにおける、現存在の存在としての「時間性」と同じ意味ではない。
(23) こうした抽象的時間のシステムがわれわれの生活世界を律するようになっている。このように、われわれの生活世界的行為と経験は抽象的時間のシステムによって、その時間システム内に位置づけられることによって、時間的に測定される。しかし、それでも、生活世界におけるわれわれの時間経験はわれわれによって生きられた時間でもある。
(24) 商品は、労働の二重性格の客体化として、人間と自然の関係ばかりではなく、人間間の相互関係の客体化された形態である。労働は一方では生産的活動であり、他方では社会的媒介の形態である。
(25) M. Postone, TLSD, p. 156.（二五九－六〇頁）なお、［マルクス］は引用者によるものである。
(26) Ibid., p. 156.（二六〇頁）
(27) この点、われわれは生活世界との関連性を今一度定式化しておかなくてはならない。この物象的必然性は今や生活世界全体に浸透する。ここでホネットがルカーチに関して語ったこと、経済的領域からの物象化の推論という点に関して言えば、今ここで暫定的に、次のように言うことが出来よう。すなわち、それは推論の事柄では全然ないのだ、ということである。私は新自由主義的資本主義を念頭において言うのだが、自由主義は抽象の支配の強化、したがって物象の支配の強化をはかったのであり、生活世界をその総体において、抽象の支配強化をもたらす制度設計をはかったのである。それは推論の事柄ではなく、社会を一定の仕方で構成するという問題である。それには、ヘゲモニーが関係している。

(28) そしてこれが、以下に見ることになるが、人間の自然史の歴史的根拠である。物象の支配は人間の生活世界において、支配として経験される。

(29) M. Postone, TLSD, p. 162.（二六八頁）

(30) Ibid., p. 154.（二五六頁）

(31) Ibid., p. 154.（二五七頁）

(32) Ibid., p. 158.（二六三頁）

(33) こうした事態こそがアドルノが言う自然史の基礎なのである。しかし、これを前史一般へと超歴史化することは出来ない。

(34) Postone, TLSD, p. 159.（二六四―二六五頁）

(35) Cf. ibid., pp. 160-161.（二六六頁）

(36) それ故、ポストンでは、階級闘争は資本のそうした動態性に組み込まれているものとして、抽象の支配の廃絶に向かうのではない、ということになる。

(37) アーレントの場合には、消費社会という点を反映して、社会が一種生命体になるとされるが、それは生活が一種生命的循環になるということである。

(38) ポストンが批判する伝統的マルクス主義は、この取り違えの犠牲になって、資本主義における労働を労働一般として、超歴史化したということになろう。

(39) 社会的媒介の機能を労働そのもの・労働一般に帰してしまうこと。ポストンによれば、これがフランクフルト学派において現に起こったことである。

(40) Postone, TLSD, p. 170.（二八一頁）

(41) これがまさしく、抽象の運動である。

(42) 価値と資本はそれを構成する個々人の制御が及ばない歴史の動態性を示す。個々人の制御が及ばないというのはその通りだが、しかし、同時に及びもする。ポストンは半ば自立した発展の論理と言う。

(43) Postone, TLSD, p. 381.（六〇三頁）

(44) ところが、以下において立ち入るように、それは実は自然の生命性からある仕方で自立化しているのである。アドルノとともに言えば、精神は自然から自立化する。ところがこの自立化において精神が一種生命的存在となり、疑似‐自然化される。

(45) この自然法則とは、いわゆる自然の法則のことではない。逆にこの自然法則は、後に立ち入ることになるが、社会とその歴史の自然からの自立化の印である。

(46) これは、われわれの言葉では、生活世界内で知覚可能だということである。

(47) ポストンは次のように言っている。

彼の意図は価格理論を定式化することではなく、いかにして諸価値がそれを隠蔽するような現象の次元を呼び寄せてしまうのかを示すことにあった（Postone, TLSD, p. 225.　（三二五頁））。

第三巻では、富の形態としての価値の特殊性と、価値を構成する労働の特殊性がどのように隠蔽されるのかを示している（Ibid., pp. 134-135.（二二六頁））。

（48）K. Marx, *Das Kapital*, Bd. 3, MEW. Bd. 25, S. 33.（『資本論』④、三四頁）

（49）Postone, TLSD, p. 135.（二二六－二二七頁）

（50）Ibid., p. 135.（二二七頁）

（51）この点については後に立ち入る予定である。

（52）Postone, TLSD, p. 342.（五四三頁）

（53）これは、物質的富が作り出される過程として、それは直接的人間労働に依存することを止めていくが、価値増殖過程としてはそうした労働に基づき続ける。価値の廃絶、したがって価値の束縛から解放された労働の形態は労働の将来的な形態である。

（54）だから、ポストンの主張では、労働者階級はポスト資本制社会の可能性へ向かっていくような社会化された生産諸力を構成するのでは断じてない。労働者階級はかかる諸関係そのものを構成する本質的な要素なのである。

（55）Postone, TLSD, p. 350.（五五六頁）

（56）われわれは抽象の支配と階級支配は不可分であって、階級支配の弱化は実は抽象の支配の弱化でもあると主張するであろう。

（57）Postone, TLSD, p. 318.（五〇七頁）

（58）Ibid., p. 319.（五〇九頁）

（59）Ibid., p. 320.（五一〇頁）

（60）Ibid., p. 318.（五〇七－五〇八頁）
（61）Cf. ibid., p. 368.（五八四頁）

第四章　「生活世界」概念の開示——ポストンの議論を受けて

ポストンでは、社会とその歴史を見るさいの生活世界的視座という点はごく希薄である。私は本章で、以上に見たポストンの議論を受けて、生活世界概念を開示していくことにする。暫定的に言えば、生活世界とは、われわれが現に生きている生活の世界であって、この生活世界はまずは、単に意識内世界ではなく、実践的な行為と行為の差し控えの世界である。行為には、単独の行為と言われる行為もあろうが、多くは人間諸個人の相互行為であり、また相互行為は制度化された行為と制度化されていない行為に分かれる。また生活世界は多くの慣れ親しまれた、あるいはそうではない対象的存在者を含んでいる。われわれは生活世界においてそうした諸対象に関わる。われわれは、生活世界内行為において、行為と諸対象が何であるかを諒解している。

先に見たように、ポストンは、価値分析で示されたものと価格分析で示されたものとの関係は深層にある諸構造と日常的行為や思考の次元との関係についての完成されなかった理論を構成していると言うが、しかしポストン自身はこの理論の完成に向かって思考を進めることは（『資本・労働・支配』では）していなかった。それ故、深層構造と日常的行為や思考の諸形態との関係は、もっぱら本質と現象という概念によって捉えられた。私見では、そうした理論のためには、われわれの生活世界という概念が必要である。ポストンの『資本論』の再構成では、主に、資本制社会における抽象的構造及び人間諸個人に対する支配に焦点が当てられており、われわれの生活世界という点は背後に退いている。(1)

1　マルクス『資本論』の若干の再構成

商品の二重性――生活世界からの出発

マルクスは『資本論』冒頭で次のように言った。

資本主義的生産様式が支配的に行われている社会の富は、一つの「巨大な商品の集まり」として現れ、一つ一つの商品は、その富の基本形態として現れる。(2)

ここに言われる富とはいわゆる価値ではなく、物質的富である。「現れる（erscheinen）」という語の意味には注意が必要である。それは、私見では、二つのことを意味している。それは、第一に、われわれにとって、われわれに対して現れるという意味での現れるである。つまり、われわれの前にわれわれに対して立っているという意味でわれわれわれに対して現れている、という意味である。というのは、商品はわれわれにとってまずはわれわれの外にある外的対象であるからである。それはわれわれの前に、途方もない集まりとして現れるのであるが、それはわれわれに対してわれわれの外に在る外的対象であるということである。われわれはわれわれの生活世界において、さまざまな商品に出会う。われわれの前に、外に、そこにあるものとして出会うのである。商品を実際に購入することがしばしば困難であるとしても、商品とのこの出会いはわれわれにとってごく容易であり、何もロンドンに行かなくとも、一度デパートにでも行けば、われわれは巨大な商品の集積に遭遇する。これが第一の意味である。

第二の意味は、それら商品体の途方もない集合は、その背後に何かを隠し持っており、諸商品はその何か、隠されている何かの現象形態だということである。マルクスは、生活世界内的事象から出発して、その隠された何かに到達し、次に、再び、その生活世界内的事象を隠された何かの現象形態として把握するのである。

マルクスは続けて言う。

商品は、先ず第一に、外的対象であり、その諸属性によって人間のなんらかの欲望を満足させる物である(3)。

商品はまずは物である。次に、「諸商品は人間の欲望を満足させる物である」。商品は多くの属性の全体であって、それは有用である。ここで主体にとっての意義が視野に登る。有用であるということを生活世界内存在者としてのわれわれはよく知っている。マルクスによれば、物の色々な面とさまざまな使用法を発見することは、それ自身一つの歴史行為である。

いろいろな商品尺度の相違は、あるものは計られる対象の性質の相違から生じ、ある物は慣習から生じる(4)。

計られるのは対象である。それは計るという人間行為の及ぶ、向かう物として対象である。商品は外的対象であり、この場合の対象とは、以上のようにわれわれの前にわれわれに対して立っているものとして、対象であるという意味であるが、諸商品は、同時にまたわれわれの欲望を満足させるものであり、それは人間諸個人の受容の対象である。もとより、それを受容するのはわれわれ人間諸個人である。諸商品はだから、まずはじめにはわれわれの前に立ち現れているものとして語られたが、それはわれわれが使用ないし消費する対象である。

　商品としての物の有用性はそのものを使用価値にする。この有用性は商品体の諸属性によって制約されている。使用価値は消費によってのみ現実化される。だから、使用されていない商品の使用価値は未だ可能態においてあるのであって、現実態においてあるのではない。富の使用価値は富の素材的内容をなしている。(5)

　交換価値とはまずは一定の使用価値が他の種類の使用価値と交換される量的関係、割合として現れる。これはわれわれ、すなわち生活世界内存在者にとってそうしたものとして立ち現れるということである。小麦はさまざまな交換価値を持ち、一つの交換価値を持つのではない。しかし、y量の絹もx量の靴墨も、一クォーターの小麦の交換価値であるから、y量の絹もx量の靴墨も互いに置換されうる。それで、それら諸交換価値は同じものを表している。それらの諸交換価値は一つの同じものを表しているのである。だから、諸交換価値はある実質の現象形態でしかない、ということになる。

　一クォーターの小麦はy量の絹とかx量の靴墨とかz量の金とか、その他と交換することが出来る。だから、小麦はさまざまな交換価値を持っている。小麦が交換価値を持つのである。y量の絹とかx量の靴墨とかz量の金とかは小麦が持っている交換価値である。してみれば、今の議論文脈では、小麦の交換価値とは、小麦と交換されうる諸商品の一定の量である。われわれは生活世界内行為において、一クォーターの小麦をy量の絹と交換するし、x量の靴墨と交換するし、z量の金と交換する。われわれの生活世界で交換行為を遂行する。われわれは例えばy量の絹が一クォーターの小麦と交換されることが出来る、ということがよく分かっている。このことは生活世界パースペクティブに属しているのである。この場合、交換価値はまだ何かの現象形態として捉えられているのではない。ところが、マルクスはここで直ちに、生活世界パースペクティブを突破し、それを超越する試みを行う。一クォーターの小麦はy量の絹とかx量の靴墨とかz量の金などと交換されるのだから、あるいは交換されることが出来るのだから、それら（それらの交換価値＝一クォーターの小麦と交換されうる物）はある実質の表現形式であるに違いない。この実質は生活世界内パースペクティブにあっては、知覚されない、あるいは感覚という点で感覚されないのである。それは一クォーターの小麦と交換されうる物どもの共通性であり、それで今や諸交換価値はその実質の現象形態として捉え返される。

思考の抽象力の行使

では、この第三のものとは何であろうか。（もし思考の抽象力の行使が行為的抽象の反復であろうとすれば、思考は行為的抽象（すなわち、実在抽象）の運動を念頭に置くとともに、行為的抽象の記述、その叙述へと自らを転換しなければならないであろう。これが実際にマルクスが行っていることである。）この共通のものは自然的属性ではない。使用価値としては、諸商品は色々に違った質であるが、交換価値としては、色々に違った量でしかない。それ故、交換価値は一分子も使用価値を含んではいない。交換価値がすでにあの第三のものの現象形態であることが念頭に置かれている。商品体の使用価値を見ないことにしよう。思考の抽象力の行使において、使用価値が度外視される。労働生産物の使用価値を捨象すれば、それを使用価値にしている物体的成分形態がまた捨象される。かくして、労働生産物の感覚的諸性状は消し去られ、残るのは、ただ労働生産物という属性だけである。

次にマルクスは、今度は労働、労働生産物を生産する労働に目を転じる。以上の抽象作用において、労働の有用性がまた消え去る。労働の具体的諸形態も同様。すると、諸労働はもはや相互に区別されないことになる。すべては同じ人間労働、つまり、抽象的人間労働に還元される。

先に見られたのは、思考の抽象の結果、労働生産物に残っているのは労働生産物という属性のみであるということであった。労働に対して抽象的思考が行使されることによって、労働が抽象的人間労働へと還元され、このことによって、労働生産物という属性は、さらに無差別な人間労働の凝固、無差別な人間労働の、労働の支出の形態には関わりのない労働力の支出の凝固として、さらに立ち入って規定される。残されているのは、人間の労働力が投入され、人間労働が積み上げられているということのみである。そしてそのものが価値なのである。価値にあっては、ただ労働の継続時間である量だけが問題である。

交換価値はすでにかの第三のものの現象形態として捉えられていたが、今や交換価値は価値の現象形態として捉えられる。このように、マルクスは今や「価値」という概念を手にして再びわれわれの生活世界的事象に立ち返っているのである。しかし、以上のように、価値、商品価値が抽象的人間労働の（商品体への）凝固であると言われても、はっきり言うが、それが何であるかは実のところ分からない。(6) この点に関して、マルクスはさらにその思考の歩みを進めている。

社会の総労働力は無数の個別的労働力からなっているが、この総労働力をマルクスは一つの同じ人間的労働力と見なしている。個別的労働力は平均的に必要な、あるいは社会的に必要な労働時間のみを必要とするのであって、それらは他の労働力と同じ労働力である。社会的に必要な労働時間とは、現存する社会において正常な生産条件と労働の熟練並びに強度の社会的平均をもって何らかの使用価値を生産するに必要な労働時間である。マルクスはある商品の使用価値が有する価値量を規定するのは、その使用価値の生産に必要な労働の量、あるいはその使用価値の生産に社会的に必要な労働時間であるとする。要するに同じ労働時間で生産されることが出来る諸商品は同じ価値量を有するのである。マルクスは言っている。

一方の商品の価値と他の各商品の価値との比は、一方の商品の生産に必要な労働時間と他方の生産に必要な労働時間との比に等しい。(7)

かくして、支出形態には関わりのないかの凝固物はまさしく時間、ある使用価値の生産に社会的に必要な労働時間によって規定される。マルクスは先に思考の抽象力を行使して、かの第三のものとして、抽象的人間労働の凝固として、価値を抽出した。ここで、マルクスはその価値を、ある商品の使用価値を生産するのに社会的に必要な労働時間によって規定されるものとする。あの「同じまぼろしのような対象性(8)」は価値であるが、(9)それは社会的に必要な労働時間によって規定されるものである。

さて、以上のように価値を規定して、さらに価値と使用価値との関係について、マルクスは次の三点に言及している。(10)

① 商品を生産するためには、人は使用価値を生産するだけではなく、他人のための使用価値、社会的必要価値を生産しなければならない。
② 商品となるためには、それが使用価値として役立つ他人の手に交換によって移されなければならない。
③ どんなものも、使用対象であることなしには、価値ではあり得ない。

価値形態または交換価値

マルクスは『資本論』第一編第一章第三節で、価値形態または交換価値を扱う。展開のこの地点で、「価値」という概念は獲得されており、だから、商品はその現物形態と同時に価値の担い手として規定されている。

2　抽象と具体、具体に対する抽象の支配

抽象の支配と生活世界

資本制社会の全体運動の中で、諸商品は価値の担い手となり、生産過程では物質的富の生産はそれ自身において価値を、それ故にまた剰余価値を生産する抽象的労働に転化している。資本主義的生産では、生産過程において、労働者が生産手段を用いて物質的富を生産する過程は生産手段が労働者を使う過程に、生産手段による労働者の労働の吸収過程となる。労働生活（これは労働者の生活世界に属する）がそれ自身において抽象的労働に転化する。このことは、ちょうど商品が、生活世界でわれわれが出会い、従事する商品が価値の担い手になっているのと同じように、物質的富を生産する具体的労働が抽象的労働の担い手になるということである。この時、具体が抽象（価値、抽象的労働）の担い手となる、あるいは、商品という生活世界内存在者のうちに凝固するということによって、そして資本の価値増殖への衝動によって、抽象が具体を支配することになる。ところが、その抽象は、それがまさしく抽象であるために、生活世界ではそれとして知覚されはしないのである。労働力が商品となっており、それ故それ自身が価値の担い手として物象（Sache）になっているのであるが、抽象の具体に対する一元的支配は労働日のあくなき延長をもたらすであろう。(11)

ここで、具体というのはあくまで生活世界内事象あるいは人間の生活であるが、抽象としての価値はそれ自身としては生活世界では知覚されないのである。労働力が商品となるということ、しかも特殊な商品、すなわち、剰余価値を生む商品となるということは、労働力がそれ自身、価値の担い手としての物象になるということであった。この場合、抽象とは価値であり、こうした抽象（物）たる価値は何かがその担い手となることなしには、決して存在することはない。そして、このように何かがその担い手となることによって、また同時に競争の強制法則を通して資本家が資本の人格化となり、労働者が時間の人格化となることによって、抽象はその担い手を、いまの文脈では、労働力商品を支配する。これは一言で言えば、具体に対する抽象の支配である。ここで、支配というのは、労働力という特殊な商品がもっぱら剰余価値の生産の手段になるということである。労働者の具体的有用労働は物質的富を生産するが、この具体的有用労働も生産される物質的富も人びとの生活世界に属し、具体的有用労働は労働者の一つの生活行為であるが、具体的有用労働がそれ自身において抽象的労働となっており、具体的有用労働が抽象的人間労働のいわば担い手となっているということは生活世界のパースペクティブからは知覚されないのである。

ここで私は、抽象（結局は資本）の具体に対する支配が何を意味するかに少しく立ち入ってみたい。（ここで、具体というのは、商品としての労働力であるが、労働力は労働者諸個人から分離して存在することは出来ないが故に、労働者の全生活を意味する。）

マルクスは言う。

資本主義的生産のある程度の成熟段階では、個別的な労働者、自分の労働力の「自由な」売り手としての労働者は無抵抗に屈服する……。標準労働日の創造は、長い期間にわたって労働者階級と資本家階級のあいだに

行われた……内乱の産物なのである。(12)

私は、ここで言われている、労働者が無抵抗に屈服するそうした歴史段階を想定しよう。それは、（それこそ抽象的に述べれば）抽象の具体に対する一元的な支配が貫徹する歴史的局面である。(13)労働日とは何であるか。とにかく、それは一生活日よりは短い。どれだけ短いのか。資本家は、この極限、労働日の必然的限界について特殊な見解を持っている。マルクスは言っているが、資本家としては、彼は資本の人格化でしかなく、その資本家の魂は資本の魂に他ならない。資本にはただ一つの生活衝動があるだけであって、それは己の自己増殖、剰余価値を創造し、己の不変部分、すなわち生産手段で可能な限り多くの剰余価値を吸収することである。(14)労働日の限界は固定量ではなく、流動量であり、労働日の標準化は労働日を巡る闘争として現れるのであるが、もし資本主義的生産のある程度の成熟段階において労働者が無抵抗に屈服するとすれば、それは資本の労働に対する、したがって抽象の具体に対する完全な支配の状態であろう。この状態では、剰余労働時間の延長は労働日の延長として、すなわち、労働者の一生活日における労働日の（二四時間という一自然日を超えることは決してないという限界はあるが）無制限の延長をもたらす。（ここで、労働日というのは、労働者によって生きられる労働生活の時間である。）

マルクスはロンドン『デーリーテレグラフ』一八六〇年一月一七日から引用している。

州判事ブロートン氏は、一八六〇年一月一四日にノッティンガム市の公会堂で催されたある集会の議長として、市の住民のうちレース製造に従事する部分では、他の文明社会には例がないほどの苦悩と窮乏化とが支配的である、と明言した。……朝の二時、三時、四時ごろに九歳から一〇歳の子供たちが彼らのきたないベッドから引き離されて、ただ露命をつなぐだけのために夜の一〇時、一一時、一二時まで労働を強制され、その間に彼らの手はやせ衰え、身体はしなび、顔つきは鈍くなり、彼らの人間性は　まったく石のような無感覚状態に硬化して、見るも無残な有り様である。われわれは、マレット氏やその他の工場主があらゆる論議にたいして抗議するために現れたことに驚きはしない。……この制度は、モンタギュ－ヴァルピ師が述べたように、無制限な奴隷状態の制度、社会的にも肉体的にも道徳的に知的にもどの点でも奴隷状態の制度である。……男子の労働時間を一日一八時間に制限することを請願するために公の集会を催すような都市があるというのは、いったいどういうことだろうか。……われわれはヴァージニアやカロライナの農場主を非難する。だがしかし、彼らの黒人市場は、そこでどんな鞭の恐怖や人肉売買があろうとも、ヴェールやカラーが資本家の利益のために製造されるために行われるこの緩慢な人間屠殺に比べて、それ以上にひどいものなのだろうか。(15)

スタフォードシャの陶器製造業に関して、マルクスは児童労働者の証言を引用している。

九歳のウイリアム・ウッドの証言

働き始めたのは七歳一〇カ月である。七歳の子供で一五時間の労働。

マーリという一二歳の少年の証言

私は週に三シリング六ペンスもらう。夜通し働いてもそれより多くはもらえない。先週は二晩徹夜で働いた。

九歳の少年ファーニハフの証言
昼食のために、一時間もらえるとは限らない。半時間だけのこともよくある。木、金、土曜はいつでもそうだ。(16)

さらに、グリーンハウ博士の報告が挙げられている。
ストーク・アポン・トレントやウルスタントンの製陶業地方では寿命が特別短い。(17)

ハンリの開業医ブースロイド博士の言明
陶工はすべての以前の世代よりもあとの世代のほうが短小で虚弱である。(18)

医師マックビーンの言明
身長と体重の減少。肉体的退化やさまざまな身体的苦痛、早期死亡が見られる。(19)

ここでマルクスは歴史的に形成された人びとの生活世界の有り様を労働者の状態という点から描いている。人間的自然＝人間的生である人間の生身の身体が破壊されるということは、人びとの生活世界において現実的経験である事態である。このように、剰余価値への無制限の衝動は労働日の延長をもたらし、それは生命と身体を、したがって人間的生（生命－生活）を破壊するに至る。それは国民の生命力の根源を侵すのである。(20) 人間労働力の寿命は労働力が人間的生（生命－生活）と切断できず、人間的生の外の存在として人間的生から分離できないために、人間的生そのものの寿命に対して結果を持つ。このように、労働日の無制限な延長は、それは具体に対する抽象の支配の一元的貫徹を意味するが、抽象の人間的生（この人間的生は人間たちの生活世界として展開する）に対する支配である。具体的有用労働という生活世界内労働が抽象的人間労働の担い手となっているということ、そして剰余価値のあくなき吸収は人間的生を破壊する。抽象の支配の貫徹は人間的生（生命－生活）を破壊するのである。換言すれば、具体に対する抽象の支配（とそのもとでの剰余価値のあくなき吸収）はここでは具体の破壊をもたらすことになる。このようになれば、つまり、資本の無制限な自己増殖衝動によって労働日があくなき仕方で延長されれば、労働者の生存期間は短縮されざるをえず、それ故に、労働力のいっそうの急速な補填が必要になる。(21)(22)萎縮、早死、労働の責め苦。マルクスは言っている。

資本は次のように答える。(23)この苦しみはわれわれの楽しみ（利潤）をふやすのに、どうしてそれがわれわれを苦しめるというのか？

こうして、標準労働日を巡る闘争は、抽象の一元的支配に対する生活世界内闘争を、それに抵抗し、それを押し戻す意味を持つのである。（が、新自由主義はこの抽象の支配を再確立しようとしているのである。）

抽象と具体の対立

ポストンは資本制社会における根本矛盾について語った。それは物質的富が作り出される過程として、直接的人間労働に依存することを止めていくが、価値増殖過程としてはそうした労働に基づき続けるということであった。

この矛盾は生産諸力と生産諸関係の矛盾として資本制社会における生産過程に内在するものと言われた。この矛盾は物質的労働／その生産物たる具体的富と抽象的労働／その生産物である価値の離反傾向であった。資本制社会において、両者は決して相互に分離することはないが、それにもかかわらず、その矛盾は具体的労働／具体的富が抽象的労働／価値と離反する傾向を有するという矛盾であった。それは、一言でいえば、物質的富の生産と価値生産の矛盾であって、これがポストンが言う根本矛盾である。資本制社会にあっては、それが資本制社会であり続ける限り、この矛盾にもかかわらず、価値は物質的具体的富を制約し、それを支配し続ける。これは具体（人間的自然＝人間的生と自然一般）に対する抽象の支配である。しかし、ポストンが言う根本矛盾は物質的具体的労働と抽象的労働、したがって物質的富と抽象的労働、したがってまた価値との間の矛盾として論定されている。それ故に、具体に対する抽象の支配はもっぱら労働とその産物との間の矛盾として、さらに抽象的労働と価値の具体的物質的労働とその生産物たる物質的富に対する支配として論定されている。換言すれば、具体に対する抽象の支配は労働とそれが生みだす富（価値は資本主義に特殊な富の形態である）の場面で論定されている。

後の議論をいささか先取りすることになるが、新自由主義は戦後福祉国家を攻撃し、それを解体しようとする。その手段は福祉領域に市場原理を持ち込み、それを市場化することである。これは抽象の支配をその領域に持ち込み、それによって福祉領域を変質させることである。この場合、もしかの根本矛盾を物質的富と価値の矛盾として捉え、資本制社会では、価値が物質的富を制約し、支配しているということを根本に置くならば、例えば福祉領域への市場原理の浸入を捉えることは出来なくなると思われる。というのは、福祉領域への市場原理の導入は単に物質的富に対する価値の支配としては捉えられないからである。（福祉サービスの提供はまずもって人間たちの間の相互行為である。）それ故、私は、ポストンの言う根本矛盾、そしてまた物質的富に対する価値の支配を、よりいっそう一般化して、具体に対する抽象の支配として捉えよう。この一般的な意味での具体に対する抽象の支配は、物質的労働に対する抽象的労働の支配に、物質的富に対する価値の支配のうちに契機として含まれているが、より一般的に、具体は物質的富だけではなく、われわれの生活世界のあらゆる領域を覆うのであり、抽象の支配及びその強化とはそうした生活世界の諸領域への抽象の浸入である。後に言及する自己の企業家というのは、人間自体が価値の担い手になることである。新自由主義は生活世界のあらゆる領域を価値の支配領域へと変換しようとする。その一例は福祉領域への保険原理への適用である。これによって、福祉サービスが商品へ、すなわち価値の凝固であり、価値の担い手である商品へと変換される。

物象とは価値の担い手であり、したがって抽象の支配・価値の支配は物象の支配である。この物象の支配が生活世界を覆っていくとき、それは生活世界の物象化であるが、この物象化は、先に行われる議論を先取りして言えば、生活世界の疑似－自然化でもある。それは抽象の支配なのである(24)。こうして、抽象の支配、したがって価値、さらに資本の支配は単に生産領域においてのみあるのではなくなる。

かくしてまた、具体と抽象の矛盾は生活世界の全面に浸透することになり、それ故抽象の支配に対する抵抗と批判もまた生活世界の全面において生起することになる。抽象の支配は生活世界内のあらゆる存在者を価値の担い手に還元しようとし、これが生活世界全般の物象化を惹起する。新自由主義的資本主義は生活世界のあらゆる存在者を価値の担い手に還元し、それ故商品・物象に還元して（例えば、福祉領域や自治体の市場化）、その価値を収奪するが、これは現代世界における貧困の普遍化と関係がある。労働力は資本主義ではそれ自身商品となる。すなわち、それは剰余価値を生む価値となる。賃金低下は価値の資本による吸収の強化であり、これがまた貧困の普遍化となるが、資本による価値の吸収はまた、生活世界パースペクティブからすれば、諸個人の現実の貧困化の経験として現れ、非正規労働者の増大となって現れる。これが富の移動をもたらす。こうした抽象の支配に対抗する力は連帯の力である。だから、新自由主義は連帯の力を破壊するのであり、抽象の支配を押しとどめ、これを打破しようとする運動は連帯の力に依拠するが故に、新自由主義は連帯の力を敵視する。連帯の力はまた生活を共同で織りなしていく力であるが、まさしくそれがために新自由主義にとっては連帯の力は打倒すべき敵である。だから、ネオリベラルな国家はビジネス利害を抑制し、資本蓄積を促進する努力を抑制する集団、労働組合や社会運動に対立する。(25)

ポストンは根本矛盾について語った。それは畢竟物質的富と価値、具体的労働と抽象的労働との矛盾である。われわれとしては、この矛盾をさらに推し進め抽象化して、抽象の支配とそれに抵抗し、それを止揚する傾向との矛盾としよう。物質的富の生産と価値生産との矛盾はそうしたいっそう抽象化された矛盾の一形態でもある。つまり、われわれはポストンが言う根本矛盾をさらに、彼が言うところの抽象の支配に照らしてさらに根本的に捉え返そう。この場合、福祉国家に対する新自由主義の攻撃も、もっとも根本的なレベルにおいて、具体に対する抽象の支配として捉えられることになろう。もしかの根本矛盾を物質的富の生産と価値生産との矛盾として捉えるところで止まると、確かにそれが根本矛盾として捉えられるにしても、福祉国家に対する新自由主義の攻撃は十分に捉えなくなると思われる。物質的富の生産と価値生産の矛盾としてのみ、根本矛盾を捉えてはならない。私はここで物質的富の生産と価値生産との間の矛盾に含意されている、より一般化された意味での具体と抽象の矛盾を取り出しているのである。

貧困を普遍化するもの。賃金を低下させること。これは、人間を単なる物（Sache）として、この場合には使い捨ての労働力として扱うことと結びついている。このような扱いこそが富（価値）の収奪と結びついているのである。この場合には、抽象の担い手となっているのは物質的富ではない。その担い手になっているのは、人間自身である。富（価値）の略奪ないし収奪は人間の物化と結びついている。新自由主義では、人間諸個人が単なる物としてあからさまに扱われる。

われわれが言う自然の人間的歴史は生産諸力の場面にのみ尽きるのではない。それは生活世界の全般、制度化された形態であれ、制度化されない場面であれ、生活世界の全般に及ぶのである。ポストンは資本主義は自己の否定の可能性を生み出すと言うが、その自己否定とは価値の廃絶のことである。これはまた資本主義のもとで実際に行われている労働と人びとが行うであろう労働との矛盾である。生産諸力を生産諸関係の桎梏から解放するということは、価値を廃絶し、具体的労働を価値の束縛から解放するということである。だが、こうした言い方は、未だ労働の場面に話が限定されている。現在では、抽象の支配は人間の生活世界全般に、例えば、後に立ち入るが、友人たちの間の食事の場面にまで及んでいる。それ故、価値支配の打破はより根源的に抽象の支配の打破として定式化されなければならない。抽象の支配が内在的にその打破の傾向を内包するとはしかしどういうことか。価値の支配、抽象の支配は今日生活世界の全面へと拡大しているが故に、それを超える動態性は生活世界におけるさまざまな矛盾となって現出する。もしも物質的富の生産が価値による束縛のもとにあるとすれば、それは物質的富にとって苦悩であるだろう。

一般的に言えば、資本主義における矛盾とは抽象と具体との矛盾であり、抽象が具体に取り憑いていることの結果である。根本的には抽象の支配とそれに対する批判と抵抗、抽象の支配を克服する傾向との矛盾である。この根本矛盾がさまざまな形態を取って展開しているのであろう。

3　物象化と生活世界

マルクスは生産者たちの私的諸労働の社会的関係の物象化について次のように言った。

およそ使用対象が商品になるのは、それらが互いに独立に営まれる私的諸労働の生産物であるからにほかならない。これらの私的諸労働の複合体は社会的総労働をなしている。生産者達は自分たちの労働生産物の交換をつうじてはじめて社会的に接触するようになるのだから、彼らの私的諸労働の独自な社会的性格もまたこの交換においてはじめて現れるのである。言いかえれば、私的諸労働は、交換によって労働生産物がおかれ労働生産物を介して生産者達がおかれるところの諸関係によって、はじめて実際に社会的総労働の諸環として実証されるのである。それだから、生産者たちにとっては、彼らの私的諸労働の社会的性格は、そのあるがままのものとして現れるのである。すなわち、諸個人が自分たちの労働そのものにおいてむすぶ直接に社会的な諸関係としてではなく、むしろ諸個人の物象的な（sachlich）諸関係及び諸物（Sachen）の社会的な諸関係として、現れる（erscheinen）のである。(26)

ここでは、人間諸個人（私的諸労働を営む生産者）相互の社会的関係が労働生産物（商品）相互の（社会的）関係として現れることが述べられている。この場合、前提されているのは、諸個人は相互に直接的な、あるいは人格的関係にはない、ということである。彼らの間の接触はただ労働生産物の交換において生じるのである。それだから、彼らの間の関係はただ、諸物象の間の（社会的）関係として現れる、つまりは定立される。W－G－Wというように商品は変態するが、例えば、私が貨幣と交換にある商品を購入する場合、私とその商品の生産者はこの交換を通じて接触するようになり、その意味で関係が付けられるけれども、私はその生産者を知らないし、多くの場合には知ることは不可能である。私とその生産者の間の関係はただ諸物象の間の関係として、すなわち「あるがままのものとしてals das,was sie（die gesellschaftlichen Beziehungen ihrer Privatarbeiten）sind.」現れるのである。この物象化（Versachlichung）において、私的諸労働を営む諸個人の間の関係が諸物象の間の（社会的）関係として、諸労働生産物、つまりは、諸商品の間の物象的な関係、すなわち、物象と物象との間の関係として定立される。このように定立された物象的関係はわれわれがわれわれの生活世界において日々経験している事柄である。

しかし、以上の事態、つまりは物象化は労働生産物が商品であること、あるいは労働生産物が商品として生産されることを前提としている。商品は価値の担い手であり、商品の有する交換価値は価値の現象形態であるとされるが、しかし、価値は非物質的であるために商品は感覚的には超感覚的なものとして現れるとされ、生活世界パースペクティブからすれば、それ自身としては感覚されないために、商品の交換価値は商品の有する自然属性であるものとして現れる。いまの文脈では、商品は物象、すなわち価値の担い手であるが、その価値は、したがってまた商品が価値の担い手となっていることは、生活世界的パースペクティブからすれば、隠蔽される。それ故、私は物象化をまずは労働生産物が価値の担い手として、したがって物象として定立される作用として理解する。労働生産物は資本制社会では、物象として、すなわち商品として定立されるのである。それだから、商品（使用価値）は価値の担い手として物象であり、価値それ自身、したがって商品が価値の担い手となっているということは、生活世界では知覚されないために、商品は生活世界では感覚的には超感覚的なものとして、神秘的な物として現れる。物象化とはかくしてあるものの物象としての定立を意味する。そのさい、そのあるものをその物象として定立するメカニズムは生活世界では隠蔽されるが故に、先に言及したように、商品の交換価値は商品の生まれながらの自然的属性として現れるのである。

同じことは貨幣について成り立つ。貨幣はわれわれがわれわれの生活世界においてよく知っている物であり、日々それを用いて商品を購入している。しかし、貨幣を生活世界に定立し、産出するメカニズムは生活世界では隠蔽されてしまう。ある一商品は他の商品が全面的に自分の価値をこの一商品で表すことによってはじめて貨幣になるのである。[27]他の商品が全面的に自らの価値をこの商品で表すということがその一商品を貨幣にする。ということは、そのことがある一商品を貨幣として定立し、産出するということである。この定立、産出はわれわれの生活世界のうちに生活世界に属する存在者として貨幣を定立するないし産出するということである。ところが、貨幣を生活世界内に産出する事態は生活世界では知覚されない。「媒介する運動は、運動そのものの結果では消えてしまって、何の痕跡も残していない」[28]。こうして、生活世界で生を営む諸個人にとって、貨幣物神が成立することになる。商品交換ということも、われわれが貨幣を用いるということも、われわれの生活世界内行為である。例えば、貨幣についてみれば、われわれは生活世界において貨幣を使用しつつ生活しているが、こうした行為が貨幣をまた絶えず貨幣として生活世界に産出・定立する。

資本物神についても同様である。利子は剰余価値の一部なのであるが、この点が生活世界では隠蔽されるのであって、それ故に、生活世界では、資本はそれ自身の価値を増殖する能力を有するものとして現れる。資本物神とは資本が生活世界でとる姿である[29]

4　本質と現象、あるいは生活世界

すでに述べたように、ポストンは資本制社会の構造を分析するさいに、抽象の次元と具体の次元を本質と現象のカテゴリーによって捉えた。商品についてみれば、商品の具体的次元は直接的な感覚的経験と変化に富んだ表面であり、抽象的次元は一般的等質的次元であって、この抽象的次元は人間たちの意志から独立して機能する抽象的必然性の領域、普遍的で客観的な自然法則が支配する領域であるとされた。抽象的次元と具体的次元との関係が本質と現象の関係なわけである。すなわち、抽象的次元は本質の次元であり、具体的次元は現象の次元であるが、そのさい、現象はその本質である抽象的次元の姿を隠蔽するのである。労働についてもポストンは同様に本質と現象のカテゴリーを適用している。労働の特殊な形態（本質）が隠蔽され、労働が超歴史的活動のように見えてくるのであるが、超歴史的なものとして労働が見えてくるということが現象である。労働が超歴史的なもの、それ故に存在論的本性を持つものとして見えてくるということは、労働が本質の姿が隠蔽された本質の現象形態であるということである。

しかしながら、本質と現象というカテゴリーを用いると、現象が確かに本質の姿を隠蔽するのだとしても、その現象は、あるいは現象諸形態はあくまで本質によって規定されているのであり、それ故、本質によって規定されるという点しかわれわれの視野には入ってこないという事態が惹起されよう。また、商品についてみれば、商品の具体的次元が感覚的経験と変化に富んだ表面としてしか、われわれの視野には入ってこないことになる。しかし、「われわれの生活世界」という概念を視野のうちに保持するならば、われわれの（生活世界での）生活行為がわれわれの目の前に見えて来るであろう。生活行為は、「本質」と「現象」というカテゴリーによっては、とりわけ「(本質の)現象」というカテゴリーによっては、捉えられることは出来ない。ヘーゲルは「本質は現象しなければならない(Das Wesen muss erscheinen)」(30)と言ったが、先に述べたように、現象はあくまで本質の現象であって、本質によって規定されているものである。その現象が本質を隠しているとしても。しかし、われわれの生活世界は歴史的に形成された生活世界として、言われるところの本質によっては規定されない諸要素、生活の諸形態をも含んでいる。例えば、資本制社会では、労働力は商品となるのであるが、労働力のこの商品化に対する抵抗や批判もまたわれわれの生活世界に属している。労働という生活形式には、苦悩や喜びや達成感などが付随し、これらの内容は本質(抽象の次元)によって規定され尽くすものではない。だから、もっぱら本質と現象というカテゴリーを用いるなら、生活世界のそうした諸要素はわれわれの視野から消えてしまう他はないのである。さらに、商品は物的対象としてわれわれの前に存在するだけではなく、それはわれわれの生活行為が従事する対象である。商品はわれわれの生活世界に属し、そしてわれわれは商品に何らかの仕方で携わる。すなわち、実践的にそれに関係する。われわれはそれを使用し、それを消費する。私が自動車を購入し、そしてそれを運転する能力を持っているなら、私は空間移動のためにそれを運転し、この運転するという行為はわれわれの生活世界に属する。つまり、それは一つの生活行為である。

商品—貨幣—商品(W—G—W)という商品の変態過程も、われわれの諸行為遂行において生じている。確かに、労働は現象形態としては、資本主義に特殊ではなく、超歴史的活動として現れる。しかし、労働はわれわれの生活世界において労働者の一つの生活行為としてある。生活世界は時間的空間的構造を有し、例えば、ハーヴェイの言う建造環境はわれわれの生活世界の空間的構造をなしており、それはわれわれが生き生活する空間である。われわれが現に生きている生活世界は（現実的な）諸行為と行為の差し控え、相互行為が遂行される諸個人によって生きられた世界であり、それは諸個人によって生きられる時空的構造を有する。生活世界には、人間諸行為において産出される運動しつつある事態も属し、これが人間行為の制約となるとともに、人間行為がそうした制約を再生産する。土地はわれわれの生活世界に属し、建物もわれわれの生活世界に属している。その建物、例えばマンションは人々が居住する空間であるが、人が居住しなくなれば、自然の破壊作用に晒されるであろう。あるいは人為的に破壊されて別の建物が建てられる。近くの小学校の校舎は生徒たちの教育の場であり、交流の場であり、災害時の避難所である。生徒数が減れば、諸学校は統廃合され、校舎は過去の面影を残す建物になったり、あるいは画家の活動場になったりする。古いビルは壊され、新しいビルが建設される。新たなビルは居住空間であったり、会社の仕事場であったりする。ナオミ・クラインが報告しているように、大津波というショック[31]とともに数十万人の漁民が海岸沿いから追い出され、そこに大規模なリゾート施設が建設されるということもある。そこにはまた反乱もある。僅かの時間の間に、例えば地下鉄で、スマートフォンを持ってそれを見ながら歩く人々の群れが出現する。私がそうしてくれと頼んだわけではないが、いつの間にか消費税があがり、それに対する批判がある。こうした生活世界の運動は、もっぱら本質の（本質が隠蔽された）現象として捉えられうるものではない。

だから、私としては、もっぱら本質と現象というカテゴリーを用い、現象を本質の現象形態として把握するというより、まずは生活世界を視野のうちに置き、すなわち、時空的構造を持ち、実践的な諸行為、言語を媒介にした相互行為から織りなされ、ハイデガーが手元存在と呼んだ存在者も属している生活世界から出発し、そうした生活世界の幾つかの諸現象（これは人間たちの生活世界のすべてではない）をポストンが言う（本質の）現象として捉えるという思考方式を採りたい。その場合には、生活世界には、本質（つまりはポストンが言う抽象的構造）によって規定される現象諸形態だけではなく、この現象的諸形態、したがってまた本質に対する抵抗やそれを止揚する運動も属することがわれわれの視野のうちに登ってくるであろうし、本質の現象形態として生活世界は規定され尽くすのではなく、そこには歴史的文化的に規定された生活諸形態がある。ここで、現象とはあるいは現象諸形態とは資本主義に固有の力学によって産出された生活諸形態を意味する。この場合、資本主義に固有な力学は生活世界のパースペクティブからは隠蔽され、生活世界においては、それとして知覚されはしないのである。現象という点からすれば、それは立ち現れることであるが、その立ち現れにおいて、この立ち現れをもたらす資本主義に固有の力学は、己を隠蔽する。

物象化とはあるもの（これはわれわれの生活世界に属する）を物象として（生活世界におけるものとして）定立する作用である。この定立において、ある物が物象として、われわれの行為遂行において生活世界内存在者として定立される。ポストンによれば、再び引用するが、

> 価値の分析の次元で把握されたものと、価格の分析の次元で把握されたものとのあいだの関係は、さらに社会の深層にある諸構造と日常的行為や思考とについての（完成されなかった）理論を構成していると理解することが出来る。

しかし、ポストン自身は行為と構造とのこの完成されなかった理論の仕上げには向かっておらず、その代わりに、本質と現象というカテゴリーを用いたのである。もしポストンがこの完成されなかった理論の建設にいくらかでも進んでいったならば、生活世界の概念が浮上することになったであろうと私には思われる。すなわち、行為と構造

との関係に関する完成されなかった理論を追求すれば、私見では、「生活世界」という概念が必要になるのである。というのは、行為とはあくまで生活世界内行為であるからである。そこで以下、簡単にではあるが、行為と構造に関する理論のスケッチを生産過程を例に試みてみたい。[32]

マルクスによれば、価値増殖過程は以下のようである。生産過程は、それ自身としてみれば、対象化的産出行為（物質的富を産出する行為）としての労働過程であって、労働者は生産手段を用い、彼のさまざまな諸能力（身体的、精神的諸能力）を行使して労働生産物を生産する過程である。この生産過程は生きた労働者の現実の労働過程であり、そうしたものとして、労働者の労働は彼の生活の一部、彼の一つの生活行為である。（一部であるというのは、労働日が二四時間という一自然日の限界には達しないという意味においてである。）労働日は労働生活の時間、労働者によって生きられた時間である。この時間は労働者の労苦や責め苦やあるいは喜びや達成感などで満ちている時間である。この労働は具体的労働であって、それは物質的富を生産する。

しかし、そうした行為、この場面では、生産行為は資本制生産において抽象的労働に転化しており、生産手段が労働者の労働を吸収し、剰余価値を生産する。労働者の生産行為は労働者の生活世界に属するが、その行為において主体は意図することなく、知ることなく、剰余価値を生産し、これを媒介にして資本家を資本家として、労働者として再生産する。生産行為は生活世界に属し、この行為とともに非志向的に剰余価値が生産され、構造が再生産される（非志向能作[33]）。つまりポストンの言う抽象の支配と抽象的構造が再生産されるのである。しかし、剰余価値も抽象的労働もわれわれの生活世界ではそれとしては知覚されず、隠蔽される。だが、以上の簡単なスケッチは、まだ物質的富の生産場面に限定されている。経済システムはさらに販売、営業などの過程を含んでいる。経済システムは生活世界の一大構成部分をなしており、もしわれわれが生活世界から出発するならば、そこには直接的な生産だけではなく、さまざまな行為が含まれていることが視野に登ってくる。販売や営業といった活動は言語行為からなるコミュニケーション過程を含んでいる。これは言語を媒介とするコミュニケーション的行為である。(34) このコミュニケーション能力自身が商品化され、したがってコミュニケーション的行為の遂行がそれ自身で物象になるということも起こる。コミュニケーション能力が商品になるということは価値の担い手になるということである。そしてこのコミュニケーション的能力の商品化は、ホネットが言っていたような結婚のパートナー探しにまで浸透する。

抽象たる価値は商品体という物的存在者を必要とし、それ自身としては存在することが出来ず、その物的存在者が担い手となることによってのみ、換言すれば、具体的な存在者にいわば取り憑くことによってのみ、存在する。この場合、その具体的存在者はわれわれの生活世界に属する。これと同じく、抽象的構造はそれ自身として、それだけで存在するのではない。この構造も生活世界内的存在者がその担い手となることによってのみ、あるいは抽象（価値・資本）の生活世界内的存在者への凝固という形態をとってのみ存在するのである。だから、抽象的構造の運動は生活世界の運動としてある他はないのである。価値はそれがいわば取り憑いているある存在者から離脱するにしても、それはただ他の存在者に移り住むということによってのみである。人間生活あるいはわれわれの生活世界における抽象の支配とは、われわれの生活世界が物象の運動に支配され、その運動に還元されていくということである。しかしながら、生活世界にはそうした抽象の支配に対する抵抗もまた存在する。以下に見ることになるが、抽象の支配強化はそれに対する対抗の力の破壊を条件としている。

注

(1) これに対して、後に立ち入るが、ハーヴェイの『資本論』の再構成では、主に資本主義社会における生活世界の運動に焦点が与えられている。

(2) K. Marx, *Das Kapital*, Bd. 1, MEW. Bd. 23, S. 49.（『資本論』①、四七頁）

(3) Ebd., S. 49.（同上①、四七頁）

(4) Ebd., S. 50.（同上①、四八頁）

(5) それで、この場合の富というのは、物質的富であって、価値ではない。

(6) 本当は、本質と現象という諸概念は、それだけでは、マルクスの思考の歩みを十全に再現することは出来ないのである。この点については、後に立ち入る。

(7) K. Marx, *Das Kapital*, Bd. 1, MEW. Bd. 23, S. 54 .（『資本論』①、五三頁）

(8) Ebd., S. 52.（同上①、五二頁）

(9) ある商品の使用価値を生産するのに社会的に必要な労働時間と言われる場合の時間は、労働者がその現実の生産的労働において経験する、生きられた時間ではない。それはすでに抽象化されている。

(10) 商品の使用価値とは、われわれが生活世界において商品の有用性として了解しているものであるが、価値はそうではない。それは、生活世界のパースペクティブからは隠されているものである。

(11) 労働日のあくなき延長は生活世界内的事態である。権利対権利というのは、労働者の場合、労働力商品の売り手としての権利、売り手が売り手として持つ権利である。抽象の支配は生活世界全面にまで浸透していく。例えば、自治体の市場化が語られるが、抽象の支配は単に経済領域のみならず、政治、国家制度、自治体、福祉領域などに浸透し、それを抽象の支配領域に変換していく。

(12) K. Marx, *Das Kapital*, Bd. 1, MEW. Bd. 23, S. 316.(『資本論』①、三九三頁)

(13) 抽象の一元的支配は人間的生と矛盾し、それに対立し、それを破壊するに至るのである。

(14) Vgl. K. Marx, *Das Kapital*, Bd. 1, MEW. Bd. 23, S. 247.(『資本論』①、三〇二頁)

(15) Ebd., S. 258-259.(同上①、三一七－八頁)

(16) 以上、Ebd., S. 259.(同上①、三一八－九頁)

(17) Ebd., S. 260.(同上①、三一九頁)

(18) Ebd., S. 260.(同上①、三一九頁)

(19) Vgl. ebd., S. 260.(同上①、三一九頁)

(20) それ故に、イギリスの工場法は、国家が労働日を強制的に制限することで労働力の無制限な搾取に対する資本の衝動を制限する。つまり、資本の衝動に対する制限は、労働者の抵抗を別にすれば、国家の側から規制された。その国家というのは、地主と資本家が支配する国家である。

(21) マルクスは過剰人口の食いつくしについて語っている。この過剰人口は発育不全、短命、急速に交替する何世代もの人間からなっている。工業人口の衰退は農村からの自然発生的な生命要素の不断の吸収によってのみ、緩慢化される(Vgl. K. Marx *Das Kapital*, Bd. 1, MEW. Bd. 23, S. 284.(『資本論』①、三五二頁)

(22) したがって、労働市場のアウシュビッツ化はすでに起こっていたのである。アウシュヴィッツ型経営モデルについては、金子晋右『世界大不況と環境危機――日本再生と百億人の未来』論創社、二〇一一年、第四章参照。金子氏はアウシュヴィッツ型経営モデルを次のように特徴づけている。

①「労働不能」な者(老人・子供・病人・けが人など)は、すみやかにガス室送りにされ、殺害された(＝「家族の再

生産」の否定)。
②労働可能な者(老人を除く健康な成人男女)は、
(a)わずかな食事で(=「肉体の再生産」が不可能なほどの低賃金)、
(b)長時間の重労働を強いられた(=「肉体の再生産」が不可能なほどの長時間労働)。
③全欧州から、続々とユダヤ人などが送り込まれた(=使い捨て労働力の無制限補充)。

新自由主義資本主義のもとで、共通する性格を有する労働市場が形成される。とはいえ、新自由主義のもとでの現在の事態はマルクスが語った事態への単純な回帰なのではない。現在の事態はまさしく現代的様相を帯びている。多くの人びとの人間的生の破壊に対して、マルクスが念頭に置いていた工場主たちは、そうしたことはわれわれの関心事ではない、と言っただろうが、それは君たちの自己責任だとは言わなかったであろう。この点だけでも、新自由主義の元での労働市場の野蛮化が過去への単純な回帰ではないことが分かる。ここには歴史的位相の違いがある。

(23) K. Marx, *Das Kapital*, Bd. 1, MEW. Bd. 23, S. 286.(『資本論①』、三五三頁)
(24) 収奪は価値の収奪・吸収として生起する。しかし、生活世界内存在者が価値の担い手になり、価値の運動に同化されているということは、生活世界内パースペクティブからは知覚されないのである。
(25) Cf. George Ritzer, *Globarization: The Essentials*, WILEY-BLACKWELL, 2011, p. 42.
(26) K. Marx, *Das Kapital*, Bd. 1, MEW. Bd. 23, S. 87.(『資本論』①、九八頁。なお訳は少し変えてある。)
(27) Ebd., S. 107.(同上①、一二四頁)
(28) Ebd., S. 107.(同上①、一二四頁)
(29) それは「日常生活の宗教」(Religion des Alltagslebens)である。K. Marx, *Das Kapital*, Bd. 3, MEW. Bd. 25, S. 838.(『資

本論』⑤、一〇六三頁）

（30）G. W. F. Hegel, *Wissenschaft der Logik* Ⅱ, Werke in zwanzig Bänden 6, 1969, Suhrkamp, S. 124.

（31）ナオミ・クライン『ショック・ドクトリン』幾島幸子・村上由見子訳、岩波書店、二〇一一年、九頁参照。

（32）行為と構造（ここで構造とはポストンが言う抽象的構造のことである）の関係を理論化するためには、「非志向能作」の概念が必要であるが、これまでこの概念が明示的に意識されていなかったために、その関係を十分に理論化することは出来なかったのである。というのは、行為概念のみでは、行為が構造を産出し、そして構造が行為の条件となるのであるが、その行為と構造との関係を概念化することはできないからである。

（33）これについては、拙書『ハーバーマス理論の変換――批判理論のパラダイム的基礎』梓出版社、二〇一〇年、第二章の7参照。

（34）この場合、ハーバーマスの用語では、言語を媒介にした相互行為は戦略的相互行為の一形態となるであろう。もっとも、物質的富の生産過程にも言語的なコミュニケーション的行為が入りこむであろうが。

第五章　ハーヴェイの議論——生活世界的視座

ポストンは抽象の支配と抽象的構造について語ったが、そのさいポストンには生活世界概念が欠如しており、それ故私は生活世界概念を導入して、生活世界と抽象の支配を媒介するように試みた。ところで、私の見るところ、ポストンに対して、資本制社会の運動を見るハーヴェイの基本的眼差しはわれわれの生活世界の運動を見るという点にある。ハーヴェイは資本制社会における（日常的な）生活世界の変動、その運動を視野のうちに置いている。けれども、ハーヴェイは抽象の支配という点については、確かに彼が例えば抽象的労働について語っているとしても、そこにはある曖昧性があり、その抽象は十分に抽象的ではないように思われる。それ故、以下ハーヴェイの議論を検討するが、そのさい私は、ポストンの議論に対して行われたのとは逆の道を辿り、ハーヴェイが資本制社会に関して持つ視座は生活世界的視座であるということ、換言すれば、ハーヴェイの議論が生活世界の動態を明らかにするものであるということからはじめて、抽象の問題に関するハーヴェイの取り扱いが十分ではない次第に議論を進めることにする。私の見るところ、ハーヴェイでは資本制社会の抽象的次元と具体的次元との関係性がいささか曖昧になっている。

1　ハーヴェイにおける生活世界パースペクティブ

ハーヴェイは、マルクスは資本主義の移ろいやすさ、そのダイナミズムをよく自覚していたと言う(1)。マルクスにとっては、一切が過程、運動の中にあり、例えば、労働について、彼は単に労働について語るのではなく、労働過程について語る。労働は物なのではなく、一個の過程である。資本主義は絶えざる過程に、運動にあり、運動しなくなると、資本主義は無である。この点はマルクスを理解する上でも、現代資本主義を理解する上でも、もとより、重要な視点である。

とはいえ、もしこの点だけを視野におくならば、あくまでこの限定のもとで、資本の運動が生活世界と生活世界のパースペクティブからは知覚されず、隠蔽されてしまう側面との相互関係という面が（十分に）視野に登らなくなる可能性がある。すでに見たように、ポストンは抽象の支配とその運動について語り、そしてそうした点からマルクスの理論を再構成するが、ポストンには生活世界という視点がない、あるいは希薄であった。資本の絶えざる運動過程は、われわれの生活世界とこの生活世界においては隠蔽される抽象の支配とのこれまた絶えざる連関として展開するのである。

マルクスは研究の方法として下向法と上向法について語った。対象に対する研究において、思考は下向においていくつかの根本的諸概念へと至り、次にこれら諸概念を携えて、対象の表層に戻って行く。このマルクスの方法について、ハーヴェイは「こうして、われわれは、現象の世界がいかに人を欺くものであるかを発見する。このような有利な地点から見ることで、この世界を根本的に異なった観点から解釈することができるのである(2)」と語る。

ここに資本の運動を見る二つのパースペクティブの交差がある。一つは、ここに言われるところの現象の世界、つまりは生活世界で生を営む諸個人のパースペクティブであり、もう一つは、生活世界の諸事象から、生活世界のパースペクティブにあっては隠蔽されてしまう諸連関・諸事態へと遡及し、そうした諸連関・諸事態から生活世界を見直す理論的パースペクティブ（マルクスその人と彼の叙述に従う読者のパースペクティブ）である。この理論的パースペクティブにおいて、生活世界の有り様と生活世界では隠蔽される諸構造との相互連関と相互作用が明らかにされるのである。下向法において獲得された諸概念は、生活世界と生活世界において隠蔽される諸事態との連関を捉えているのである。

私見では、資本の運動を捉えるハーヴェイの眼差しの枠組みは、生活世界とそのパースペクティブからは隠蔽される抽象の運動との連関である。しかし、そうは言っても、他方では、資本の運動を見るハーヴェイの眼差しは、生活世界の諸構造（時空的構造を含めて）に集中してもいる。ハーヴェイは生活世界の動的展開を論述し、ハーヴェイの論述の豊かさはこの点に由来する。しかし、その分、生活世界と生活世界パースペクティブにおいては隠蔽される諸事態との連関という点は、ハーヴェイの思考においては背後に退き、資本制社会における抽象の支配、それ故に物象の支配という点が、確かにハーヴェイが抽象的労働とその凝固たる価値について語るにせよ、幾分かの曖昧性を孕みつつ、十分には明らかにされない次第となっていると私には思われる。以下、この点を明らかにするように試みよう。(3)

社会的必要労働時間と抽象的労働

私はハーヴェイの議論展開をいくらか詳細に追跡してみたい。そうする目的はハーヴェイが資本主義に対して如何なる眼差しをもっているかを明らかにすることにある。すでに先に引用したが、マルクスは『資本論』の冒頭で、次のように語っていた。

資本主義的生産様式が支配的に行われる社会の富（der Reichtum）は、一つの「途方もない（ungeheur）商品の集合」として現れ、個々の商品はその富の源基的形態として現れる。それゆえ、われわれの研究は商品の分析から始まる。(4)

ハーヴェイはこの冒頭のマルクスの言明について、「現れる（erscheinen、appear）」は何かが他のものの表層の外観の下から現れることを示していると言う。これは、私が先に言及した「現れる」の第二の意味である。ハーヴェイは言うが、商品から研究をはじめることは有効である。というのは、われわれは日々商品と接しそれらを経験しているからである。われわれは商品を買い、眺め、欲しがったり拒否したりしている。これは誰にでも身近で共通していることだ。先のハーヴェイの言明において、確かにそれは平凡なことに見えるが、ハーヴェイが（日常的な）われわれの生活世界を視野のうちに収めていることが示される。われわれは日常的な生活世界においていつも商品に何らかの仕方で出会っているのだから、われわれはある意味では商品についてよく知っている。ハーヴェイが言うのは、われわれはわれわれの生活においで、われわれの生活世界においていつも商品に出会っているということである。われわれはそれが人間の欲望を、欲求を、必要を満たす物であることを知っている。そして、そうした富の途方もない集積はその背後にある何かの現れなのである。

しかし、それらの欲求の性質は、それは実にさまざまであろうが、問題はその欲求の質的多様性がどれほどかではない。問題はその何かは何かである。これを研究するには、欲求の途方もなく大きな多様性をいちいち数え上げてもしょうがない。重要な点は、われわれの生活世界内経験からして、次のことを確認することである。すなわち、

① 人間が商品を買うという事実

② 商品を買うという行為は、われわれが生きていく上で基本的なものである

ということである。とはいえ、ここでハーヴェイは直接的には「生活世界」概念をもってマルクスの思考を再構成しようとはしていない。直接にはである。けれども、ハーヴェイは生活世界的眼差しから資本の運動を見ているのである。途方もない商品の山。それらの源基的形態たる個々の商品は有用である。われわれはこのことをよく知っているが、これは生活世界内的知である。この有用性は「使用価値」として概念化される。(5) 商品の有用性が使用価値であって、われわれは商品の有用性を使用価値と呼ぶことを生活世界内存在者として、すなわち生活するものとして了解することができる。欲求の、必要の質的な多様性はすでに捨象されており、有用性だけが使用価値として取り上げられる。

だが、使用価値は資本制社会では同時に交換価値の素材的な担い手になっている。ここで、われわれの生活世界内経験が再び持ち出される。それは使用価値を持つ商品は原理的に他のあらゆる商品と交換可能だということである。このことも、われわれがわれわれの生活世界においてよく知っている事柄である。しかし、何がこの交換可能性を諸商品に与えるのか。この点をわれわれはまだ知らない。諸商品が交換価値を持つということはわれわれの生活世界内経験である。われわれが知っているのは今までのところここまでである。

ハーヴェイはマルクスの議論を再現しながら、次のように言う。すなわち、諸商品は交換価値を有している、すぐに分かるのは、商品の諸々の交換価値は一つの同じものを表示しているに違いない、ということである。われわれにとっては、つまり生活世界内存在者にとっては、商品は交換価値を持っている。というのは、それは他の商品と交換可能であるからだ。この交換価値は何か別のものの現象形態であるにちがいない。それらは通約可能である。それらの通約可能性はどこから来るのか。商品と商品とが交換されるとき、それら両者が交換価値である限り、ある第三のものに還元可能でなければならない。商品は交換価値として特に諸々の異なる量でしかありえない。それは同じ人間労働の支出である。価値は幻のような対象性であって、この対象性というのは、商品がその担い手になっている、したがって人間にとって対象性を持っている、ということなのであろう。この幻のような対象性の現象形態、現象となったものが今や交換価値なのである。だから、価値はこの場合本質であり、交換価値はその現象形態である、ということになる。ここで採られているのは、理論的パースペクティブであって、生活世界内存在者のパースペクティブではない。

この価値をハーヴェイは社会的必要労働時間とする。マルクスは「同じ人間労働」の概念を理解するためには、社会の総労働力を見なければならないと語る。ハーヴェイは、マルクスのこの先験的な言明には大きな意味が含まれているが、ここでマルクスはそれ以上詳しく展開していない故に、「価値論とは如何なるものなのかに関して諸君に誤解を与えないよう、私が展開しよう」(6)として、次のように語る。すなわち、社会の総労働力について語ることは、資本主義的生産様式のもとで造り出される世界市場を引き合いに出すことである。価値の尺度は人間労働のこの全世界から生じる。「価値が決定され絶え間なく再決定されるのは、交換関係のこの動的でグローバルな領域においてである」(7)。価値は「商品交換の世界全体から生じる」。商品交換のこの全運動から、社会的平均労働時間が析出されてくる。マルクスは、「ある商品の価値量を規定するものは、その使用価値の生産に社会的に必要な労働時間だけである」(8)と言う。ハーヴェイは価値をある商品を生産するのに社会的に必要な（平均的）労働時間と規定する。

しかし、この、ある商品、例えば、一定量のリンネルや一着の上着、あるいはボールペンや机を生産するに必要は社会的労働時間は、具体的な、物質的富の生産に必要な社会的平均労働時間であろう。確かに、それが資本制社会の全運動によって、世界市場によって、まさしく平均という点において規定され強制されているとしても、それは労働者の生きられた時間の平均であるだろう。平均はまだ抽象ではない。この点において、私見では、生活世界から、一定の生活世界的事象を産出する抽象の運動次元への遡及は、ハーヴェイにおいて不徹底であるように思われる。価値とは抽象的労働の物質化であり、それは抽象的時間システムによって計られる抽象的時間量であって、この抽象的時間はある商品、ある使用価値の生産のために必要な社会的労働時間からさらに抽象化されたものである。大屋定晴氏によれば、「マルクスの価値概念は、社会的必要労働時間そのものではなく、その時間の特殊面――抽象的労働としてあるという側面の対象化・物質化である」(9)。むしろ、抽象的人間労働の対象化である価値は社会的必要労働時間によって測られる量であろう。

ハーヴェイにおける、抽象の次元への遡及に関する不徹底性は、ハーヴェイが抽象的人間労働と生理学的活動とのマルクスの同一視をそのまま継承している点にも見られることができる。ハーヴェイは、殊更問題視することなく、マルクスの言明を引用している。その言明とは以下の通りである。

裁縫と織布とは、質的に異なった生産活動であるとはいえ、両方とも人間の脳や筋肉や神経や手などの生産的支出であり、この意味で両方との人間労働である。それらは、ただ、人間労働力を支出するための二つの違った形態でしかない。たしかに、人間労働力そのものは、あの形態やこの形態で支出されるためには、多少とも発展していなければならない。しかし、商品の価値は、ただの人間労働を、人間労働一般の支出を表している。(10)

第Ⅲ部において見ることであるが、（私見では）抽象的人間労働は如何なる形態の労働にも含まれている生理学的な意味での人間労働一般ではなく、この生理学的意味での人間労働一般が実在的に抽象されて、ある仕方で特殊たる労働からいわば自立化し、特殊を己の元に服属するに至ったものである。

使用価値、交換価値と価値が織りなす総体性

ハーヴェイによれば、商品の使用価値、交換価値と価値の間には、因果的決定の関係ではなく、相互に弁証法的な、したがって、動的な関係があり、それら三者は（一つの）総体性をなしている。この総体性の中でそれら三者は相互に依存しあっている。ハーヴェイは三者の連関について次のように言っている。すなわち、使用価値について語ることなく交換価値について語ることはできず、使用価値について語ることなく価値について語ることはできない、と。どの概念も他の概念について語ることなく語ることは出来ない。確かに、労働生産物の使用価値については、それが商品でないならば、つまり他者のための使用価値ではないならば、それは価値も交換価値も持たないが、その労働生産物が商品であるならば、すなわち、生産が他者のための使用価値の生産であるという前提的条件のもとでは、使用価値、交換価値と価値の間には不可分の関係が成立する。

この前提的条件のもとで、商品の二重性としての使用価値と交換価値とは、使用価値がなければ交換価値はないという仕方で相互に結びついているが、しかし使用価値と交換価値は相互に潜在的に対立してもいる。人は商品の使用価値を実現しようとするならば、その交換価値を断念しなければならず、交換価値を実現しようとするならば、使用価値を断念しなければならない。この事情をハーヴェイは次のように表現している。

諸君は家と呼ばれる商品を所有しているとしよう。その使用価値と交換価値、諸君がより興味を持っているのはどちらだろうか？　両方に興味がある可能性はある。しかし、ここには潜在的な対立がある。もし交換価値を十分に実現したいのであれば、その諸価値を他の誰かに引き渡す必要がある。もしその使用価値を保持したいのであれば、持家担保金を利用するとかホーム・エクイティ・ローンに入らないかぎり、交換価値を手に入れるのは難しい。(11)

価値と使用価値との関係についてみれば、使用価値は価値の担い手であり、それで、使用価値がなければ、価値は無である。交換価値と価値との関係についてみれば、交換価値は価値の現象形態である。現象形態であるということは、価値とその現象形態である交換価値とは同一であるとともに同一ではないということである。諸商品の間の交換関係がなければ、商品の交換価値はなく、したがって価値もないであろう。それ故、価値は諸商品の間の交換関係に依存しているが、逆に交換関係は価値に依存してもいる。

商品の使用価値、交換価値と価値が織りなすハーヴェイが言う総体性にあっては、かくして、商品の使用価値（具体）が価値（抽象）の担い手になっているということが、つまり、具体が抽象という具体の反対物・対立物の担い手になっているということが基軸となっている。まさしく、商品の使用価値が価値の担い手となっているが故に、この価値の現象形態として、商品は交換価値を持つことになる。そして、ハーヴェイが言う総体性は静的ではなく、動的であるが、それはとりわけ価値自身が静的ではなく、動的であるからである。ハーヴェイによれば、価値は、さまざまな事情によって、熟練の程度や科学と技術の応用可能性の発展段階、生産過程の社会的組織、生産手段の規模と効率性、自然環境などによって規定されている。それ故、例えばより有利な自然条件の場所への移動は価値革命を引き起こすのである。

ここで、私は以上のハーヴェイが言う総体性を「生活世界」概念を使用しつつ再構成してみたい。そうするのは、資本の運動を見るハーヴェイの眼差しのうちに、生活世界パースペクティブが組み込まれていることを示すためである。すなわち、使用価値、交換価値と価値が構成する総体性には、生活世界と生活世界では知覚されないものとの相互関係、相互産出関係が組み込まれている。

使用価値と交換価値は生活世界内経験において経験されうるものであり、その意味は生活世界内で生を営むわれわれには了解されている。「使用価値」と「交換価値」という概念はその了解を概念化したものである。これに対して価値は非物質的な対象性であって、それは生活世界においては見えず、隠蔽される抽象である。この価値が流動状態にある労働の凝固として、対象性として商品に凝固されるとき時、換言すれば、商品体あるいは商品の使用価値が価値の担い手になるということによって、商品の交換価値は価値の現象形態として規定される。交換価値を価値の現象形態として見ることが生じるのは、理論的パースペクティブのもとにおいてである。この理論的パースペクティブを持たない、純朴な生活世界内存在者には、それが価値の現象形態として理解されないために、商品の自然属性として現れるのである。このように、ハーヴェイが語った総体性には、生活世界パースペクティブとこの生活世界では知覚されないものとの相互関連性が組み込まれている。さらに、ハーヴェイが価値がさまざまな事情によって規定されていると語るとき、彼の眼差しは歴史的に形成された人間諸個人の生活世界の状態に向けられているのである。

商品の物神性とその秘密

マルクスは資本論第一部第一篇第一章第四節で、商品の物神的性格について次のように言った。

商品形態の秘密はただ単に次のことにあるわけである。すなわち、商品形態は人間にたいして人間自身の労働の社会的性格を労働生産物そのものの対象的性格として反映させ、これらの物の社会的な自然属性として反映させ、したがってまた、総労働に対する生産者たちの社会的関係をも諸対象の彼らの外に存在する社会的関係として反映させるということである。このような置き換え（Quidproquo）によって、労働生産物は商品になり、感覚的に超感覚的であるもの、または社会的なものになるのである。(12)

ここに言われているのは、労働自身の社会的性格が労働生産物の間の関係として現れ、労働生産物同士の関係として現れるということ、労働生産物の間の社会的な自然属性として現れるということである。何故このように現れるかと言えば、それはいろいろな人間労働の同等性が価値対象性という物的形態をとるからである。対象的性格（gegenständliche Charaktere）というのは、人間たちにとっての対象的性格、対象性であり、それ故、人間たちにとって彼らの外に存在するという対象的性格である。労働する生産者たちは相互に直接的に接触しない。彼らの間の（社会的関係）は直接的な関係としては存在せず、まさしくそうであるからこそ、彼らの間の関係、社会的関係は、労働生産物同士の関係という対象性形態をとる。彼らの関係は彼らの外にある労働生産物同士の（社会的）関係として定立されるのである。これは、Quidproquoであって、このQuidproquoによって労働生産物は商品となる。

ところで、ここで私が注目したいのは、マルクスが語った商品の物神的性格をハーヴェイがどのように捉えているかである。ハーヴェイからすれば、マルクスが語ったことは、われわれの生活世界におけるわれわれの日常的な経験そのものを語っている。ハーヴェイは言う。

彼が「物神性」……と呼ぶこの変装が単なる幻想であるとか、われわれがその気になれば剥ぎ取ることのできる出来合いの構築物であるということではない。そうではなくて実際は、見えるのはレタスであり、見えるのは諸君の貨幣であり、見えるのは値段であって、そして諸君はここの情報にもとづいて具体的な決定をする。これが、「あるがままのものとして現れる」という一節の意義なのである。実際にスーパーマーケットではこのようになっており、われわれは、それが社会的諸関係を偽装しているとおりの姿でそれを見ることができるのである。(13)

これはわれわれが日常的に経験する事柄に他ならない。「あるがままに」というのは、われわれが日常的に経験するとおりに、ということである。マルクスが商品の物神的性格について語ったことをわれわれはスーパーマーケットでいつも経験している。われわれはレタスを買うためにはレタスの中に価値を凝固させた労働者について何も知る必要はないし、複雑な交換システムについてはそれを知ることは実際不可能である。実際には、われわれはスーパーマーケットでレタスを買うとき、われわれはそのレタスを生産した生産者と結びついた。しかし、この結びつきは顕在的な結びつきではない。[14] レタスは無口である。すなわち、レタスはそれを生産した労働者については何も語らない。

だから、われわれは物象化を日々経験しているのである。毎日の食事に、テーブルに朝食が乗る。これはわれわれの日常的な生活世界における出来事である。家族生活もまた、政治的諸関係もまた、そうした物神性を基礎にして構築されている。これがわれわれの生活世界の有り様なのだ。ここにおいて、マルクスの場合もそうだが、ハーヴェイの資本制社会を見る眼差しがわれわれの生活世界に向けられていることが示される。もとより、われわれがかのQuidproquoについて、商品の物神的性格について語ることができるのは、理論的パースペクティブにおいてのみである。

他方、ハーヴェイは確かに抽象的労働について語り、その凝固たる価値について語る。「資本主義のもとでは、諸個人は自分たちの関係と選択を実質的に支配する抽象的諸力……の規律に服従している」[15]。しかしながら、ハーヴェイでは、抽象の次元への下降においてある種の曖昧性・不十分性がある。この曖昧性・不十分性は、後に立ち入ることになるが、本源的蓄積に関するハーヴェイの議論に影を投げかけている。

2　生活世界の時空間

時間と空間

地理的範囲の拡大と時間のある意味での短縮。両者はその程度が増すほどよい。これはまさしく多国籍企業の空間と時間把握であり、多国籍企業が作りだす空間と時間の有り様である。こうした時間が人間の生活世界の時間と空間の特性になる。

時間については、ハーヴェイは、リオタールに関して、次のように言っている。

……この後者の追求は、フランスの哲学者リオタールがポストモダンの条件の一つとして提示した有名な叙述とパラレルな関係にある。すなわち、「一時的な契約関係」が「政治的諸関係はもとより、仕事、感情、性、文化、家族、国際領域における恒久的な諸制度」に取って代わることがそれである。(16)

以上は時間の刹那化を語っている。長期的ではなく、短期的な契約が推奨され、その結果、契約の持続期間が短くなる。生活世界のあらゆる諸現象が一時的になっていく。時間が刹那的になり、仕事、感情、性、文化、家族、国際領域における恒久的制度が一次的な契約関係によって取って代わられるというのである。

ハーヴェイは、資本の流れを理解すること、その曲がりくねった道筋とその行動様式の奇妙な論理を理解することは、われわれの生活を取り巻く諸条件を理解するうえで決定的なものであると言う。(17)基本的視点がすでにここに見られる。ハーヴェイの目標はわれわれの生活を取り巻く諸条件を理解することなのであり、そのためには資本の流れを理解することが必要なのである。資本の流れによってわれわれは日々の生活に必要なさまざまなもの、日々のパンなどを手に入れることが出来る。

空間

資本主義は時間的のみならず、空間的にも理解されなければならない。地理の生産、空間の生産が問題とされなければならず、資本による空間の生産の最たるものは都市空間の形成、建造環境の構築である。これは過剰資本と過剰労働力を吸収するものであり、それは有効需要を生む[18]。

ハーヴェイによれば、資本の運動はその都度の時間的空間的構造を産出する。資本が時間と空間を支配し、それの制約を逃れようとするのは、それがその制約を逃れることができないからである。この空間の構造、建造環境、都市空間、これが、私見では、資本が自然からの自立性を獲得する形式であるが、資本主義そのもののうちに、自然環境や社会に対する絶えざる創造的破壊と抗争、金融化とグローバル化への内在的傾向が存在する。自然環境と社会に対する絶えざる再形成、破壊と抗争が生じる。（人間諸関係もまた時空的構造を有する。）

生活世界は時空的構造を有する。この時空的構造が変異するのである。資本は流れである。資本は絶えず流れる[19]。ところが資本は空間的に固定されもしなければならない。しかし、例えば線路に埋め込まれた価値は失われることもある。資本は確かに物的形態をとって存在するが、しかしその物的形態ではない。商品体は感性的に超感性的であるが、価値はまず（金貨や銀貨のような）貨幣としての物質的形態を受け取る。例えば、資本の運動は空間の創設と破壊を生み出す。建造物は価値を持ち、あるいは価値を失う。利潤が上がらなければそれは価値を失うのである。空間が廃棄されるのではなく、再生産され続けるのは、そこで利潤があがるからだ（空間のこうした編成は抽象的時間システムにおいて生じる[20]）。

3　生活世界の諸領域

ハーヴェイは資本の七つの活動領域を挙げ、それらは相互作用し、共進化すると言う。その七つの活動領域とは、

①生産過程、②技術及び組織形態、③日常生活の再生産、④社会的諸関係、⑤自然との関係、⑥世界に関する精神的諸観念、⑦社会的行政的諸制度であり、これらはわれわれの生活世界の諸領域であろう。ハーヴェイは日常生活の再生産について語っているが、これらは全て生活世界の構造をなしている。[21] 私はハーヴェイが挙げているこれらの諸領域を明示的に生活世界内諸領域として捉える。ハーヴェイによれば、資本主義の生成期にも、これら諸領域が相互作用し、共進化していたのである。七つの活動領域は全体としてのあり方をし、社会的総体性（トタリテート）を形成する。これらは全てわれわれが言う生活世界に属している。

工場制度、機械制大工業の出現によって、生産を技芸として理解する精神的諸観念は科学的認識、新しい技術の意識的設計によって取って代えられた。精神的諸観念についてみれば、埋め込まれた自由主義あるいは組織された資本主義から新自由主義的資本主義への移行にさいして、精神的諸観念が変更された。ハーヴェイは次のように言っている。

世界に関する精神的諸観念は、自由市場と自由貿易を必然的に埋め込まれたものとしての個々人の自由という、新自由主義的原理に訴えることによって徹底的に作り直された。[22]

自己中心的な個人主義、アイデンティティ政治、多文化主義、性的嗜好、これらはこれまでの重要な階級的連帯を打ち破り、これと結びついた有効需要をニッチ市場へと商品化する。所有個人主義、金儲け、負債、資産価値への投機、政府資産の私有化、社会階級を超えた文化的規範としての個人責任の受容といった諸事態が生じる。差し押さえの波に呑み込まれた人々は自宅の所有に伴う個人責任を果たさなかったことで、システム的条件よりも自分自身を責めるのである。[23] これらのことは人間たちの生活世界の現実的な有り様である。
さまざまな運動領域が共進的に変化する。ハーヴェイは新自由主義の運動をこうしたさまざま領域の共進化として捉えている。これらの活動領域を横断して、世界が大きく変わった。これは世界のパラダイム転換のようなものである。これは共進化的変化であって、因果的決定ではない。ハーヴェイは共進化的動き（the co-evolutionary movement）[24] について語っている。ハーヴェイによれば、社会理論にとって危険であるのは、活動領域のどれか一つを決定因と見なすことである。

資本主義はさまざまな活動領域の中で共進化と不均等発展を経てようやく、それ自身の特有の技術的基盤を獲得したのであり、またその独自の生産過程や制度的・行政的枠組みはもちろんのこと、その信念体系や精神的諸観念、その不安定だが明らかに階級に支配された社会的諸関係の編成、その奇妙な時空間的リズムとその同じく特殊な日常生活（daily life）の諸形態を見出したのであり、したがって、これこそ真に資本主義だと言いうる存在となったのである。[25]

信念体系、精神的諸観念、階級に支配された社会的諸関係の組織、時空間的リズムとその日常生活の諸形態。これらは生活世界の諸領域をなしている。このようにハーヴェイは生活世界を眼差しのうちに置き、そのダイナミズムを捉えている。

4　資本の運動

資本の運動とそれに対する障害

ハーヴェイは資本の運動にとっての六つの限界を明らかにしている。これらは全てわれわれの生活世界で知覚可能なものであると言うことができよう。

①　最初の貨幣資本の不足
②　労働供給の不足ないしそれにともなう政治的困難
③　自然的限界を含む生産手段の不十分さ
④　不適当な技術と組織形態
⑤　労働過程における抵抗や不効率
⑥　需要の不足

資本過剰の地域と資本不足の地域とを結ぶグローバルな金融的流れのための地理的ネットワーク、こうしたものがないと資本は流れない。これは、資本が自由に流通することへの潜在的閉塞を克服することである。ここにグローバルな金融構造が創設されることになる。また各国の中央銀行や財務省は、そうしたグローバルな金融構造を国家－金融結合体の国際版として構築せんとする。レバレッジの増加は銀行システム内での貨幣創造である。

資本の運動は必然的にその障害にぶつかる。この障害は歴史的に構成されたわれわれの生活世界の歴史的に特殊な構造的編成のうちにある。私はハーヴェイが言うことをこのように解釈する。資本は運動であるが、この運動にとっての障壁がいつも存在するのであって、私はこれを生活世界内障壁として概念化する。そして資本がこの生活世界内的障壁、すなわちハーヴェイが言う閉鎖ポイントを持つということは最も根本的な資本の性格に関係し、歴史的に形成された生活世界の構造に関係している。新自由主義において、労働問題はある意味で「解決」された。しかしこれは、市場という問題を引き起こす。金融機関が労働者の債務を支える。そしてその債務を促進する。低所得者層にも市場が拡大される。これらはすべて富（価値）の移動、吸収・収奪を実現する。金融機関に対して信用制度が緩和される。ここに政治的権力が動員された。債務はリスクを持つが、これは証券化によって処理された。これはリスクを分散するものだが、リスクが消えるのではない。需要問題に関してある解決策が採られたが、それは資本を輸出し、世界で新市場を開拓することである。債務危機、ＩＭＦ、銀行は貸しつけた金を取り戻すが、国民に払いが回される。まさしくこれが新自由主義の方策である。

しかし、こうしたことが本当に機能するためには、金融市場のグローバルなシステムを構築しなければならない。一九八六年に株式市場と金融市場の国際的な結合が確立される。これはロンドンとニューヨークを結び付け、さらに世界の主要な金融市場が世界の取引システムに統合された。投資銀行と預金銀行の分離は一九九九年に廃止される。かくして、銀行システムは金融権力の巨大なネットワークと統合される。要するにこれは金融のグローバル化である。（例えば、以前はアメリカにおいて投資銀行以外の銀行は一つの州内でしか営業できなかった。）これは物象の流れの巨大なシステム、金融という物象のシステムである。この金融という物象の世界的な流れのネットワークが構築され、それは同時に金融収奪のシステムでもあった。このシステム自身が収奪のシステムになる。

利益のあがる業務は規制体制の最も緩やかなところに流れる。富裕層はその多くの資金を株式市場に投資する。株式、不動産、資源、石油などの資産価値はつりあげられる。またそれは文化産業に投資され、ここに市場が生じる。影の銀行が生まれ、信用スワップ、通貨デリバティブへの投資が生じる。資産価値のデリバティブへ、さらに資産価値のデリバティブに関する保険契約のデリバティブへの投資が行われる。一九七三年、固定相場制は崩壊した。変動制の大きな為替システムが形成され、通貨先物市場が形成される。変動制を操作するためにヘッジの慣行が一般的になる。相対市場が規制枠組みと為替取引ルールの外に発生する。これがＣＤＳ，通貨デリバティブ、金利スワップなどの新しい金融商品をもたらす。これは規制外の影の銀行システムを形成する。資産価値がつり上げられたが、労働者階級もこれに引きつけられた。しかし、金融システムが崩壊する。(26)

一九八〇年代になると、特に中国においてだが、より多くの過剰資本が生産に投じられるようになり、生産者間の競争は価格の下落を引き起こし、一九九〇年前後から利潤率は下り、低賃金が進行する。かくして、資産価値への投機が増大する。債務が爆発的に増大し、新しいデリバティブ市場が成長する。これは大量の過剰資本を吸収した。この時、資本主義の金融化の危機傾向が現れる。過剰資金、過剰流動性はレバレッジの増大から来る。銀行システム内に過剰な擬制資本が作り出され、これが過剰資本を吸収した。

過剰資本の吸収先を見つけるために、アメリカは自由な国際貿易を推進しなくてはならなかったし、金融資本は利潤率の最も高いところに過剰資本を割り当てなければならなかった。世界中で生産が再編成され、台湾、韓国、バングラディシュ、メキシコのマキラドーラのような特別生産地区が形成され、グローバル経済における新しい諸空間での工業化が生じる。アメリカは生産能力の点で支配力を失うが、巨大な金融力を保持した。けれども、金融部門が崩壊する。アメリカは赤字国債を発行する。かくてアメリカは巨額の財政的困難を切り抜けなければならなくなるが、この赤字の大部分は過剰資本をため込んでいる国々によって補填される。アジア、特に中国が強力な生産拠点になり、グローバルな過剰資本のかなりの部分がこれらの新しい空間の生産やインフラに吸収される。これはつまりは過剰資本の運動であり、地理的移転である。過剰資本が新たな空間の創設へと吸収される。つまり、グローバルな過剰資本のかなりの部分が、ハーヴェイは言っているが、新たな空間やインフラへと姿を変える。この資本の運動が空間の再編成を生み出している。過剰資本は貨幣資本の形態をとっているのだろうが、これが変態するのであって、この事態が空間の変動をもたらすことになる。ところでこの空間は生活世界の変動なのである。

これはそれを可能にするシステム構成を必要とする。新しいグローバル金融の仕組みが形成されて、流動的な貨幣資本が国際移動するようになる。一九七〇年代後半には金融の規制緩和がなされ、これは一九九〇年代にはとめどもなく進行した。ここで語られるのは、金融市場のグローバルシステムの形成である。

労働不足の問題は解決された。労働問題は資本蓄積に対する制限だが、これは市場の不足という別の制限を作り出す。市場不足はどのように克服されるのか。ここにはギャップがある。賃金と消費できる額との間のギャップである。これを埋めたのはクレジットカード産業と個人債務の増大である。(27)

資本は空間的に移動する

資本流通には空間的運動も含まれる。地方銀行に預金するとする。この貨幣は中国の企業家の手に渡り、工場が建てられ、移住労働者が雇われる。生産手段は別のところから持ち込まれ、生産された商品は別の場所の市場に運ばれる。ここで、空間の運動について見れば、工場が建てられ、生産手段が持ち込まれ、商品は別のところで売られるという三点が言及されている。第一は建造環境の創成、第二と第三は空間移動である。したがって、空間の変容には区別があることになる。もっとも後者二つも輸送空間の創成を前提としている。

この空間の運動にはさまざまな障壁があるが、これは歴史的に形成された生活世界のその都度の構造編成のうちに含まれている。資本の運動にとっては、距離の摩擦や障壁を減少させることが必要である。しかし、空間的時間的関係における革命は緊張と危機を産み出す。例えば、生産が東アジアに移動すると、これまでの資本義的生産の中心地では産業空洞化が生じる。

資本家は利潤を拡張するために再投資する。ここに強制法則が働く。しかし再投資には別の理由、すなわち貨幣は社会的権力の一形態だ、という事情がある。貨幣は内在的限界を持たない。これは社会的権力の一形態であるが、所有できる土地の利用には限界がある。ここに興味ある事態が存在する。限界がないことと限界があることの結合である。社会的権力という点からみると、貨幣には内在的限界はない。こうした潜在的無限性はいつも現実的な限界にぶつかる。してみると、ここに現れるのは、潜在的無限性と有限性の衝突である。再投資される資本の吸収先となる分野が見出されなければならない。これは過剰資本吸収問題と言われる。まず言われたのは、新しい活動分野である。先に言われた矛盾とは次のものであった。資本家は再投資する。資本主義の拡張はそれが継続するためには複利的割合で成長する必要がある。これは資本家が資本家であり続けるための条件であるということである。しかし、この必要は限界を持つ。再投資される資本の投下先たる新しい空間がなければならない。恐慌は生産が過剰になり、再投資が妨げられる状況として定義されている。資本流通には他の潜在的な諸制限が存在する。

一方で障害。生活世界には資本蓄積と資本流通のための障害がいつもあって、それが資本制社会の運動が新たに造り出すものでもあるだろう。生活世界には他方その障害を乗り越える柔軟性があった。「資本主義はこれまで何度となく終焉が迫っていると予言されながらも生きのびてきた。この記録は資本主義があらゆる限界を克服するために十分な可変性とフレキシビリティを備えていることを示している」(28)。あたかもこれはT・クーンの言う通常科学的展開のようである。限界はアノマリであり、これは反証事例としてではなく、解決されるべき課題と見なされる。資本の流れの連続性が資本にとっては不可欠であるが、それには障害があり、この障害は克服されなければならない。

建造環境

環境とは整備された田畑、排水された沼地、改良された河川、伐採ないし植林された森、往路、運河、灌漑施設、鉄道、港湾、ターミナルビル、工場、学校、住宅、病院などを意味する。このすべてを構築するのに、膨大なエネルギーと技量が投じられた。ハーヴェイはこれを建造環境と呼ぶ。これは生産と消費の集団的手段の広大な領域を形成する。かくて、都市空間の形成は過剰資本を吸収する手段である。莫大な金融権力が動員される。住宅抵当債務の証券化、デリバティブ市場の創出、金融イノベーション、これらによって過剰流動性をもつ莫大な貨幣が都市建設のあらゆる側面に流れ込む。まさしく、こうしたことが資本のダイナミックな運動をもたらす。私見では、これはわれわれの生活世界の動態を記述している。

過剰資本が都市空間の形成とインフラ事業へと誘導される。不動産市場の過剰拡張。複利的成長は物的インフラなしには達成されない。物的インフラの変換、あるいは一般には動的な成長と破壊ないし廃棄——これらはまさしく資本の運動である。抽象は具体を離れてそれ自身として存在することは出来ない。もとより、抽象が消滅しても、具体物は消滅しない。抽象とは抽象的な時間量である。この量は質を捨象しており、かつ抽象的な時間量、これの対象化されたものが価値であり、資本である。資本が運動するためには、適切な輸送手段や港湾施設がなければならない。

これは物質的生産のために必要なのだが、資本制社会では、こうした生産は抽象によって駆動されている。物質的生産なしに、価値生産、したがって剰余価値生産はあり得ない。水の供給、エネルギー投入物、巨大インフラ。資本の生産、流通、蓄積を続けるためにはそれに必要不可欠な物質的なインフラがなければならない。これは第二の自然と言われる。この景観は再び変革される。

絶え間ない革新

都市空間の生産が語られる。これは生産の概念をその通常のイメージから解放する。空間と場所の生産。過剰資本の吸収。土地に埋め込まれた莫大な量の固定資本。殆どの場合、ハーヴェイはわれわれの生活世界パースペクティブから資本の運動を記述している。技術と組織形態のイノベーションが絶えず追求される。しかし、それは何故なのか。それは複利的成長のためには、資本は絶えず物的形態において運動しなければならないからである。絶えず変革することになるのは、しかし何故か。変革しなくてはならないとすれば、それは資本にとって資本蓄積の障害があるからである。とすれば、それは絶えず障害にぶつかり、その障害はそれ自身が生みだすものでもあるのであろう。資本投資の流れが切り替わることがある。これが空間の劇的な再編をもたらす。資本の蓄積過程はその地理的環境の外部に存在しえない。資本家とその代理人はこうした環境を変革する点で能動的役割を果たしている。新しい空間と空間的諸関係が絶えず生産されている。新しい運輸、通信のネットワーク、スプロール化していく諸都市。森林の消失。地球の奥深くからの資源を採掘。生態環境や工業の状態が変えられる。資本主義の地理はますます自己産出される。人々は空間を占有する。彼らはどこかの土地で何らかの方法で生活しなければならない。彼らは自分たちの住む場所を創造する。あえて言えば、ここで一つの謎であるのは、かの抽象が如何にして空間を創造することになるかという点である。都市圏の生成は時とともに資本蓄積と密接に絡み合うようになる。

資本蓄積の空間的ダイナミズムについて語られている。人々、ディアスポラは複雑なネットワークを形成する。このネットワークは空間的ダイナミズムのなかに織り込まれている。もとより資本は時空の中でのみ運動し、空間編成を変化させるし、これなしに資本は増殖することはできない。「栄養失調やさらにははっきりとした飢饉がハイチに蔓延するのは、ニューヨーク市やフロリダ州で女性家事労働者が仕事を失って送金が干上がってしまったからである」(29)。これは地理的に差異を伴う人的景観（human landscapes）である。人的景観もまた産出される。これらはすべて資本の運動と関係がある。「これらの場所はまた、それぞれ固有の政治や競合する生活様式によって特徴づけられる」(30)。

これはわれわれの生活世界の環境に固有の姿である。社会諸関係、生産システム、日常のライフスタイル、技術と自然との独特の関係が、社会制度と結合しつつ、さまざまな生活を持った固有の場所を生産していく。これこそ、われわれが言う生活世界である。われわれは生活世界概念をこのように具体化しなければならない。「この複雑な物的・社会的地理は、さまざまな社会的・政治的諸過程の痕跡を帯びているだけでなく、それをつくり出した現実の諸闘争の痕跡をも帯びている」(31)。ハーヴェイは空間地理学を提唱するが、現代の生活世界論はこの空間地理学を組み込まなくてはならないであろう。このことは行為と構造のかの問題と関わりを持っているのである。

すでに述べたが、ハーヴェイは生活世界を視野のうちに置き、そのダイナミズムを生活世界の時空的編成の変換として捉えている。こうした生活世界にハーバーマスが言うコミュニケーション的行為も組み込まれている。ハーバーマスが『コミュニケイション的行為の理論』で展開した生活世界は、まずはコミュニケーション的行為の背景をなす文化的知の領域であるが、さらに、社会理論的な概念としては、文化、社会と人格という三つの生活世界構造構成分を含んでいる。コミュニケーション的構造的部分はハーヴェイが視野のうちに置いている生活世界のうちに組み込まれているであろう。ハーヴェイがその眼差しのうちに保持している生活世界は、ハーバーマスが語る生活世界に対して遙かに内容豊かであり、動態的である。ポストンは抽象の支配次元に視野を限定しており、生活世界視座はない、あるいは少なくとも希薄であるが、これに対してハーヴェイが展開するのは、人間たちの生活世界の運動であり、展開である。しかし、他方、ハーヴェイには抽象の支配に関しては弱さ、あるいは曖昧性があるように思われる。(32) この点を次に私は略奪と本源的蓄積に関するハーヴェイの議論を検討することで示すように試みてみたい。

注

(1) Cf. D. Harvey, CMC, p. 12.（三三頁）

(2) Ibid, p. 8.（二七頁）

(3) 価値とは抽象的な対象性であり、物象とはこの価値の担い手となっている、そしてそれに支配された生活世界内事象、存在である。

(4) K. Marx, *Das Kapital*, Bd. 1, MEW. Bd. 23, S. 49.（四七頁。なお訳は少し変えてある。）

(5) ここに思考の概念化作用がすでに働いている。しかし、この概念の働きによってわれわれは生活世界の外に飛び出してしまうのではない。

(6) D. Harvey, CMC, p. 19.（四四頁）

(7) Ibid., p. 20.(同上、四五頁)
(8) K. Marx, *Das Kapital*, Bd. 1, MEW. Bd. 23, S. 53.(『資本論』①、五三頁)
(9) 大屋定晴「グローバル資本主義の争点——ハーヴェイの『資本論』読解をめぐって」、『デモクラシーを研ぎなおす』唯物論研究年誌、大月書店、二〇一三年、一四一頁。
(10) K. Marx, *Das Kapital*, Bd. 1, MEW. Bd. 23, S. 585-589.(『資本論』①、五九-六〇頁)
(11) D. Harvey, CMC, p. 23.(四九-五〇頁)
(12) K. Marx, *Das Kapital*, Bd. 1, MEW. Bd. 23, S. 86.(『資本論』①、九七-九八頁。訳は少し変えてある。)
(13) D. Harvey, CMC, p. 41.(七四-七五頁)
(14) この結びつきをヘーゲルは形式的普遍性と呼んだ。
(15) D. Harvey, CMC, p. 420.(七七頁)
(16) D. Harvey, BHN, p. 4.(一二頁)
(17) Cf. D. Harvey, ECCC, p. vi.(一一頁)
(18) 今日の金融恐慌において決定的なきっかけになったものは住宅市場、不動産市場の膨張とその崩壊であった。
(19) Cf. D. Harvey, ECCC, p. 191.(二四〇頁)
(20) 時間、抽象的時間は社会的歴史的構成体である。近代的な時間は構成された時間だということになる。これは自然の質的多様からも自然の量的多様からも自立化された構成された時間である。
(21) 問題なのは、こうした生活世界的構造と抽象の支配との関連である。
(22) D. Harvey, ECCC, p. 131.(一六八頁)
(23) Cf. ibid., p. 132.(一六九頁)

(24) Ibid., p. 132.（一六九頁）
(25) Ibid., p. 135.（一七二－一七三頁）
(26) すると、国家が金融システムの救済にのりだす。しかし、金融危機はソブリン危機を生み出しもする。ハーバーマスが『後期資本主義における正統化の諸問題』で語ったたらい回しに類似する事態が国内のみならず、グローバルな規模で生起しているようである。金融危機がソブリン危機にたらい回しされる、ということはその例であろう。
(27) Cf. D. Harvey, ECCC, p. 17.（三三頁。）
(28) Ibid., p. 46.（六九頁）
(29) Ibid., p. 147.（一八七頁）
(30) Ibid., pp. 147-148.（一八七頁）
(31) Ibid., p. 148.（一八七頁）
(32) 抽象の支配次元と生活世界とは不可分であって、両者は動態的な関係を展開する。

第六章　抽象の支配に関する若干の曖昧性――本源的蓄積に関するハーヴェイの見解

ハーヴェイは本源的蓄積は、それをマルクスは資本の前史に追いやっているが、それ以後も継続していると主張している。彼は本源的蓄積と略奪による蓄積を用語上区別しているが、しかし、例えば新自由主義における略奪による蓄積を本源的蓄積の継続であるとしている。本源的蓄積は、私の言い方では、抽象の支配の成立とその自立化の過程である。自立化というのは、その抽象の支配、したがって物象の支配、人間に対する抽象の支配がいわば自分の足で立つようになることである。

予め言えば、この抽象の支配の成立とその自立化という歴史的位相は、それはまさしく略奪の、収奪の過程であったのだが、抽象の支配が確立された後の略奪ないしは収奪とは歴史的位相を異にしている。そもそも、資本主義が成立した後での、その自己運動をなしていく時の略奪を本源的蓄積と呼ぶのはおかしい（peculiar）とハーヴェイは言っているが、そしてその代わりに略奪による蓄積（accumulation by dispossession）と呼ぶと言うが、[1]このこと自体、本源的蓄積が継続しているという主張を爆破するのではないか。

だが、はじめに、私は本源的蓄積に関するマルクスの叙述を再構成する。マルクスの叙述は本源的蓄積という歴史過程を織りなす、それ自身運動している諸要素の（星座的）配置からなっており、それ故、星座的配置それ自身が本源的蓄積という歴史的な運動過程を指し示す。（それはポストンの言う抽象の支配が確立される歴史過程である。）そのいくつかの要素を抽出してみよう。

1　本源的蓄積

［A］

農村民からの土地の収奪。これには教会領の横領、国有地の収奪、共同地の収奪、そして最後に土地の清掃がある。

A―1．教会領の横領

一六世紀に、民衆に対する暴力的な収奪過程は宗教改革の結果としての教会領の横領によって衝撃を与えられる。修道院に対する抑圧はそのうちに住んでいた住民をプロレタリアートにしたのだが、教会領は国王の寵臣に与えられ、あるいは投機的な借地農業者や都市ブルジョワに捨て値で売り渡された。教会領は封建的な土地所有関係をなしていたが、これは維持され得なくなる。

A―2．国有地の横領

名誉革命（一六八八～八九年）は地主的なそして資本家的な利殖者を支配者の地位につけた。彼らは国有地の横領を巨大な規模で実行する。それは贈与され、捨て値で売られ、あるいはまた横領によって私有地に変換される。ブルジョワ的資本家によって土地は取引物に転化され、農業大経営の領域が拡大される。ここに生まれた土地貴族は輸入業者や保護関税に保護されていた大製造業者の盟友となる。

A―3．共同地の収奪

共同地の暴力的横領は一五世紀に始まり、一六世紀にも続行される。この過程は個人的な暴行として行われたが、一八世紀には、法律（共同地囲い込み法案）が共同地盗奪の手段となる。この法律は地主が共有地を自分の私有地として自分に贈与するための法律である。

A―4．土地の清掃

以上は農村民、農耕者から土地を収奪する過程であり、その最後の大がかりな過程は土地の清掃である。マルクスは「これまで考察してきたいっさいのイギリス的方法は、この『清掃』において頂点に達した(2)」と言っている。これは土地からの人間の掃き捨てである。

［B］

教会領の横領において、貧困農民に保障されていた教会十分の一税も没収され、至る所に貧民がいるという事態になる。エリザベス女王はこれを認めざるを得ず、受給貧民の存在を公式に認めることになる。

一七世紀の最後の数十年間にも、独立農民層（ヨーマンリ）は借地農業者よりも数は多かったのだが、以上の収奪過程によって、一七五〇年にはヨーマンリは殆どいなくなり、一八世紀の最後の数十年間には農民の共同地の最後の痕跡もなくなってしまう。ヨーマンリに代わって、地主に対して隷属的な、一年の解除予告期間を条件とする任意借地農業者が現れる。他方では、大借地農業が膨張してくるが、この過程はまた農村民を工業プロレタリアートとして遊離するのを助けた。

共同地の囲い込みによって下層人民階級の状態は悪化する。そして、土地からもはや掃き捨てられるべき独立農民がいなくなった今、土地の清掃が行われる。マルクスはサザランド女公の清掃に言及しているが、一八一四～一八二〇年の間に住民が追い立てられ、根絶やしにされた。耕地は全て牧羊場に変えられ、その一部は狩猟場に転化される。

以上は横領と暴力をもって行われた農村民からの土地の収奪過程であり、かくて農村民から彼らの生産手段を剥奪する歴史過程であるが、この過程はまた同時に封建的所有、氏族的所有の近代的私有への転化の過程でもある。

〔C〕

だが、自らの生産手段を略奪された人々の歴史的産出はまだ資本制的生産様式の成立にとって十分ではない。その条件を産出する更なる歴史過程が存在した。事態は運動過程のうちにある。大借地農業の膨張、土地の牧羊場や狩猟場への転化が生じるが、他方では、資本制的生産様式の諸要求を自明な自然法則として受け入れる労働者が生成する。(3)

確かにマルクスは本源的蓄積に関して、詐欺、あからさまな暴力による略奪について語るが、それだけではない。本源的蓄積の過程は確かにそうした略奪、横領、詐欺、暴力的な略奪の過程であるが、それを通する労働者の、資本制的生産様式の諸要求を自然法則として受け入れる労働者の生成過程でもある。本源的蓄積の過程で、ブルジョワジーがまた勃興してくるが、このブルジョワジーもまた勃興してくるものとして過程において考察されるのであ

る。一方で、土地の収奪過程があり、それと同時にマニュファクチュアが生成してくる。(4)

先に言及した生成してきたマニュファクチュアは土地から追い出された無保護なプロレタリアートをこれが生みだされてくるのと同じ速さでは吸収しなかった。それ故に、彼らは乞食、浮浪人、盗賊になったのであって、こうした人々に対して一五世紀と一六世紀全体にわたって「血の立法」が行われた。マルクスは言う。

暴力的に土地を収奪され、追い払われ、浮浪人にされた農村民は、奇怪な恐ろしい法律によって、賃労働の制度に必要な訓練を受けるためにむち打たれ、焼き印を押され、拷問されたのである。(5)

これは無保護なプロレタリアートを「賃金労働者に転化させる流血的訓練」(6)であった。本源的蓄積には、こうした「訓練」もまた含まれている。勃興しつつあるブルジョワジーはさらに、労働日を延長するために国家権力に頼り、賃金に対する法的規制が行われた。すなわち、法定より高い賃金を支払うことも受け取ることも罰せられるのである。この議論文脈では、資本制的生産様式はすでに成立しているのであるが、労働者はまだ資本制生産様式そのものの内在的強制によって、すなわち「経済的諸関係の無言の強制」(7)によって、資本制的生産様式の諸要求を自然法則として受け入れるには至っていない。だから、マルクスの言う本源的蓄積は資本家と労働者の間の物象的関係の成立だけではなく、この物象的関係がそれ自身の力によって己を正当化するに至る過程を含んでいる。

［D］

さて、以上のごとき過程の中で資本家もまた誕生してくる。以下私は簡単に言及するにとどめる。農業革命が一五世紀最後の三分の一期に生じ、この農業革命は一六世紀全体を通じて続く。これは借地農業者を富ませ、農村民を貧しくした。貴金属の価値、貨幣価値の低落が労賃を低落させ、他方、農産物の価格上昇が借地農業者の貨幣資本を膨張させたけれども、地代は以前の貨幣価値のままであったから、借地農業者は賃金労働者と地主を犠牲にして富をなした。このようにして、一六世紀イギリスに資本家的借地農業者階級が存在した。

農村民の収奪と駆逐はギルドの外にあるプロレタリア群を都市工業に供給し、ヨーマンリの希薄化が進行するとともに、工業プロレタリアートが増加する。独立農民が減少する。しかし、土地諸関係の革命化、耕作方法の改良、大規模な協業形態の導入の故に、以前と変わらない、あるいはより多くの農業生産物が生みだされた。農村民に対する収奪は彼らの生活手段や労働素材を産業資本のために遊離させるが、この過程は同時に、資本のための国内市場を造り出す。というのは原料だとか生活手段とかは今では商品となっているからである(8)。

このようにして、以前の自営農民の収奪や彼らの生産手段からの分離と並んで、農村副業の破壊、マニュファクチュアと農業の分離過程が進行する。そして、ただ農村家内工業の破壊だけが、一国の国内市場に、資本主義的生産様式の必要とする広さと強固な存立とを与えることができるのである(9)。

しかし、まだ産業資本家の誕生は語られていない。これまでの歴史段階はマニュファクチュアまでである。次に産業資本家の生成が主題化される。マルクスは言っているが、アメリカの金銀産地の発見、原住民の掃滅と奴隷化、及び鉱山への埋没、東インドの征服と掠奪の開始、アフリカの商業的黒人狩猟場への転化、これらが本源的蓄積の主要契機である。それから全地球的なヨーロッパ諸国の商業戦が生じる。本源的蓄積の諸契機は一七世紀に、イギリスで、植民制度、国債制度と近代的租税制度によって総括される。いずれも、社会の組織された暴力たる国家権力を用いて資本主義的生産様式への移行を促すのである。
植民制度についてみれば、植民地はマニュファクチュアに販売市場を提供し、市場独占によって蓄積を推し進める。ヨーロッパの外で強奪された財宝はヨーロッパに流入して資本に転化する。国債とともに、国際的な信用制度はしばしば本源的蓄積の隠れた源泉となるが、この国債を支えるのは近代的租税制度である。この租税制度によって農民、手工業者といった中間階級に対する暴力的略奪が行われる。保護貿易制度は近代的租税制度の不可欠の構成部分である。これは製造業者を製造し、独立労働者を収奪し、国民の生産手段と生活手段を資本化するのであって、それは古風な生産様式から近代的生産様式への移行を短縮する。

資本主義的生産様式の「永久的自然法則」を解き放ち、労働者と労働諸条件との分離過程を完成し、一方の極では社会の生産手段と生活手段を資本に転化させ、反対の極では民衆を賃金労働者に、自由な「労働貧民」に、この近代史の作品に、転化させるということは、こんなにも骨の折れることだったのである。(10)

2　略奪に関するハーヴェイの見解

略奪による蓄積

次に略奪による蓄積に関するハーヴェイの見解を見よう。予め言うと、私見では、ハーヴェイは生活世界への眼差しを持っているが、その分抽象の支配、したがってまた物象の支配という点が弱くなっており、この点がとりわけ本源的蓄積に関する、あるいは略奪による蓄積に関するハーヴェイの議論に見出される。私はこの点を明らかにしたい。

ルクセンブルクは商品市場と商品資本が生産される場、すなわちそこでの資本蓄積と資本主義と非資本主義的生産様式との関係で生じる蓄積とを区別する。後者の場面で資本が採用する蓄積方法は植民地政策、国際的な融資制度と戦争である。後者を生みだす衝動は、ルクセンブルクによれば、需要と供給のギャップであるが、ハーヴェイはこの点は否定する。むしろ、その衝動は過剰蓄積から来るのである。とはいえ、ハーヴェイはルクセンブルクの議論にも見るべきものがあるとする。それは資本主義が己を安定化させるには己の外部を必要とし、これがうまくゆかないときには技術上の変化によって自分の内部に産業予備軍を造り出すという点である。これは内部と外部の弁証法であって、ここに一方における拡大再生産と他方での暴力的な略奪過程の間の関係という問題が生じる。

ハーヴェイはアーレントの議論に言及している。それは、原始的蓄積を可能にした単純な強奪という原罪がいずれは繰り返されるということ、原始的蓄積は帝国主義における資本蓄積において重要な役割を果たしているということである。これを見ると、帝国主義において原始的ないしは本源的蓄積がくり返されているとアーレントは主張しているように見える。この原罪が現在だというのである。この言い方は気がきいてはいるが、しかし、それだけに事柄の解明という点で危険でもある。本源的蓄積という原罪が今なお現在であるというのか。マルクスが語った本源的ないし原始的蓄積は単純な強奪という点にのみ尽きるのではなく、それは資本制的生産様式の生成とその確立を意味している。(11)

だが、ハーヴェイは言っているが、確かに、マルクスは、アーレントが言ったように、暴力的な強奪が反復されるであろうとは言わなかったのであろう。ハーヴェイは資本が己の外部に資源を確保することによって、過剰蓄積の圧力に立ち向かうということをマルクスは想定しなかったと言っている。私見では、資本制的生産様式が成立した後にも略奪による蓄積は起こるが、しかしそれは本源的蓄積ではない。本源的蓄積も略奪による蓄積であるが、資本の中核部分での物象の支配の確立後の略奪による蓄積は本源的蓄積とは位相、歴史的位相を異にする。[12] ハーヴェイは、マルクスの想定の弱点として、略奪と虚偽、暴力に基づく蓄積をもはや今では関係のない原初の段階においやってしまったことを挙げている。この点を私は認める。しかし、その上で、ハーヴェイの議論では、本源的蓄積に関するマルクスの議論に含まれていた、抽象・物象の支配の生成と確立という論点が現れてこないのであって、本源的蓄積がもっぱら略奪と暴力に基づく蓄積と同一視されている。

ハーヴェイは本源的蓄積に関するマルクスの分析にはさまざまな種類の過程が含まれているとし、以下の諸要素を挙げている。

1. 土地の商品化と私有化
2. 農民の強制的排除
3. さまざまな形態の財産権を他者を排除する私有財産に転換すること
4. 労働力の商品化。資本主義的でない生産や消費を抑圧すること
5. 資源の植民地主義的、新植民地主義的、帝国主義領有の過程
6. 交換と税制。特に土地に関する金銭を通した遂行
7. 奴隷貿易
8. 高利貸

9．国家の赤字財政
10．原始的蓄積の過激な手段としての信用体系

これらの過程を促進する上で重要な役割を果たすのは、暴力の法的定義を独占している国家である。ここで確かにハーヴェイは商品化について語っている。しかし、物象の支配の成立と確立過程という点は十分に前面に現れてはいない。商品化も主に略奪に焦点を置いて語られているように思われる。

ハーヴェイによれば、マルクスが言及している本源的蓄積のすべての特徴が今日でも強力に作用している。

①　農民の排除、土地を持たないプロレタリアートの形成。メキシコやインド
②　水のような共有財産の私有化
③　資本主義的でない生産と消費の抑圧
④　国家産業の私有化
⑤　小規模農業が巨大アグリビジネスによって搾取されてきたこと
⑥　奴隷制も消滅していないこと

確かに、以上のようなハーヴェイが挙げた本源的蓄積の諸要素は今日において強力に作用していると言うことができよう。現在の新自由主義的グローバリゼーションのもとでの略奪では、しかし、ハーヴェイによればマルクスが強調したのとは違う面が現れてきている。

第一に、今日では、株の販売促進や年金資産の強奪など、信用貸しシステムと金融資本が搾取と詐欺の窃盗の主な手段となってきた。

何より私たちはヘッジファンドや他の巨大金融資本組織による投機に、近年の略奪による蓄積の先端部分があることを注意すべきだろう。(13)

第二に、知的財産所有権や資本集中型の農業だけを許容する生産様式（これは環境悪化をもたらす）、といったまったく新しい略奪による蓄積メカニズムがある。私有化によって過剰資本が活躍できる場が創設される。あるいは、意図的に価値が引き下げられた資産（労働力を含めて）を過剰資本がとらえて、それから利益を上げようとする。こうしたメカニズムは現代における、すなわち新自由主義のもとでの略奪による蓄積の諸形式である。(14)

ここに言及されているのは、アメリカが要求した金融システムの国際的統合化であり、これは国際的な物象的構築物である。確かに、本源的蓄積の個々の要素を見れば、その諸要素のすべての要素が今日においても、強力に作用していると言うことができよう。しかし、それら諸要素の配置が示すもの（理念）は何か違ったものである。マルクスの言う本源的蓄積の場合には、その理念は資本主義的生産の「永久的自然法則」とかの「近代史の作品」の歴史的生成、一言でいえば、（具体に対する）抽象の支配の確立である。これに対して、ハーヴェイが今日においても強力に作用していると語る本源的蓄積の諸要素が織りなす全体的配置が指し示す理念は、なにか違ったものであって、それはとりわけ過剰蓄積資本の存在に関係しているのである。

ハーヴェイによれば、新自由主義の「実績」は富を、そして収入を増やしたということではなく、それらを再分配したことであった。この再配分をもたらすメカニズムをハーヴェイは「略奪による蓄積」と呼ぶ。ハーヴェイの考えでは、マルクスは本源的蓄積を資本の前史に追いやってしまったが、それは今も継続しているのであって、略奪による蓄積は本源的蓄積の継続であるとともにその拡大である。ハーヴェイは、一方で、この略奪による蓄積をマルクスが語り、ハーヴェイがマルクスは資本の前史に追いやってしまったと語る本源的蓄積の継続であると主張しながら、他方では、この本源的蓄積の継続である略奪による蓄積を本源的蓄積と呼ぶのはおかしいので、本源的継続を「略奪による蓄積」と呼ぶと言っていた。ここには矛盾があるように見える。①もし略奪による蓄積が本源的蓄積の継続であるならば、略奪による蓄積は本源的蓄積の継続としてそれ自身本源的蓄積であるはずである。②しかしながら、新自由主義のもとでの略奪メカニズムを本源的蓄積と呼ぶのがおかしいのであって、それ故それを「略奪による蓄積」と呼ぶというのであれば、それは本源的蓄積ではない。要するに、略奪による蓄積は本源的蓄積であると同時に本源的蓄積ではない。

こうした矛盾が生じるのは、ハーヴェイが一方では略奪による蓄積を本源的蓄積の継続であると主張しながら、他方では、資本の前史としての本源的蓄積の意味を保持しているからである。この意味を保持しているからこそ、例えば、新自由主義のもとでの略奪メカニズムを本源的蓄積と呼ぶことはおかしいということになる。それ故、以上の言及された矛盾を解消するための一つの方途は、

［a］「本源的蓄積」から資本の前史という意味を削除することである。こうすれば、「本源的蓄積」は資本の前史という意味を持たなくなり、それ故に、新自由主義のもとでの略奪メカニズムを本源的蓄積と呼ぶのはおかしい、ということもなくなる。したがって、この場合は、先の②の主張は廃棄されるということになる。すなわち、この場合には、略奪による蓄積は本源的蓄積の継続であるという主張だけが残される。けれども、これでは、本源的蓄

積にマルクスが込めた固有の意味が消失してしまうことになる。

［b］矛盾を回避する他の方途は、①の主張を廃棄することである。すなわち、例えば新自由主義のもとでの略奪による蓄積を本源的蓄積の継続とは見ないことである。もとより、この場合、帝国主義的実践や新自由主義が略奪による蓄積を内包することを否定することではない。しかし、確かにハーヴェイが言うように、マルクスが言及した本源的蓄積のすべての要素が今日でも強力に作用しているとしても、本源的蓄積と略奪による蓄積との間には、ある種の質的相違が措定されることになる。(15)私としては、この第二の方途を追求したいと考えている。このことは、ハーヴェイは新自由主義に見られる富と権力の再配分を略奪による蓄積と見るのであるが、それを本源的蓄積の（単なる）継続とは見ず、そこにある種の違いがあることを論定することである。

抽象の支配の再興

ハーヴェイが言う「埋め込まれた自由主義」は新自由主義によって解体される。少なくとも、新自由主義はその解体を己の目標にしている。埋め込まれた自由主義というのは、抽象の支配に対する押しとどめの制度的諸形態のなかに埋め込まれた資本主義ということであり、その制度的諸形態というのは、ヨーロッパでは第二次世界大戦後に形成された戦後福祉国家であるが、この戦後福祉国家は、確かにそれが福祉国家官僚制という形態をとり、これがまた批判的潮流による批判の対象でもあった。しかし他方では、それは抽象の支配に対する押しとどめの機能をも持っていた。アドルノは戦後福祉国家をもっぱら諸個人の全体性への統合の手段と見ていたように思われる。アドルノによれば、（戦後資本主義、福祉国家における）大衆というのは、全体性の中で自らを無に近いものと感じつつ、「体制が彼らを餓えさせはしないだろうということにしがみついている人達である」(16)。まさしく、このようなしがみつきによって、大衆は全体性に統合される。けれども、私は、新自由主義を経験した現在、戦後福祉国家に抽象の支配を、したがって物象の支配を押しとどめる意味があったということを視野のうちに収めるべきだと考える。すなわち、私見では、福祉国家官僚制に対する批判は、その福祉国家がその官僚制の反面で、抽象の支配、物象の支配に対する批判と反抗の力を（一定程度）制度化していたという点を看過すべきではない。それ故にこそ、戦後福祉国家に対する新自由主義の攻撃は抽象・物象の支配を押しとどめる福祉国家の機能を攻撃し、これを解体しようとしたのである。

私見では、生活世界を視野のうちに収めていること、この点がハーヴェイの議論の重要な点である。しかしその分ハーヴェイでは、抽象の支配に対する眼差しが弱くなっている。新自由主義的略奪では、それを媒介しているのは、抽象的支配の強化である。というのは、戦後福祉国家や開発主義国家には、ある程度抽象の支配に対する押しとどめの制度的諸形態が存在していたからである。土地の商品化・私有化、農民の強制的排除なども、共同所有や集団的所有といった所有形態の私的所有への転換も、それらが抽象の支配成立と確立期におけるそれ、すなわち本源的蓄積を織りなす諸要素とは歴史的位相を異にしている。帝国主義的、植民地主義的実践や新自由主義における略奪的実践は抽象の支配をすでに前提にしており、新自由主義の場合には、それの強化である。特に、新自由主義的な略奪による蓄積では、それは抽象・物象の支配の押しとどめの解体、したがってこの意味での抽象の支配の強化を基礎にしている。

物象の支配の強化が新自由主義の歴史的位相である。物象の力を創出するものというのはしかし正確ではない。それは物象の力に依拠して物象の力を強化するのである。物象とは何であるか。それは自身の生命を与えられ、一種の有機体のごときものになって運動する、抽象的労働の対象化である価値にいわば取り憑かれているものである。

労働者の歴史的闘争は、資本の権力が抽象の支配にその源泉を持っているが故に、抽象の支配を、したがって物象の支配を押しとどめる意味も持っていた。その闘争において生成した制度的形態は、あるいは法的形態は、抽象の支配とそれに対する抵抗の一定の均衡状態を表すのであろう。歴史的事態からすれば、抽象の支配確立期とそれが確立したのちでの収奪とは（一応）区別される。もっぱら「略奪」という概念によって本源的蓄積を理解するならば、新自由主義においても、本源的蓄積が行われているということになる。しかし、略奪は継続しているが、本源的蓄積は継続しているとは言えない、と語ることも可能である。歴史的に勝ち取られてきた権利を廃止ないし縮小することは本源的蓄積ではない。

私の見るところ、結局、本源的蓄積に関して、ハーヴェイはそれを主に略奪という点から見、抽象、物象の支配の確立という点が現れて来ない。それ故に、ハーヴェイは一方では、例えば、新自由主義における略奪による蓄積を本源的蓄積の継続であるとしながら、他方では、それを本源的蓄積の継続であると語ることはおかしいと語ることになる。この矛盾は、本源的蓄積は確かに略奪の過程であるが、この過程は抽象の支配の確立という文脈のうちにあるとすることによって解消されよう。ハーヴェイが指摘している巨大金融資本組織による略奪は本源的蓄積の継続ではない。別の言い方をすれば、略奪は本源的蓄積にのみ固有の事柄ではない。私の見るところ、ハーヴェイには、マルクスが語った本源的蓄積が内包する抽象の支配の確立という観点が欠如しており、それ故ハーヴェイは本源的蓄積を主に略奪による蓄積に同化する。もしそのようにするなら、ルクセンブルクが語った帝国主義的実践も本源的蓄積であり、本源的蓄積の継続であるということになろう。けれども、略奪による実践は継続していると言うことはできるが、本源的蓄積が継続しているとは言えない。

注

（1）Cf. D. Harvey, NI, p. 144.（一四六頁）

（2）K. Marx, *Das Kapital*, Bd. 1, MEW. Bd. 23, S. 756.（『資本論』②、九五二頁）

（3）簡単に言えば、抽象の支配とは、労働者と資本家の階級関係が成立し、労働者が遂行する労働過程が抽象的労働に転化し、それが（剰余）価値を生産し、このことが労働者を労働者として、資本家を資本家として再生産するという事態の成立である。資本制社会の運動全体がその構造的効果として抽象を産出し、それが全体を支配する事態。これを私は抽象の支配と呼ぶ。そして資本が増殖するのであって、資本家が資本の人格化として、労働者が時間の人格化として、抽象の凝固たる資本が運動することで、資本制的生産が再生産される、こうした事態、これを抽象の支配と呼ぶのである。抽象はその担い手をどうしても必要とし、この場合その担い手は物象となる。擬制資本は物象的構築物である。

（4）マルクスにとっては、資本の前史としての本源的蓄積過程は、今の文脈では、すなわち労働者に関しては、「資本制的生産様式の諸要求を自明な自然法則として受け入れる労働者階級」が生成してくる過程である。

（5）K. Marx, *Das Kapital*, Bd. 1, MEW. Bd. 23, S. 49. S. 765.（『資本論』②、九六三頁）

（6）Ebd., S. 770.（『資本論』②、九六九頁）

（7）Ebd., S. 765.（『資本論』②、九六三頁）

（8）農村民に対する収奪は同時に彼らが市場に依存して生活手段を得ることを余儀なくさせる。ここで言及されているのは、国内市場の生成である。

（9）Marx, a. a. O., S. 776.（『資本論』②、九七六頁）

（10）Ebd., S. 787-788.（『資本論』②、九九一頁）

（11）確立ということで、私はその生産様式が抽象・物象の支配をもたらし、それによって己自身を正当化するということを意味している。本源的蓄積という歴史過程はそうした物象の力の確立過程を含んでいる。残忍な暴力的強奪過程は物象の支配確立の過程でもある。

（12）私が言いたいのは、新自由主義的蓄積は略奪による蓄積であるが、そのさい、弱化した抽象の支配の再強化がその基礎であるということである。

（13）Cf. D. Harvey, NI, p. 147.（一四九頁）

（14）ハーヴェイは次のように言っている。「地域で危機を醸成し、場所を限定して価値切り下げを行う、おもにこの方策によって資本主義は自らの餌となる『他者』を作り出し続けているのだ。……貴重な資産が循環から放り出されて、価値を引き下げられる。……やがて余剰資本がやってきて新しい生命を吹き込み、資本蓄積を再開する。……国家と国際金融組織の介入の主要な機能は、価値切り下げを統率して、全体が崩壊することなく蓄積が略奪によって起きるようコントロールすることである」（Harvey, *op. cit.*, p. 151.（同上、一五三頁））。

（15）とはいえ、略奪による蓄積という点で、両者は共通性を持つとも言えるのであるが。

（16）Th. W. Adorno, EP, S. 70.

第Ⅲ部

第七章　人間の自然史（1）

私は以上第Ⅱ部で、ポストンでは抽象の支配が語られるが、生活世界という観点が欠如ないし希薄であること、他方、ハーヴェイは生活世界をその眼差しのうちに収めているが、近・現代世界における抽象の支配という観点で弱さを持っているということを見た。ここ第Ⅲ部では、抽象の支配という観点と生活世界という観点の統合をはかる。この統合が世界の疑似－自然化、したがって人間の歴史の人間の自然史としての生成を説明することになる。

私ははじめに三つの問いを設定した。その第一は、精神が自然から自立化するとはどういうことか、第二は、精神が自然から自立化すると、何故に精神はそれ自身疑似－自然化するのかという問いであった。アドルノからすれば、自然から切断されて自然の他者となった精神はそれ自身が自然へと退化する。(1) アドルノがこのように言うとき、「精神」と「自然」という語が使用されていることからして、このアドルノの言明の背後にはヘーゲルがいると思われるが、しかしさらになんと言ってもマルクスがいる。精神とは畢竟人間社会・資本制社会に他ならない。それ故、精神の（疑似－）自然化とは人間社会の（疑似－）自然化を意味し、そして私は（疑似－）自然化された社会の歴史を「人間の自然史」と呼んだ。この問いを扱うことにおいて、「精神が自然から自立化すると、何故に精神はそれ自身疑似－自然化する」という言い方は、いささか正確ではなく、精神の自然からの自立化と精神の疑似－自然化とは等根源的であることが示されよう。以下に見るように、世界の疑似－自然化の根源は抽象、それ故物象の支配である。

なお、ポストンも社会の「自然化」について語っている。ポストンの意味では、社会の「自然化」は社会の超歴史化のことを意味している。例えば、労働が超歴史化されれば、労働は超歴史的という意味で自然的なものとして現れてくる。さらに、ポストンは、資本主義における客体化された社会的領域を疑似－自然的な社会関係と呼んでいる。ポストンは、次のように言っている。

マルクスによれば資本主義の特徴は、その原理的な社会的諸関係が労働によって構成されるところにある。資本主義における労働は自らを物質的生産物において客体化するのみならず、客体化された社会的諸関係においても自らを客体化する。前者はすべての社会編成に当てはまるが後者はそうではない。かかる二重の性格のために労働は、客観的、疑似－自然的な社会領域を全体性として構成する。(2)

第三の問いは、新自由主義（的資本主義）は何故に人間の自然史の一層の進展であり、その現代版であるのかであった。第三の問いは八章以下で扱うことにし、本章では、第一と第二の問いを扱う。

1　精神の自然からの自立化

アドルノは、自然から切断され、自然の他者となった理性はそれ自身自然へと退化すると語った。ここで今の文脈では理性と言っても、精神と言っても社会と言ってもよい。本章では、理性あるいは精神の自然からの自立が何を意味するかを資本に即して解明するように試みる。

アドルノは言う。

フィヒテ以来の観念論の根本的誤謬はわれわれは抽象する運動おいて抽象される当のものから自由だ、とするところにあった。(3)

ここで主語は「われわれ」である。抽象する運動を行うのはわれわれであり、そしてこの運動を行うわれわれはそこから抽象が行われる当のもの、すなわち特殊から自由であると、このように観念論は主張する。この主張こそ、アドルノからすれば、観念論の根本誤謬である。けれども、私見では、観念論が資本制社会の資本の運動を観念論という思考形態の形式で表現しているのだとすれば、この観念論の根本誤謬は同時に真理でもある。というのは、観念論という思考形態を資本へと遡及的に翻訳してみれば、「われわれ」は資本として現れ、特殊から、したがって特殊が課す制約から自由に運動することは資本の願望であり、観念論の「抽象する運動において抽象される当のものから自由だ」というのは、資本のその願望を表現しているからである。それ故、観念論は資本の希望の形態である。言われるところの「われわれ」はヘーゲルでは世界精神としてその姿を現し、マルクスでは資本としてその姿を現す。アドルノによれば、観念論において、思考するものによって思考されたものは存在者を予示しているのであって、この存在者は絶対的思考によってはじめて措定されると言われるのなら、これは倒逆論法である。けれども、思考するもの、これの社会的歴史的な形態は資本であるが、この資本はその運動において特殊たる諸商品を産出するのであり、この点からするなら、存在者が絶対的思考によってはじめて措定されるという主張も必ずしも偽ではない。

アドルノはこうした［観念論の］誤謬は、思想から締め出されているとはいえ、それに対する信仰はまだ魔力を持っている（無化されているのではない）と言う。[4]では、それはどうして魔力を持っているのか。その理由はそうした誤謬は誤謬ではあるが、同時に真理でもあるからである。（アドルノが言う）観念論はつまりは資本制社会の運動、資本の運動そのものを表現しており、資本の運動、すなわち主体－実体化された資本の運動の姿を映し出している。

観念論においては、特殊なものは一般的なものに包摂される。特殊なものはいつも一般的なものに服属されるのであって、それ故、支配的であるのは一般的なものであり、特殊なものの特殊性ではない。観念論にあっては、一般的なものは、それは絶対者とも呼ばれるが、すべての特殊なものを己のもとに包摂しながら、全体性を、その外には何も残らない全体性を展開する。もしシンボル機能というものが、ある特殊なものが一般的なものを代理表象（repräsentieren）しているということであるならば、[5]一般的なものが特殊を己の元に包摂するということは、一般的なものが特殊なものを自己と同一化するということであり、特殊なものが一般的なものを代理表現しているということである。この場合、特殊なものはその特殊性において意味を持つのではなく、一般的なものの代理表現であるということによってのみ意味を持つにすぎない。ここに見られるのは、一般的なものの（特殊に対する）優位であり、特殊なものが一般的なものの代理表現となるということによって、特殊なものの特殊性は重要ではなくなり、それは一般的なものが支配的地位につくということである。

観念論というこのような思考形態は資本制社会における資本の運動と同型となっている。資本制社会では、観念論が言う一般的なもの、あるいは絶対者は抽象的普遍、すなわち、剰余価値を吸収して増殖する資本として現れる。個々の商品の使用価値、あるいは物質的富としての商品は抽象たる価値の担い手となっており、そこで眼目であるのは使用価値の多様性・特殊性ではなく、価値の方である。価値は抽象的普遍である。使用価値はその抽象的普遍の代理表現となっているが、それは使用価値という特殊なものが抽象的普遍の担い手になることによってである。商品体は価値を表現する、あるいは代理表現する。こうしたことは、人間主体においても生起する。労働者の具体的労働はそれ自身において物質的富を生産する労働でありながら、抽象的労働に転化しており、具体的労働の遂行において抽象的労働が遂行され、具体的労働がこの時抽象的労働という抽象的普遍性に纏いつかれ、それに支配されている。だから、資本制社会というもの、その運動の全体は観念論の現実的形態である。諸個人の関係から切断された抽象的な意味で合理的な諸関係は諸個人の具体的労働において同時に産出される。抽象的労働は諸個人の労働の非志向能作であって、それは諸個人の意図にかかわらず生起する。抽象的労働とそれが作り出す諸関係の網は諸個人の具体的労働や行為（生活世界内的行為）なしには存在することができないが、やはり諸個人からある意味で自立化している。

アドルノにとって、思考は同一化することである。ここで思考とは概念的思考であり、概念をさぐる思考である。概念は非同一的なものを同一化しつつ運動する。この概念の運動がまた資本の似姿となっており、その運動は資本の運動と同型となっている。概念とは資本の変装された姿である。それは非同一性を包摂するように運動する。ここで非同一性とは、概念の資本への翻訳にあっては、自然と人間的自然たる人間的生であり、人間的生の展開の時空である人間たちの生活世界である。概念は疑似－自然としての資本の運動へと翻訳される。この翻訳が可能なのは、かの同型性による。同一性思考はこの翻訳にあっては資本の運動として現れる。

2 〈非自然としての自然〉としての価値――アドルノの見解

マルクスによれば、諸商品の交換価値はある共通のもの、価値に還元されるのであって、この共通のものは商品の幾何学的、物理学的、化学的といった自然属性ではない。この意味では、この意味ではだが、価値は、そしてまた資本は、このようなものとして、自然の産物ではない。価値、剰余価値、資本は社会的構成であり、それ自身としては、自然のうちには存在しない。この意味ではそれは非自然的なものである。(6) E・クラカウアーは、アドルノとホルクハイマーのインプリシットな論理からすれば、資本は単に疎外された労働の貨幣的リザーブだけではなく、自然そのものの力のリザーブでもある、と言う。(7) 資本とはリザーブであり、原子内に蓄えられた力もそうだというのである。原子のうちに蓄えられた力は自然力であって、自然に属する。もし資本がそうした力のリザーブであるとすれば、資本は自然の形態であり、自然からは自立化していないということになるであろう。そうではない。原子のうちに蓄えられた力は、それが抽象の担い手になることによってはじめて資本の存在形態となる。

ところで、アドルノによれば、「歴史的な生の客観性は、自然史の客観性」(8) であった。

生きた個々の人間を度外視することなしには、交換は不可能であろう。このため今日に至るまで、現実の生活過程の中に、必然的に社会的な仮象が内包されてきたのである。この仮象の核心は物そのもの（Ding an sich）としての、あるいは自然（Natur）としての価値である。(9)

ここで、価値、すなわち、この非自然物は物そのものとして自然と言われている。非自然である価値は同時に物そのもの、自然となっている。自然界にはそのものとしては属さず、この意味で非自然である価値は自然に外的で自然に対立する、この意味で自然に対する異物であるが、それ自身が自然となる。つまり、疑似‐自然となる。資本はそうしたものとして、一種疑似‐生命的な運動を展開する。自然からある意味で自立した資本は、その運動において、人間的生を客観性とする。それは自然史の客観性となるのである。

3　抽象的人間労働

生理学的意味での人間労働力の支出

価値、剰余価値、したがって資本は抽象的普遍であり、それは実在抽象として資本制社会の全運動が日々遂行している抽象化の産物である。諸商品の交換価値はある共通のもの、すなわち価値に還元されるが、この共通のものは商品の幾何学的、物理学的、化学的といった自然的属性を含まない。マルクスによれば、交換価値は一分子の使用価値も含んではいない。先ほど言ったように、価値は、そしてまた資本はこのようなものとして、そのものとしては自然の産物ではない。価値、剰余価値、資本は社会的構成であり、それ自身としては、自然のうちには存在しない。この意味ではそれは非自然的なものであるが、それはアドルノの言い方では、物そのもの（物自体）としての自然である。

同じことは抽象的労働についても言うことが出来るのではないだろうか。物質的富を産出する具体的労働は、資本制社会における生産にあっては、それ自身で抽象的労働に転化している。労働者は具体的労働を遂行することにおいて、意図することなく、またそれとして知ることもなく、抽象的労働を遂行し、そのことによって価値、剰余価値を生産している。

生産過程を労働過程という観点から考察すれば、労働者の生産手段にたいする関係は、資本としての生産手段にではなく、自分の合目的的な生産の単なる手段に対する関係だった。……われわれが生産過程を価値増殖過程から考察するやいなや、そうではなくなった。生産手段はたちまち他人の労働を吸収するための手段に転化された。もはや労働者が生産手段を使うのではなく、生産手段が労働者を使うのである。(10)

ここに言われる転倒ないし逆転は具体的労働がそれ自身において抽象的労働に転化していることと相即している。具体的労働が抽象的労働の担い手となっていること、このことがこの逆転ないし転倒において生起していることである。

ところで、抽象的労働というのは、それが産出する価値が非自然であるように、人間的自然の自然的運動ではなく、あくまで社会的構成であり、それは価値がそのものとしては自然のうちには存在しないのと同様ではないだろうか。しかるに、マルクスは『資本論』のなかで、抽象的労働にいわば「生理学的」（physiologisch）規定を与えた。

すべての労働は、一面では、生理学的（physiologisch）意味での人間労働の支出であって、この同等な人間労働または抽象的人間労働という属性においてそれは商品価値を形成するのである。すべての労働は、他面では、特殊な、目的を規定された形態での人間の労働力の支出であって、この具体的有用労働という属性においてそれは使用価値を生産するのである。(11)

ポストンの見解

このように、マルクスは抽象的労働を生理学的意味での人間労働としているが、ポストンはこの点においてマルクスを批判している。ポストンからすれば、抽象的人間労働は生理学的意味での人間労働の支出ではあり得ない。ここでポストンの抽象的労働に関する見解を見てみよう。ポストンは次のように言っている。

さらには『資本論』第一章において彼が与える抽象的人間労働の諸定義は、非常に問題含みである。というのも、それらの定義が、抽象的人間労働は生物学的な残留物である、それは人間の生理学的なエネルギーの支出であると解釈されるべきである、と指摘しているように、思われるからだ。(12)

だが同時にマルクスは、われわれが取り扱っているのは社会的なカテゴリーであることを明確に述べている。彼は抽象的人間労働に言及するのだが、それは商品の価値の次元を「すべての商品に共通な社会的実体」として構成する。したがって、使用価値としての商品は物質的であるものの、価値としての商品は純粋に社会的な

> 物（objects）なのである。[13]

ポストンによれば、抽象的人間労働のカテゴリーが社会的規定であるならば、それは生理学的カテゴリーではありえない。価値のカテゴリーは歴史的に特定の社会的な富の形態である。「価値の『社会的実体』はすべての社会編成における人間労働に共通な超歴史的、自然的残留物ではあり得ないのである」[14]。さらにポストンは次のように言っている。

> それゆえ問題は、マルクスの与えた抽象的人間労働の生理学的定義を超えて、その根底にある社会的および歴史的意義を分析することである。さらに分析が適切であるためには、抽象的人間労働は社会的性格を有するということを示すだけは不十分である。歴史的に特殊な社会的諸関係がなぜ出現し、なぜマルクスはそれを生理学的なものとして——超歴史的、自然的、したがって歴史的には無内容なものとして——提示するのかを説明するために、価値の基底をなすそうした社会的諸関係を探求することもなさなければならないのである。換言すれば、こうしたアプローチは、抽象的人間労働のカテゴリーを、マルクスの分析における「商品の物神性」——資本制における社会的諸関係は物同士のあいだの関係として現れ、したがって超歴史的なものに見えるという分析——の基底をなす、最初にして主要な規定として考究するものであるだろう。[15]

ではなぜマルクスは抽象的労働を生理学的なものとして記述したのか。これをポストンは次のように解釈する。すなわち、抽象的人間労働のカテゴリーを商品の物神性の基底をなす、最初にして主要な規定として考究すること、こうしたアプローチがとられなければならないが、「価格」と「利潤」、「価値」や「抽象的人間労働」といったカテゴリーでさえ、物象化されるのである。つまり、マルクスが抽象的人間労働を生理学的なものとして記述したものはすでに物象化に囚われたものなのである。

さまざまなカテゴリー的現象形態の基底をなす本質的諸形態を分析するさいにマルクスが用いる諸カテゴリーは、超歴史的に妥当する存在論的なカテゴリーとして意図されたものではなく、それ自身歴史的に特殊なものである社会的諸形態を把握することを趣旨としたカテゴリーである。だが、これらの社会的諸形態は、その特異な性格ゆえに、存在論的なものとして現れる。(16)

してみれば、ポストンにとって、抽象的人間労働を生理学的エネルギーの支出とすることは、「抽象的人間労働」というカテゴリーを超歴史化することであり、だからこうした超歴史化はむしろ物象化の結果である。

一つの議論

もし人が以上のポストンの見解を受け入れるなら、例えば、次のような議論が誘発されるであろう。（これを私は「仮想的な議論」と呼んでおく。）

マルクスは商品の二重性から商品を生産する労働の二重性に遡及し、具体的な有用労働の属性を労働から捨象することによって抽象的人間労働を取り出した。そして、ここでは、抽象的人間労働は生理学的活動、人間の脳や筋肉や神経や手などの生産的支出であるとされている。しかし、もし抽象的労働がこうした生理学的活動と同一視されるならば、それは純粋に社会的なものなのではなく、生物学的なものであるということになろう。ところが、マルクスによれば、商品の価値対象性は純粋に社会的なものである。商品の価値対象性は抽象的人間労働の凝固であり、客体化であるから、価値を産出する抽象的人間労働も純粋に社会的なものでなければならないはずである。

ところが、マルクスは抽象的人間労働を生理学的活動とする。マルクスは思考の抽象力を働かせて、諸具体的労働、質的に異なるさまざまな労働、有用労働から出発し、それからそうした諸労働の質的相違を捨象することによって、抽象的人間労働をそれ自身として取り出そうとした。しかし、もっぱら抽象するという思考の運動を行使しているのみでは、それらさまざまな異種労働に共通な属性に到達するだけである。その場合、例えば、人間労働一般も手と頭を、筋肉を働かせる生理学的活動も、共通性たり得るのである。

マルクスによれば、あらゆる生産物が商品として生産される社会では、すべての異種的労働が人間労働として等値されるのであるが、商品交換が全面的に発展した社会においてはじめて「抽象的人間労働」という概念が人々の意識に登るのである。商品流通と商品生産の全面的な発展の中で、人々の諸行為、商品交換と商品生産の行為を通じて、具体的諸労働がそれ自身において抽象的労働に転化する。しかし、この運動では、思考的抽象のように具体的労働が、その有用性が捨象されて消え去るのではなく、具体的労働がそれ自身において具体的労働でありながら抽象的労働に転化するのであるが、こうした抽象の生起（実在抽象と呼ぶ）において、その抽象的労働の商品体への凝固として、価値が生産され、商品体は価値の担い手として生産され、再生産される。この抽象の作用は資本制社会の全運動において生起する。貨幣、資本、商品の間のメタモルフォーゼにあっても、この運動の中で絶えず抽象化が働く。抽象的労働とは、もっぱら（抽象的な）時間、時間量を客体化する労働として、具体的労働の遂行において遂行されている労働であるだろう。こうした抽象化の運動にあって、具体的労働が同時にそれ自身において絶えずそれへと転化している抽象的労働は、手と頭、筋肉などの働きなどを含む生理学的運動ではあり得ないであろうし、生理学的労働と同一視されることは出来ないであろう。というのは、手と頭を、筋肉を、神経等を用いる生産的労働という特徴はむしろ、具体的富を生産する、したがって商品の使用価値を生産する有用労働、具体的労働の生物学的側面から見た特徴であろうから。

こうした点からすれば、個人の思考の抽象力の行使、つまり思考的抽象は、それだけでは行為的抽象（実在抽象）には達しない。思考的抽象が行為的抽象の反復、個人の思考における反復であるためには、思考はその抽象力の行使にあたって、行為的抽象（実在抽象）を念頭に置き、それに導かれていなければならないであろう。ところが、マルクスが抽象的労働を生理学的活動と同一視していたとき、彼はもっぱら思考的抽象を遂行していた。抽象的労働と生理学的労働の同一視は『資本論』の展開全体によって覆されるのである。

ポストンの議論に対する反論

さて、私は以上のポストンの議論と一つの仮想的な議論に対して一定の反論を加えたい。

抽象的人間労働を規定するさいに、マルクスはまず思考的抽象を働かせて生理学的意味での人間労働一般に到達する。人間労働一般が生理学的意味で語られるのなら、この人間労働一般は人間の生命活動を表し、それ故、その限りにおいて、純粋に社会的なものではない。それは如何なる形態の人間労働にもある意味で含まれている。人間労働一般が抽象であるからには、それはそれがそれから抽象されるところのものに含まれていなくてはならない。人間の労働が人間の生命活動の一形態であれば、如何なる形態の労働にも、古代人の労働にも、近代人の労働にも、現代人の労働にも生命活動としての普遍が帰属していることになる。こうした普遍は具体的な形態の諸労働から分離して、分離の意味において遊離してそれ自身として存在することは出来ない。桜桃、梨、葡萄という果物を例にとれば、桜桃、梨、葡萄という特殊は果物という普遍と分離できず、普遍は特殊の経験に際して常に同時に経験されている。(17)

労働に話を戻して今一度言えば、労働は人間的自然の一活動形態であり、それ故、それは人間の生命活動の一形態であるが、如何なる形態の労働にも、また如何なる時代の労働にも、果物という普遍が桜桃や梨という特殊に「含まれている」のある意味において含まれているように、含まれている。生理学的意味での労働一般は特殊で具体的な労働から遊離して存在することは決してできない。抽象的労働が抽象であるからには、それはそれがそれから抽象された具体的で特殊な労働に含まれていなければならない、と私は言った。それ故、ポストンとは違って私は、抽象的人間労働を規定するさいにマルクスが思考的抽象を働かせて生理学的意味での労働一般を抽出したことは正当であったと考える。今の文脈では少なくとも言えることは、そのようにして抽象されたものは自然の一契機も含まない「純粋に」社会的なものではないということである。抽象されたものがそうした「純粋に」社会的なものであるなら、そもそも抽象ということが成り立たないだろう。とはいえ、思考的抽象がなし得るのは、それだけとしてみれば、ここまでである。

さて、私には極めて重要なことのように思われるが、佐々木隆治氏は次のように言っている。

『要綱』でマルクスが指摘しているように、抽象的に思惟するならば人間的労働一般は太古の昔から存在したといえるが、抽象的な人間労働というカテゴリーが独自の現実的意識を獲得するのはやはり資本主義的生産様式が成立する近代以降のことにすぎない。(18)

労働は一つの生命活動であり、労働は生命力の支出である。重要な点は、生理学的意味での生命力の支出であるという点にある。如何なる形態の労働にも含まれているのは、生理学的意味での生命力の支出である。だから、われわれは労働について、それは――確かに一つの面において――人間の生命力の支出であると言うことができる。この場合、具体的な諸労働は特殊であり、人間の生命力の支出は普遍である。

ところで、先の普遍としての果物と特殊としての桜桃や梨、葡萄の例では、普遍が特殊からいわば自立化してそれ自身の運動を開始し、特殊をそれに服属させるということはない。ところが、労働に関しては、近代以降この転倒が起こった。人間労働一般の支出という場合、ここで語られているのは人間労働一般であり、それは普遍性、一般性の契機である。近代以前では、これは具体的有用労働について語られる一般性の契機である。というのは、例えば梨について、それは果物であると語ることができるように、如何なる形態での社会的労働についても、それは人間の生命活動である、あるいは生理学的活動であると語ることができるからである。けれども、近・現代では、生命力の支出、生理学的意味での人間労働一般が、全面的に発達した商品交換の中で、商品がブルジョワ的生産において富の一般的形態となっているという条件のもとで、実在的に抽象されて、抽象的人間労働として立てられる。私的人格間の関係が物象の間の社会的関係として定立されるという物象化のもとで、普遍は特殊からいわば自立化して、それ自身の運動を開始し、特殊を、つまり、具体的労働を己に服属させるという転倒が生起する。この転倒は実在抽象の過程で生起する。私はここで、生理学的意味での労働が、このように自立化されるとき、抽象的人間労働として定立される、という言い方をしておこう。

問題は単に思考の抽象の結果、生理学的な意味の生命力の支出に至る、というのではない。(19) 問題はそこには転倒があるということである。この転倒において、すなわち、普遍（生命力の支出）と具体的労働（具体）の位置価が逆転して、普遍がいわば自立化してそれ自身の運動を開始し、具体をその運動の契機とする。近代以前に具体的労働のうちにある意味で含まれていた生理学的な意味での生命力の支出がこのようにそれ自身の運動を開始するとき、それは抽象的人間労働である。つまり、抽象的労働はそれ自身で運動するものになる。この時に具体的有用労働は抽象的人間労働の現象形態となり、また、そうした抽象的労働がそれ自身で運動すると言っても、抽象的労働は具体的労働から離れてあることは決してできない。具体的有用労働は抽象的人間労働の担い手になる。「純粋に」社会的であるのは、普遍と特殊の間の関係のこの転倒であり、人間的自然の一契機たる生命力の支出（生理学的意味での労働一般）が抽象的人間労働として定立されることである。生命力の支出は人間的自然のあり方であるが、それが抽象的人間労働として特殊・具体から自立化されるとき、それは疑似－自然となる。アドルノは、価値を物自体（Ding an sich）、あるいは自然と呼んだ。私はそれを疑似－自然と言う。この価値は疑似－自然化されたものとしての抽象的人間労働の凝固である。普遍と特殊、抽象と具体の位置価の逆転こそが「純粋に」社会的であって、抽象的労働が人間的自然のうちにその自然的基体を持っているという意味では、それは「純粋に」社会的なのではない。

4　物質の呪い

『資本論』において、単純な、個別的な、あるいは偶然的な価値形態は

二〇エレのリンネル＝一着の上着

あるいは

二〇エレのリンネルは一着の上着に値する

である。ここで、リンネルは自分の価値を上着によって表すのであり、それ故、自分の価値を上着のそれに等しいものとして定立する。これを言い換えれば、リンネルは等式

二〇エレのリンネル＝一着の上着

を定立する。リンネルは相対的価値形態にあり、上着は等価形態にある。ところで、リンネルはその価値を上着の身体によってのみ表現することができる。もし価値が何らかの物的対象なしに存在することができるとしたら、リンネルは上着によって自分の価値を表現することはできないであろう。価値の担い手になることによって、リンネルは己の価値を上着の自然形態において表現することができる。換言すれば、上着が価値の担い手であるが故にのみ、リンネルは己の価値をそれによって表現することができる。もし価値が何らかの使用価値（あるいは物的対象）というその担い手なしに存在しうるとすれば、価値が表現されるということもないであろう。だから、価値の表現が可能であるということ、使用価値という身体において表現されざるを得ないということは、価値はその担い

手なしには存在することはできない、ということを意味する。リンネルは自分の価値を他の物的身体によってしか表現できない。このことがリンネルにとって他の物的身体（上着）が自分の価値を表現する言語になるということである。こうして、抽象たる価値には常に物質の呪いがかかっている。価値はこの物質の呪いから逃れることは決してできない。だから、価値がその担い手となっている何らかの物的対象（使用価値）から離れるとしても、それは他の物的対象に移り住むということによってのみである。

抽象的普遍にとっての不可避の制約

価値は抽象的労働の（継続時間の）凝固である。価値がさまざまな商品の価値となることができるという点からすれば、抽象的人間労働が抽象的普遍であるように、それを抽象的普遍と呼ぶことができよう。[20]価値はそれだけではまだ資本ではない。価値が過程の主体となり、自己増殖する価値となるとき、価値は資本である。それで、価値が抽象的普遍であるとすれば、資本もまたそうであるが、資本は自己増殖する抽象的普遍であって、それは「過程を進行しつつある、自分自身で運動する実体[21]」となる。資本は商品及び貨幣へと己を変態し、そのことを通して、自分自身の同一性を展開する。

抽象的普遍はそれ自身としては存在できず、いつもその物的な担い手を必要とするということは、価値、したがってまた剰余価値を吸収することで増殖する資本にとっての本質的かつ根本的で不可避の制約をなしている。先に見たように、抽象的労働は人間的自然の生命力の支出、マルクスの言う生理学的な労働一般が具体的労働からある意味で自立化したものとして定立され、具体的労働を己の元に服属させたものであり、生理学的な労働一般は人間的自然に関して言われうる普遍であるが、それが自立化したものとしての抽象的労働は、そのものとしては自然の内には存在しない。(22) そうした抽象的労働の対象化たる価値も、それは社会的な平均労働時間によって測られるが、そのものとしては、自然のうちには存在しない。この意味では、価値、そしてまた資本は一方では、疑似‐自然として、自然にとって異物であり、この意味で自然の外にあるものとして、自然から独立でありながら、他方では、広い意味で自然一般から自由ではあり得ず、それはいつも何らかの物的形態を取ってしか存在できないという点で、広い意味で自然に係留されてもいる。これは資本が持つ根本的な矛盾である。

マルクスは次のように言った。

どんな物も、使用対象であることなしには、価値ではありえない。物が無用であれば、それに含まれている労働も無用であり、労働のなかにはいらず、したがって価値をも形成しないのである。(23)

価値は使用価値と結びつかなければならず、価値は使用価値から分離し、使用価値との結びつきから解放されてそれ自身として存在することは出来ない。もし使用価値との結びつきを解かれるなら、価値は無、すなわち非存在であった。この結びつきは価値にとって、したがってまた剰余価値を吸収して増殖する資本にとって必然的な制約である。商品が、あるいは商品の使用価値が価値の担い手となることによってはじめて価値は存在しうるのであって、そうでなければ価値は存在することが出来ない。それ自身非物質的であり、自然の一分子も含んでいない価値は、にもかかわらず、それが商品体のうちに凝固することなしには、換言すれば、商品体がその担い手となることなしには、あの幻のような対象性として存在することは出来ないのである。同じく抽象的労働も物質的富を産出する具体的労働なしには、それ自身として存在することはできない。資本制社会の全運動において具体的労働はそれ自身において抽象的労働の遂行になるのであって、抽象的労働は具体的労働なしに、それから解除されてそれ自身として存在する、ということは出来ない。この意味で、価値（すなわち、抽象的労働の対象化）は、同じく抽象的労働も、物質的存在から、したがって自然から解放されることは出来ない。それらはいつも自然的、物資的存在を担い手としてのみ存在する。価値（価値対象性）という抽象が商品体（具体）にいわば取り憑くことによって、それは具体を支配するが、しかし他方では、価値という抽象は具体に取り憑くことなしには存在することが出来ない。生活世界という語を用いるなら、価値あるいは資本は絶えず、われわれの生活世界内の存在形態がその担い手となることによってのみ、存在する。それは自然の人間的変換という形態、例えば商品形態、ハーヴェイの言う建造環境という形態をとってのみ、存在することが出来る。先に述べたように、この意味で抽象的労働の対象化である非物質的な価値は、物質によっていつも囚われているとも言えよう。

　だから、物質あるいは自然の制約を資本が逃れようとするならば、資本はある物的形態から他の物的形態へと移り住んでゆく他はないのであって、それは丁度、エネルギーそのものは存在せず、それはいつも例えば運動エネルギーや熱エネルギーという形態をとって存在する他はないのと同様である。マルクスによれば、資本は死んだ労働であって、この労働は生きている労働を吸収することによって活気づき、労働を吸収すればするほど活気づくのであるが、(24)このような剰余価値を吸収することで増殖する資本は、それ自身として、それ自身だけで、いわば裸の形態で存在することは出来ない。それは貨幣資本、商品資本、あるいはまた固定資本という存在形態をとって存在しなければならず、資本にできるのは、その存在形態を変えることだけである。生産過程において、生産手段のうちに対象化された価値は労働生産物のうちに転移するとされるが、価値はこのように物的存在者のうちに凝固している、換言すれば、その物的存在者がその担い手になっているという形でしか、存在し得ないのである。こうした必然性、決して逃れることの出来ないかの制約こそが、資本の運動とともに、われわれの生活世界が変換されてゆく根拠である。物的存在者はわれわれの生活世界で一定の空間的位置を占めている。だから、資本がこの制約を逃れようとすれば、それは別の物的存在者、他の空間にある物的存在者のうちに移り住んでゆく他はなかった。労働生産物は自然の変形であって、それはわれわれの生活世界に属する。価値であり、増殖する価値である資本は絶えずこの仕方で、一般的には、自然の制約から逃れることが出来ない。資本にとって、それ故に資本蓄積にとって地理的限界は必然的であって、それから完全に己を解放することはできない。このことを「普遍」と「特殊」、あるいは「抽象」と「具体」という用語によって言えば、資本制社会では、普遍（抽象）と特殊（具体）の位置価が逆転して、普遍（抽象）が優位を占めるけれども、普遍（抽象）が特殊（具体）から遊離するのではない、ということになる。普遍（抽象）の運動は特殊（具体）からある仕方で自立化するが、この自立化は特殊（具体）を己のもとに服属させ、それ故特殊（具体）との結び付きにおいてのみである。[25] 資本にとってまさしくこうした制約があるからこそ、無限の蓄積衝動を有する資本はその制約を超え、それを克服しようとするのである。だから、資本の無限の蓄積衝動は資本が必然的に被らざるを得ない制約を克服せんとする衝動を生みだす。ある空間的位置で利潤が上がらなくなれば、資本は別の空間的位置へと移動しなければならない。この場合、資本の元の定在形態は見捨てられ、それは自然の破壊作用にまかされることになろう。

ハーヴェイは資本は地球全体を自己の市場として獲得しようとし、空間の絶滅が追求される、と言う。[26] 空間の絶滅は空間を移動する時間の短縮によって行われる。ハーヴェイは、オノレ・バルザックの次の言明を引用している。

私はあらゆるものを意のままにしながら、世界を駆け回った。

私は疲れもせずにこの社会を所有し、そして世界はまたこれっぽちも私に影響を及ぼさないという次第さ。
私はここにいるかと思うと、また、他の場所にいることもある。時間にも空間にも距離にも支配されない。
世界は私の下僕だ。(27)

ここに見られるのは、空間と時間に対する征服願望であり、世界を自分の意志に従わせようとする願望である。世界からの自立とは世界からの制限から自由となって、しかもその世界を自らの支配のもとにおくことである。「私はここにいるかと思うと、また、他の場所にいることもできる」というのは興味ある言明である。これが資本の願望である。しかし、こうした願望が生じるのは、資本が依然として時空構造に、自然に制約されているからである。自然から自立して、自然を自己の支配下におこうとするという資本の願望は、しかし、いつまでも願望に留まるのであって、むしろ、自然への係留という必然的な制約こそがそうした願望を生みだすのである。自然を支配するということには、それを思うがままに動かし、それが課する制限を超えようとすること、こうした点が含まれている。ところが、この超越の運動は自然との不可分との結びつきによって生み出されてもいる。そして、先に言及された抽象と具体の位置価の転倒のもとでの、自然が課す制約とそれから逃れて自然から自立化しようとする絶えざる衝動と運動、これが資本の自然からの自立性の形式である。

ポストンは資本制社会における抽象の支配あるいは抽象的構造について語り、そうした抽象的構造を産出し媒介する労働の廃絶について語ったが、その抽象的構造はわれわれの生活世界の諸形態と構造という形態をとってのみ存在するのであり、この生活世界に抽象の支配に対する抵抗とその運動も属しているのである。この点はすでに、「資本制的生産様式が支配的に行われている社会の富」、すなわち一つ一つの商品において現れている。商品は、価値の担い手となっているが、価値は非物質的であるが故に生活世界では眼には見えず、見えるのは商品のみである。商品は単にわれわれの前に現れるだけではなく、われわれがわれわれの生活において使用し、消費する、すなわち従事する対象、したがって生活世界に属する対象である。

これまで見たように、価値は、したがってまた剰余価値を吸収して増殖する資本は自然に対して自立化し、自然に対して超越する運動としての疑似－自然であるが、しかし他方では、この疑似－自然は自然から己を解き離すことは決して出来ないのであって、それは依然として自然に制約されたままである。アドルノは『否定弁証法』のなかで、「『存在するもの』がなければ、『存在』もない」(28)と言う。確かに、存在は存在するものから離れ、自立化して存在者から遊離し、それ自身で存在することはない。存在はいつも存在者の存在である他はない。観念論にあっては、存在とは絶対者であり、あるいは特殊を全体として包摂する運動である概念である。概念は特殊なもの、個別的なものを同一化しようとするが、個別的なものを消去することはできない。もし概念が、あるいは絶対者と言ってもよいが、特殊な物、個別的なものを消去すれば、それはそれ自身を消去してしまう。すなわち、無となる。普遍者は絶対者であるが、もし普遍者が個別的なものをそれ自身で無化するならば、絶対者も無化されるのである(29)。概念についても同様であって、もし概念がそれ自身の概念に従うならば、無化することになるはずの非同一性と必然的に関係している。あるいは精神は、それがそれであるためには、それであるところのものにおいて、それがそれでないところのものを必要とする(30)。観念論にあっては、普遍的なものは個別的なものなしには存在し得ないが、それにもかかわらず、普遍的なものは個別的なものに優位しており、アドルノによれば、ここに非人間性がある。観念論にあっては、個別的なものは単に普遍を代理表現するにすぎず、普遍の一時的な滞在地・通過駅にすぎない。しかし、普遍的なもの・絶対者は、観念論にあって、個別的なものに優位しているが、にもかかわらず、己を個別的なものから解き離すことは決して出来ない。

絶対者と言うも、精神と言うも、概念と言うも、それらが資本の変装された姿であってみれば、以上に言われたことは資本にも、すなわち抽象的普遍にも当てはまる。価値も、剰余価値を吸収して増殖する資本も、何らかの物的な担い手なしには、決して存在することはできない。労働生産物が商品となることによって、商品体あるいは具体的なものである使用価値は価値の担い手になるが、このように商品体が価値の担い手となることによってのみ、価値は価値として存在することが出来るのであり、価値がその担い手から離れることは決して出来ず、もし離れるなら、価値は無である。

商品（体）はわれわれの生活世界に属しているが、しかしその商品体が担い手となっている価値は、換言すれば、商品体が代理表現している価値は抽象的普遍として、生活世界のなかではそれとして知覚されることは出来ない。[31] 価値は商品体において己を隠蔽するのである。[32] 抽象的労働と具体的労働との関係についても、同様である。具体的労働は人間の生活世界に属し、その労働遂行は労働者諸個人の一つの生活行為であるが、資本制社会では、それは同時に抽象的労働に転化している。抽象的労働は具体的労働、すなわち物質的富を生産する労働において遂行され、具体的労働なしには存在し得ない。具体的労働と抽象的労働は不可分であって、抽象的労働が具体的労働から離れて、それ自身として遂行されるということはあり得ない。抽象的労働は具体的労働という一つの生活行為において遂行される。そして、このことが意味するのは、生産手段を使用しつつ行われる具体的労働において生産手段が労働者の労働を吸収するといういわば主客の逆転である。

生産手段と労働力。生産手段について見れば、それは自然、そして自然の変形であるが故に、自然と結びついている。資本は自然との関係というこの関係を逃れることは決して出来なかった。このことが自然と社会の資本主義的変換をもたらすことになる。しかしにもかかわらず、自然から資本は自立化し、また自立化しようとするのである。ここには独特の論理が存在する。自然そのものの限界とは何を意味するのか。相対的過剰人口や労働力の地理的移動は以上の点と関連する。それはそもそも資本が自然との結びつきを決して解かれることが出来ないにもかかわらず、その結びつきを通して自然から自立化するという特有の論理の故である。われわれの生活世界の大規模な変換とその運動、歴史的に構成された生活世界、これは言うまでもないが、社会あるいは人間と社会との関係を含んでいる。ハーヴェイの言葉では、生活世界は自然を基底とし、建造環境を含む。そして労働力の地理的移動がある。資本の自然からの自立化は完成された自立化ではなく、過程としての自立化である。

資本は、抽象的普遍、増殖しつつ運動する主体化された抽象的普遍であり、それは人間たちの生活世界と建造環境、自然環境を巻き込んで絶えず運動する。資本はある意味で自然の他者であり、自然を支配しようとしながら、他方では、自然の制約に巻き込まれており、かくて資本の運動は人間たちの生活世界の変換を生じさせるが、それから自らを完全に解放することは出来ない。人間的自然としての人間的生についてみれば、資本はそれを支配し、それに取り憑き、それから剰余価値を吸収するが、それが人間的生への取り憑きから己を離脱させることは決して出来ず、それ故に人間的生の抵抗と批判に遭遇せざるを得ない。これは具体と抽象の間の矛盾である。

5　物象化・物化・物神化

私は社会とその歴史の疑似－自然化を抽象の支配として、したがって物象の支配として捉える。その意味を解明することがここでの課題である。先の章で私は「精神が自然から自立すると、精神自身が疑似－自然化する」というアドルノの命題を手がかりとし、まず、精神（資本、あるいは資本制社会と言ってもよい）の自然からの自立の意味に立ち入った。次に、精神自身の疑似－自然化に立ち入ろう。

歴史的に形成された一定の社会的諸関係において労働はそれ自身で抽象的労働に転化する。この抽象的労働に転化した労働を介して、資本制社会のシステムが絶えず再生産される。物象が産出されるとともに、これを介して階級関係が再生産される。価値とは抽象的労働の凝固であり、この凝固したもの、及び労働によって媒介される社会的諸関係は、これによって（自然の制約を逃れられないという条件のもとで）自然から自立するのであり、そしてこの自立化したものはそれ自身の生命を得て運動することになる。とはいえ、この自立化は絶えず過程にあって、資本は物質の呪いから己を解き離すことはできない。

物象（Sache）、物象化（Versachlichung）

労働生産物はそれだけではまだ商品ではないし、物象（Sache）ではない。労働生産物が商品となるのは、それらが独立に営まれる私的労働の生産物だからであるが、労働生産物は商品となることによってはじめて物象（Sache）になる。すなわち、抽象的労働の継続時間の凝固たる価値の担い手となり、価値の代理表現となることによって労働生産物は商品となり物象となる。ところが、商品はわれわれの生活世界に属するが、価値は抽象的普遍として、自然の一分子もそのうちに含んでいない抽象的普遍として、あの幻のような対象性として、生活世界パースペクティブからはそれとしては知覚されず、感覚に関しては超感覚的なものである。それ故、価値もその商品体ないし使用価値が価値の担い手になっているということも、われわれの生活世界では知覚されないのである。価値及び使用価値が価値の担い手になっているということは、生活世界では消え失せてしまう。だから、商品体が価値の担い手になっているがために商品が持つことになる交換価値は、その商品の自然的属性として現れるのである。生活世界では、労働生産物が価値の担い手となることによってそれが商品（物象）となることは物象化であるが、労働生産物が物象となる要因は生活世界では見えなくなって、商品は商品物神としてあることになる。すなわち、それは何かへんてこなもので神秘的なものとして存在するのである。

貨幣についても同様である。生活世界のうちに貨幣を生みだす過程（メカニズム）は生活世界では隠蔽されるが故に、貨幣はそれ自身で、生まれながらに自分の内的な属性としてある特別な力を持つものとして現れる。貨幣はそれ故貨幣物神として現れる。それ故にまたある物の物神化の基礎にはそのものの物象化があるのである。

人間の労働力も、それが商品となることによって物象となり、しかも剰余価値を生むという意味で特殊な物象となる。労働力が商品として価値の担い手になるとき、剰余価値を産出するものとして、現実に生きている労働力、すなわち労働力の行使としての具体的労働はそれ自身において抽象的労働に転化している。

ところで、マルクスによれば、人間たちの間の一定の人間関係は物象の間の（物象的な）関係として成立する。

[A]……これに反して、商品形態やこの形態が現れるところの諸労働生産物の価値関係は、労働生産物の物

理的な性質やそこから生じる物的な（dinglich）関係とは絶対に何の関係もないのである。ここで人間にとって諸物（Dingen）の関係という幻影的な形態をとるものは、ただ人間自身の特定の社会的関係でしかないのである。[33]

［B］生産者たちにとっては、彼らの私的諸労働の社会的関係は、そのあるがままのものとして現れるのである。すなわち、諸個人が自分たちの労働そのものにおいて結ぶ直接に社会的な諸関係としてではなく、むしろ諸個人の物象的な（sachlich）諸関係および諸物象（Sachen）の社会的な諸関係として、現れるのである。[34]

このように、人間たちの間の関係が物象（Sachen）の間の物象的関係として、物象である商品の間の関係として定立される。つまり、この時、商品は価値の担い手として物象となる。

ところで、商品が価値の担い手としての物象（Sache）であれば、あるいはあるものが価値の担い手となるときそのものが物象になるのだとすれば、これはあるものが何故に商品であるかを説明するものであり、商品が物象であるということのうちには、何も幻影的なところはない。「商品が物象である」という言明は、価値が生活世界のパースペクティブからはそれとして見えないために、理論的概念としての「価値」をすでに手にしている人にとっての理論的言明である。それはマルクス及びマルクスと思考をともにしている読者の理論的視座のうちに現れる言明である。ところが、価値も商品体が価値の担い手になっているということも、換言すれば、商品はそれが価値の担い手となっているが故に商品なのだということも、生活世界で生を営む人間たちにとっては隠蔽されるために、[35]商品は、生活世界では、物として、不可思議な属性と力を持つものとして現れるのである。[36]

さらに、人間主体たる自己が自分の感情や願望や労働能力を自ら客体化し、操作可能なものとして、価値の担い手としての物象として定立するとき、私はそれを自己の物象化（Versachlichung）と呼ぶ。ここでは、人間主体が己の能力や願望、感情を、あるいは労働上の適性を（いわば主体的に）商品、すなわち物象として定立するのである。

物化

ある労働生産物が商品になるとき、その労働生産物は現実に商品となるのであり、その商品は現実に価値の担い手となり、物象となるのである。これは物象化である。けれども、その商品が物象であることは生活世界で生を営む諸個人には隠蔽されて、その商品はある種の物として現れる。交換価値は価値の現象形態であるが、生活世界ではこの現象形態は知覚されても、価値そのものは生活世界では知覚されはしない。だが、この場合、交換価値が価値の現象形態であるということも隠蔽される。だから、商品がそれ自身において交換価値をその自然属性として持つ物として現れるのである。私はここでは物化を、ある物（商品、貨幣、資本）がある種の物として定立されることとして把握しておく。物化はそうしたことであって、ものではない。物化とはあるものが、――本当はそうではないが――ある種の属性を自然属性として持つようになることとそのことではなく、そのようにある種の自然属性を持つようになることにおいて、丁度、石が堅さという属性を有する物であるように、その自然属性を有する物となることである。つまり、いわば主語となることである。この物化はあくまで生活世界内的事柄であり、生活世界において例えば商品はある種の属性をそれ自身の自然属性として有する物として定立される。例えば商品が価値の担い手として物象であることは生活世界では、したがって生活世界で生を営む諸個人にとっては、隠蔽されるのであって、彼らにとっては、商品は交換価値という属性を有する物として有るのである。

分業が全面的に発達した社会では、人間たちの間の人格的関係は諸個人の間の物象的な諸関係、及び諸物象の間の社会的諸関係として現れる、あるいは定立されるのであるが、こうした物象化の中で商品は物象としてある。逆に同時に商品が物象であるが故に、人格的関係は物象の間の社会的諸関係として現れる、あるいは定立される。商品が物象である、つまり価値の担い手であるという意味での物象化は（Versachlichung）はそれ自身において同時に（生活世界において）物化（Verdinglichung）である。

先に私は自己の物象化について言及した。しかし、生活世界では商品が物象であることは隠蔽されるのであり、それ故、自己の物象化は、生活世界文脈では、自己の物化となる。つまり、商品としての労働能力、適性、あるいは願望などは商品という物として定立されるのである。そしてさらに、とりわけ新自由主義的資本主義では、人間自体が消耗品として、使い捨ての物として、精神的及び身体的生を営む、すなわち人間的生を営む人間自体が物化されることが生起する。人間の労働力が商品として定立されることは、まだ人間的自然自体が全体として商品として定立されることを意味するわけではないが、生活世界において人間的自然がその全体性において物として扱われることが生起しうる。

私はこの事態を人間の物化（あるいは物件化）と呼ぶ。(37)

物神崇拝

マルクスは物神崇拝について次のように言った。

商品形態やこの形態が現れるところの諸労働生産物の価値関係は、労働生産物の物理的な性質やそこから生じる物的な関係とは絶対になんの関係もないのである。ここで人間にとって諸物の関係という幻影的な形態をとるものは、ただ人間自身の特定の社会的関係でしかないのである。それゆえ、その類例を見いだすためには、われわれは宗教的世界の夢幻境に逃げ込まなければならない。ここでは、人間の頭の産物が、それ自身の生命を与えられてそれら自身のあいだでも人間とのあいだでも関係を結ぶ独立した姿に見える。同様に、商品世界では人間の手の生産物がそう見える。これを私は物神崇拝と呼ぶのであるが、それは、労働生産物が商品として生産されるやいなやこれに付着するものであり、したがって商品生産と不可分なものである。(38)

この引用から分かるように、物神崇拝というのは、人間の手の産物が、それ自身の生命を与えられてそれ自身の間でも人間との間でも関係を結ぶ独立した姿に見える（scheinen）ということである。一言でいえば、マルクスにとって、物神崇拝というのは、そう見えるということである。この点では、先に言及した物化において、物神崇拝が起こっている。というのは、本当はそうではないのに、ある種の社会的属性が労働生産物という物の生まれながらの自然属性であるように見えるからである。だから、そのように見えるということは錯覚であると言うことも出来る。しかし、商品が物象であるということは何ら錯覚ではなく、現実の事態である。しかし、この錯覚は単に知覚上のエラーでも認識上のエラーなのでもない。商品が物象であることは商品が価値の担い手となっていることであるが、価値も商品が価値の担い手となっていることも、人間たちの生活世界ではそれ自身としては知覚されず、隠蔽されるために、(39)換言すれば、商品を物象とする要因・媒介・メカニズムは人間たちの生活世界では消失してしまうために、そしてこの消失は意識上の事柄ではなく、客観的事態であるために、生活世界では、商品はそれ自身生まれながらにある種の属性を有するものとして現実に定立されるのである。生活世界で生を営む諸個人にとっては、「そう見える」のは、商品が現実にそう見える物として定立されるからである。マルクスは次のように言う。

互いに独立な私的諸労働の独自な社会的性格はそれらの労働の人間労働としての同等性にあるのであって、この社会的性格が労働生産物の価値性格の形態をとるのだということが、商品生産の諸関係のなかにとらわれている人々にとっては、かの発見の前にもあとにも、最終的なものに見えるのであって、それは、ちょうど、科学によって空気がその諸要素に分解されてもなお空気形態のひとつの物理的な物体形態として存続しているようなものである。(40)

理論的眼差しのもとで、物神崇拝の秘密が発見され、暴露されたとしても、生活世界において物神崇拝が消えてなくなるのではない。物神崇拝において、商品は物神として定立されている。同じことは貨幣についても資本についても言える。すなわち、商品は商品物神として、貨幣は貨幣物神として、資本は資本物神として生活世界において現実に定立される。この定立を「物神化」と呼ぶならば、物神化は先に見た物化と同時にすでに始まるのである。そして物化には神秘化という事態が結びついている。(41)

先に述べたように、物象としての商品は生活世界内存在者であるが、商品は生活世界では物として（さらに商品物神）として現れる。だから、物象化と物化と物神化は同一の過程である。というのは、物象化において物化が、われわれの生活世界において同時に生起し、物化において同じくわれわれの生活世界において物神化が生起するからである。それ故に、われわれの生活世界において、物神崇拝が生じるのである。とはいえ、商品物神、貨幣物神、資本物神がわれわれの生活世界に定立されることは物化であり、この物化において、物象化は――それはあるものが抽象たる価値の担い手になることであり、この意味でそのものが抽象の支配を受けることであるが――隠蔽される。

それだから、物象化は物化の根拠をなしている。さらに、物象化は理論的視座の元で語られており、物化は生活世界での事柄である。こうして、物象化・物化は、物神をわれわれの生活世界に定立する作用である。そもそも、資本は自己増殖する抽象的普遍であり、この抽象的普遍は、運動するものとしてわれわれの生活世界のさまざまな存在者に取り憑き、理論的視座から言えば、それらを物象にする。この物象が生活世界では物として、物神として現れ、そうした物として経験される。例えば、貨幣が物神であることは無意識の事柄でも、意識上の事柄でも、思いこみでもない。それは現実的な生活世界内的事態である。すなわち、それはそうしたものとして生活世界において立てられるが、この立てることのメカニズムは生活世界では知覚されない[42]。生活世界はその一つの面、行為という面から言えば、人間諸個人のさまざまな行為と行為の差し控えからなる現実的な世界である。もし生活世界概念を明示的に定礎しなければ、貨幣が物神であるということは単に意識内の事柄に還元される傾向が生じよう。物神の生活世界内的定立は、諸個人の諸行為において、そして諸行為を通して、絶えず再生産されるのである。

私はアドルノに倣って価値を「疑似－自然」と呼ぶ。この疑似－自然は抽象的労働の凝固であったが、生活世界内諸存在者にいわば取り憑き、それらを己の担い手とし、このことによって同時に、そうした世界内諸存在者を（疑似－）自然化する。私は物象化・物化・物神化をそれぞれ疑似－自然化の形態として把握する。

6　生活世界の疑似─自然化

さて、マルクスは、再度引用するが、次のように言っていた。

それゆえ、その類例を見いだすためには、われわれは宗教的世界の夢幻境に逃げこまなければならない。そこでは、人間の頭の産物が、それ自身の生命を与えられてそれ自身のあいだでも人間とのあいだでも関係を結ぶ独立した姿に見える。同様に、商品世界では人間の手の生産物がそう見える。これを私は物神崇拝（Fetischimus）と呼ぶのであるが、それは、労働生産物が商品として生産されるやいなやこれに付着するものであり、したがって商品生産と不可分なものである。(43)

「人間の手の産物がそう見える」というのは、人間の手の産物、つまりは労働の産物がそれ自身の生命を与えられ、それ自身の間でも人間との間でも関係を結ぶ、人間から独立した姿に見えるということである。ここで「見える（scheinen）」というのは、先に述べたように、単に「見え」の事柄ではない。確かに、そう見えるのではあるが、そう見えるのは人間の手の産物がそれ自身の生命を実際に与えられてそうしたものとして運動し、人間の手の産物がそれらの間で関係を取り結び、そしてそれ自身の生命を与えられた人間の手の産物が今度は人間との間で関係を実際に取り結ぶからである。人間の諸行為の産物が、それが人間の行為の産物であるのに、その人間から独立した運動を行うということは、人間の行為の産物がそれ自身の生命を与えられた一種生命体のごとくに運動するということである。そしてそうした一種生命体と人間は関係を取り結ぶ。そのような関係において人間が行為することで、人間行為の産物の人間からの自立化と生命体のごとくに運動するということが絶えず再生産される。人間の手の産物がこのように一種生命体のごとくに人間から自立化して運動するという事態を私は、アドルノの「自然史」概念を継承しつつ、生活世界の疑似－自然化と呼ぶ。疑似－自然化するのはあくまでわれわれの生活世界である。近代以降、人間の生活世界は疑似－自然化された生活世界となるのであって、このように疑似－自然化された生活世界、社会の歴史を私は人間の自然史と呼んだ。[44]「人間の歴史は一種自然的な過程へと凝固する」[45]。

資本は資本主義社会の諸過程の主体として登場するが、主体化された、自己増殖する抽象的普遍として、一種疑似－自然化する。先に言及した物象化・物化は社会、あるいはわれわれの生活世界の以上の疑似－自然化に寄与している。[46]

社会とその歴史の自然からの自立化の運動・社会とその歴史の疑似－自然化

アドルノによれば、自然から切断され、自然の他者となった理性はそれ自身自然へと退化するのであった。社会とはここでの文脈では、われわれの生活世界、すなわち人間的生（生命－生活）が展開する場である生活世界に還元されるわけではない。社会は生活世界では隠蔽される諸側面・諸関連を含んでいる。

さて、私はここでの「理性」を資本制社会に翻訳しよう。すると、理性は、ヘーゲルを念頭に置いて言えば、それは精神になるが、先のアドルノの命題は、自然から切断され、自然の他者となった資本制社会はそれ自身自然へと退化するとなる。アドルノの命題にこのように翻訳を施した上で、私はここでその翻訳された命題に対して若干の修正を行う。

①　資本制社会が自然から切断され、自然の他者となるということについて

価値をアドルノは自然と呼んだが、この自然はいわゆる自然に対する異物であり、それ故、私はそれを疑似－自然と呼ぶ。増殖する抽象的普遍としての資本も同様に疑似－自然であり、そうしたものとして自然の他者である。この意味では、資本は自然から切断されている自然の他者である。けれども、他方、抽象的普遍はその担い手なしには存在することはできなかった。抽象はいわば具体に取り憑く他はないのである。この取り憑きによってのみ、抽象は存在することができる。これは資本の根源的、根本的制約性であり、資本は一方では自然から自立している自然の異物でありながら、他方では、人間的自然、人間的生から解き放たれることは決してない。これが資本にとっての根本的な制約をなしている。資本の自然からの自立化は、これはいつも過程においてあるのだが、決して完全には果たされることはない。資本、つまり普遍と特殊のかの転倒において特殊から自立化する普遍は、にもかかわらず、特殊から遊離して存在することはできない。それ故に、普遍は特殊を己に服属させる。

その自立化は矛盾のうちに運動する。その制約性がかえってそれから逃れようとする資本の衝動を生みだし、資本の自然からの自立化はこの運動の中に存在する。こうして、私は資本、それ故に資本制社会が自然から切断され、自然の他者となるということを矛盾的過程として捉える。これがはじめに提出された第一の問いに対する答えとなる。

②　次に、「自然から切断され、自然の他者となった資本制社会はそれ自身自然へと退化する」と言えば、自然の他者となると、資本制社会は自然化（これは疑似－自然化である）するというように聞こえる。しかし、逆も言える。すなわち、それが（疑似－）自然化して運動するなら、資本が疑似－自然である故、それは自然から（「自立化」の先に言われた意味で）自立化しているのである。つまり、一方が他方の要因になるのではなく、両者は相

互に要因となるのであり、それ故、資本制社会が自然から自立化するということと資本制社会がそれ自身自然へと硬化するということは等根源的である。労働の、したがって労働を媒介として産出される客体化された社会諸関係がそれ自身において自然からの労働と社会諸関係の自立化であり、同時に、その社会関係の疑似－自然化なのである。絶対的剰余価値の生産及び相対的剰余価値の生産がすでに、アドルノ的に言えば、精神の自然からの自立化と精神の疑似－自然化に他ならない。両者は同時的である。すなわち、この場合、自然からの精神の自立化は精神の疑似－自然化を条件として生起するとともに、精神の疑似－自然化は自然からの精神の自立化を条件としている。両者は内的に結びついているのである。だから、精神は自然から自立化されると、何故それ自身自然化され、自然へと硬化するのかという問いは正確ではなかった。精神は何故、自然から自立化することにおいて自然化し、また同時に自然化することにおいて自然から自立化するのか、が正確な問いであろう。以上に述べたことはこの修正された問いに対する答えとなる。一言で言えば、人間的生の展開である生活世界の疑似－自然化とは、生活世界に対する抽象（的普遍）の支配である。

さらに、資本家は資本の人格化となるが、資本の強制法則によって、資本の運動過程が人間たちから自立化する。自然から自立化すると言っても、それは自然から遊離して、この意味で自然の外に立つということを意味してはいないし、同じように、人間たちから自立化すると言っても、その自立化は人間たちから遊離して、この意味で人間たちのいわば向こう側に、その外に存在するということを意味していない。むしろ、その過程は人間たちを己の手段とする。また、この自立化は資本家のイニシアティヴを無効にするということも意味してはいない。むしろ、資本の強制法則こそが資本家のイニシアティヴを要求するのである。

人間の自然史

資本制社会が自然から自立化するということと資本制社会がそれ自身自然へと硬化するということ、そしてそれが人間たちからもある仕方で自立化することとの等根源性を私は「人間の自然史」と呼ぶ。資本が自然の制約から逃れてそれを超越せんとすることは資本の衝動であり、資本の願望である。それは人間的自然を含めて自然に取り憑きながら、それを支配し、そのために自然を己の前に立てようとする。資本は自然を超越してそれを支配と搾取の対象にしようとする衝動を持っている。

物象化・物化・物神化は人間の疑似−自然化を生みだす要因として人間の自然史のうちに組み込まれている。それ故、人間の諸行為の産物の物象化・物化・物神化も、人間の、人間的自然の産物の疑似−自然化であると言うことが出来よう。しかし、私が人間の自然史について語るのは、「人間の自然史」という概念が資本の、資本制社会の運動が自然の制約を完全に超越することは出来ないが、それを超克しようとする衝動を有し、自然を己の前に立ててそれを支配しようとする傾向を組み込んでいるからである。例えば、「物神崇拝」の概念は自然化した社会過程が一種生命体のごときものになって運動するという事態を捉えている。しかし、それによっては、その概念のうちに暗黙の内に含まれているが、自然からの自立化の傾向性という点は表明的に明示的ではないように思われるし、自然からの資本の自立化の運動とそれ自身の疑似−自然過程への転化の等根源性を明示するわけではない。自然に対する支配は、それ自身が支配に取り込まれる。それは「自然の虜となった自然支配」である。それ自身が一種自然過程になる、つまり疑似−自然過程になる。[47]

人間的自然を含めて、自然を抽象の支配から解放すること、資本の支配から解放すること、自然の異物となり、それ自身一つの自然となった抽象の凝固の支配から自然を解放することは自然を公平に扱い、その声を聞くことであるだろう。資本制社会では、抽象が自然に取り憑き、それを支配している。抽象の支配は人間的自然と自然の苦悩であり、それは存在の恥辱を生みだす。この場合、抽象的普遍は独立的にそれ自身の運動を開始する。

自然を自分の前に立てること

社会とその歴史の自然からの自立性においては、以上を前提しつつ、さらに次のことが成り立つ。資本の人格化である人格は、資本制社会の運動において、自然との関係についてみれば、自然を対象として、あるいは客体として己の前に置く。資本は決して己を自然から解放することは出来ないが、資本の人格化（あるいはあのオデュッセウス）は自然を己の前に立てるように試みざるを得ない。それは自然を己の前にその他者として立てるし、立てるように立てられる。立てる主体は自然的社会的身体としての自然だが、それはもっぱら資本の人格化として、物象の人格化として現れ、そうしたものとして自然を己の前に、己の他者として立てるのである。それは自然を支配するためであるが、ここで支配は自然のさまざまな諸形態を抽象たる価値の担い手、したがって物象とすることを条件として行われる。

人間は人間的自然として自然であり、自然存在者であるとともに社会的存在者であるが、資本の人格化は、己をやはり自然に対して立てる。このように自然の他者として立てる、あるいは資本の強制法則からすれば、立てることを強制される。すなわち、立てることとして立てられる。資本の抽象の人格化として、それは己の前に自然を立てるが、それは自然を価値の担い手へと還元するためである。

7　人間の自然史と略奪による蓄積

人間の自然史は人間的自然と自然に対する暴力性を孕んでいる。これを資本の暴力性と言うことが出来よう。ここでは、ハーヴェイの議論との関わりにおいて、資本の暴力性について若干の整理を行う。

ハーヴェイは一方で、マルクスは本源的蓄積（の暴力性）を資本の前史に追いやってしまったが、本源的蓄積は以後も反復されているのだと言い、他方では、以後反復されているものを本源的蓄積と呼ぶのはおかしいので、自分はそれを略奪による蓄積と呼ぶと言った。以下では、このハーヴェイの議論を参照しながら、人間の自然史が孕む暴力性について考える。

ハーヴェイは、等価交換に基づいて剰余価値を抽出することも略奪（dispossession）による蓄積の一形態であるとする。というのは、それは「労働過程において価値を生産する労働者の能力を疎外し領有し略奪すること以外の何ものでもないからである」[48]。剰余価値の抽出は労働者の能力の領有、略奪であるということになろう。ハーヴェイはこれを労働者の剰余労働時間の略奪であるとする。それで、等価交換は不等価交換に転換しており、これは領有法則の展開である。協業における集合的能力も略奪される。

もしこのようにすれば、「略奪による蓄積」の概念は一般化され、マルクスが言う本源的蓄積も、帝国主義における略奪的実践も、新自由主義における略奪的実践も、略奪による蓄積となるであろう。しかし、他方では、ハーヴェイは、略奪による蓄積を本源的蓄積の継続として把握している[49]。したがって、帝国主義的実践も新自由主義における収奪もハーヴェイは本源的蓄積の継続として捉えているのである。だから、それらはハーヴェイにとって本源的蓄積に他ならない。それ故に、ハーヴェイでは、「略奪による蓄積」という概念に関して概念的な混乱がある。それで、今、「略奪による蓄積」という概念を一般的概念として捉えるという方針をここで採るとすれば、ハーヴェイ自身は明示的に行っていないが、それぞれの略奪による蓄積に、歴史的位相の相違を、種差を論定しなければならないであろう。

ハーヴェイは、『資本論入門』で、マルクスの本源的蓄積を解説しつつ、マルクスから引用しながら、「『農村では封建制度によって、都市では同業組合制度によって』、賃労働に基づく資本の発展が妨げられた。しかし、『このような束縛は、封建家臣団が解体され、農村住民が収奪されて部分的に追放されると同時に消失した』」と述べ、現代における一例として、一九八〇年代日本の自動車産業がイギリスに進出したとき、組合に高度に組織された地域を避けたという例に言及している。(50) しかし、ここにはある決定的な相違がある。マルクスが語っている解体とは、貨幣資本が産業資本へと転化する際の制約であり、解体したのは封建制度である。イギリスでの工業化の大部分は旧村落内で起こった。というのは、それを妨げるものはなかったからだ。ハーヴェイはこの文脈において日本の自動車産業がイギリスに進出したとき組合に高度に組織された地域を避けたことを語っているが、もちろん、歴史的位相は大いに異なる。そこで避けられたのは組織された組合の存在であって、ギルドではなかった。

私は、ここで次のように種差を論定する。すなわち、

① マルクスが語った略奪による蓄積としての本源的蓄積。これは抽象・物象の支配の成立と確立期における略奪による蓄積である。

② （ハーヴェイにしたがって言えば、）抽象・物象の支配の確立した時点での、いわゆる搾取としての略奪。

③　帝国主義的実践としての略奪による蓄積。これは資本の中核部での抽象・物象の支配の確立された後での略奪による蓄積である。

④　新自由主義における略奪による蓄積。これは、一つには資本輸出に伴う略奪による蓄積である。（例えば、中国における農民からの土地の収奪。）(51)

ここでとりわけ、④の場合について言及すれば、それは物象の力に基づく略奪であって、例えば、「労働運動による激しい階級闘争を通じて過去に苦労して獲得されたさまざまな諸権利（例えば年金、教育、医療）を切り縮めること」(52)は、新自由主義の元での物象の力に基づく略奪による蓄積の形態である。さらに、例えば、ハーヴェイは擬制資本を物象的構築物と呼んでいるが、国際的に統合された金融システムの運動のなかで擬制資本は運動し、これが略奪による蓄積をなすのである。

ハーヴェイはあらゆるものの金融化について語り、金融システムを保全することがG７の主要な関心事になったと言う。生産から金融へと権力の移動が生じたのである。階級権力の実質的部分を形成しているのは、ＣＥＯ、会社の重役、そして金融、法律、技術部門のリーダーたちである。バイオテクノロジー、情報技術といった新しい経済部門に新興の大金持ちが生まれる。国際的な金融システムには略奪的要素が組み込まれている。例えば、ハーヴェイは言っているが、発展途上国の企業家が海外から借り入れする場合、その借り入れをまかなうのに十分な外貨準備をその国自身が持っていなければならないという条件が課せられたとしよう。そしてこの条件を満たすために、その国家が例えば米国財務省証券に投資しなければならないとしよう。そして、借入金の利率が例えば一二パーセントで、担保としてワシントンの財務省に投資された債権の利率が例えば四パーセントだったとすると、その差額は、発展途上国の犠牲に基づいて帝国の中心地へと金融資産が流れ込む強力な回路になる。これは、抽象・物象的構築物に基づく略奪の形式であって、この抽象・物象的構築物のうちに略奪による蓄積が内包されている。(53)このように、ハーヴェイは抽象の支配に基づく略奪について語っているのであるが、ハーヴェイでは、私見では、それは明示的に意識化されておらず、それ故、新自由主義における略奪による蓄積をマルクスが叙述した本源的蓄積の継続だと主張する次第になっている。

確かに、略奪による蓄積については、これを論定することができる。しかし、これについては、マルクスが語った本源的蓄積との違い、おそらくは決定的な違いを看過してはならないであろう。それは、今日では物象の支配がすでに確立されているということ、抽象による支配がすでに確立されているということである。資本の中核部分における略奪による蓄積は、以下にまた立ち入るが、抽象の支配の再強化を媒介にしていた。抽象の支配の外延的拡大、これは同時にそれ自身において略奪による蓄積でもあった。資本主義の中核地帯においても、抽象の支配の強化とそれに伴う富の移動が生じている。それは抽象の支配への抵抗の力を破壊することを通して行われた。

しかし、ここに決定的な相違が存在するのであって、まさしくこの相違こそが私が自然史（人間の自然史）について語ることの動機・理由の大きな部分をなしている。ハーヴェイが語った蓄積の二つの様式のいずれも、現在において抽象の支配に関係しており、それは抽象の支配の強化を伴っている。マルクスが語った本源的蓄積は抽象の支配を確立するという歴史的文脈に属していた。今日ではそうではない。今日では抽象の支配はそれを弱化する力に対して己を主張したのであり、このことによってまさしく略奪としての富の移動が生じたのである。略奪による蓄積は次のように分けられる。

1　本源的蓄積
2　資本主義がすでに成立しているときの、略奪的な蓄積
2－1　帝国主義的蓄積
2－2　新自由主義的蓄積（富の移動）
2－3　新自由主義が進行しているもとでの直接的暴力による蓄積

（抽象の支配と言うのは、世界のあらゆる存在者を価値の担い手に還元することを言う。この物象がそれ自身の力を揮うのである。）資本の暴力性について語るのなら、その暴力性は資本の内在的本質に由来する。資本の暴力性は継続している。しかし、本源的蓄積が継続しているとは言えない。

注

（1）Vgl. Th. W. Adorno, ND, S. 285.（三五〇頁）
（2）M. Postone, TLSD, p. 157.（二六一－二六二頁）
（3）Vgl. Th. W. Adorno, ND, S. 139.（一六四頁）
（4）Vgl. ebd., S. 139.（同上）
（5）Vgl. Th. W. Adorno, AP, GS1, S. 336.（二二頁）。なお、M・ジェイ『マルクス主義と全体性　ルカーチからハーバーマスへの概念の冒険』荒川幾男他訳、国文社、一九九三年、三九四参照。
（6）後に立ち入るが、価値は他方純粋に社会的なのでもない。価値は人間的自然の生命力の支出、生理学的意味での労働一

般の自立化としての抽象である。

（7）Cf. Erick L. Krakauer, *The Disposition of the Subject: Reading Adorno's Dialectic of Technology*, Northwestern University Press, 1998. p. 22.

（8）Th. W. Adorno, ND, S. 347.（四二九頁）

（9）Ebd., S. 348.（同上、四三一頁）

（10）K. Marx, *Das Kapital*, Bd. 1, MEW. Bd. 23, S. 328-289.（『資本論』①、四〇八頁。）

（11）Ebd., S. 61.（『資本論』①、六三頁）

（12）M. Postone, TLSD, p. 144.（二四〇頁）

（13）Ibid., p. 145.（同上、二四一頁）

（14）Ibid.（二四二頁）

（15）Ibid., p. 145-146.（二四三頁）

（16）Ibid.（二四三頁）

（17）吉田達氏は次のように言っている。「『くだもの』という普遍は『さくらんぼ』、『なし』、『ぶどう』という特殊から遊離した抽象的なものではなく、これら特殊に密着している。こうした考えかたは、くだものを所望するあいてに、さくらんぼや、なしや、ぶどうをためらいなしに供するわれわれの日常感覚のうちに生きている」（吉田達『ヘーゲル　具体的普遍の哲学』東北大学出版会、二〇〇九年、五頁）。

（18）佐々木隆治『マルクスの物象化論――資本主義批判としての素材の思想』社会評論社、二〇一一年、一四四頁、注37。

（19）マルクスが思考的抽象を行ったとき、彼はすでに実在抽象を念頭に置いていたのである。

（20）アドルノの言葉を借用して言えば、それは悪しき普遍である。

（21）K. Marx, *Das Kapital*, Bd. 1, MEW. Bd. 23, S. 169.（『資本論』①、二〇二頁）
（22）この自立化した生命力は人間的自然の生命力を吸収するのである。
（23）Marx, a. a. O., S. 55.（『資本論』①、五六頁）
（24）Ebd., S. 55.（同上①、三〇二頁参照）
（25）アドルノとともに言えば、この場合、特殊（具体）とはまさしく非同一性に他ならない。アドルノの眼差しはこの非同一性に向けられている。
（26）Cf. D. Harvey, ECCC, p. 155.（一九六頁）
（27）Ibid., p. 156.（一九八頁）
（28）Th. W. Adorno, ND, S. 139.（一六四頁）
（29）Vgl. ebd., S. 146.（一七四頁）
（30）Vgl. ebd., S. 199.（二四三頁）
（31）この時、抽象としての価値はその商品体を包摂しているとも言うことが出来よう。
（32）あるものが価値の担い手になるとき、あるいはそうした仕方で価値があるものに移り住むとき、そのものは物象（Sache）となる。それ故、商品は物象である。だから、労働生産物はそれ自身ではまだ物象ではない。
（33）Marx, a. a. O., S. 86.（『資本論』①、九八頁）
（34）Ebd., S. 87.（同上）
（35）というのも、価値は抽象であるためにそれ自身としては生活世界のパースペクティブからは知覚されないから。
（36）ここで、「現れる（erscheinen）」というのは、人間たちの生活世界において、現実にそうしたものとして定立されるということである。

(37) なお、ホネットは、“Verdinglichung”という語を用いているが、資本制社会における抽象の支配という次元に立ち入ることがないために、ホネットでは、“Versachlichung”と“Verdinglichung”の区別は出て来ない。

(38) Marx, a. a. O., S. 86-87.（『資本論』①、九八頁）

(39) だから、マルクスは言っているが、「価値の額に価値とは何であるかが書いてあるのではない。価値は、むしろ、それぞれの労働生産物を一つの社会的象形文字にするのである。あとになって、人間は象形文字の意味を解いて彼ら自身の社会的な産物の秘密を探り出そうとする」(Marx, a. a. O., S. 88.（『資本論』①、一〇〇頁）)。

(40) Marx, a. a. O., S. 88.（『資本論』①、一〇〇頁）

(41) マルクスによれば、利子は剰余価値の一部であり、またその一部でしかないが、この事態は隠蔽されるのであり、利子が資本の本来の果実として現れる。利子が剰余価値の一部でしかない、という事態が（われわれの生活世界では）隠蔽されるのであって、生活世界では、それで、資本の物神的形態（Fetischgestalt）、あるいは資本物神（Kapitalfetisch）が定立されるのである。それは資本主義的生産関係の神秘化（Mystifikation）、ないし社会諸関係の物化（Verdinglichung）である。これに対して、G－G′の分析において見られるのは、事態の理論的再構成であり、この理論的再構成にあっては、生産関係の最高度の転倒と物象化（Versachlicung）、利子を生む姿が論定されるが、間違った外観、欺瞞は生活世界ではそれとして知覚されることはない。Vgl. K. Marx, *Das Kapital*, Bd. 3, MEW. Bd. 25, S. 838.（『資本論』⑤、一〇六三頁）

(42) ハイデガーを真似て言えば、存在（Seyn）は存在（Sein）、すなわち、歴史的時期や時間を人間に贈ることにおいてそれ自身を隠すのであり、この存在忘却が生活世界ではさらに忘却される。

(43) K. Marx, *Das Kapital*, Bd. 1, MEW. Bd. 23, S. 86-87.（『資本論』①、九八頁。訳は少し変えてある。）

(44) 拙書『カントとアドルノ』梓出版社、二〇一三年参照。

(45) 同上、六頁。

(46) 生活世界の疑似‐自然化の根拠はポストンが言う抽象の支配である。

(47) 生理学的意味での労働一般は、それ自身では、決して自然に対する異物ではない。普遍と特殊の転倒のもとで、それが抽象的人間労働として定立されること――このことは歴史的に形成された人間と人間との関係性、人間と自然との関係性の中ではじめて生起するし、そうした定立は、その関係性の中での人間の行為の非志向能作の結果である――、したがってこのようにいわば自立化した抽象的人間労働は自然に対する異物である。

(48) D. Harvey, CMC, p. 311.（四六〇頁）

(49) Cf. ibid., p. 305.（四五二頁）

(50) Ibid., p. 298.（四四一頁）

(51) ただわれわれはハーヴェイが次のように言っていることを考慮しなくてはならない。それは恐らく資本主義の輸入という歴史的事態においてのことであろう。中国の場合には、外国の帝国主義的諸実践が主役をつとめたのではない。中国国家と共産党が準資本主義的道をとった。それは資本主義の輸入であっただろうが、中国国家が主導し、農村住民から都市プロレタリアートを造り出した。これは抽象の支配に対する抵抗を弱化せんとしたのではない。これは農村住民から莫大な数の低賃金都市プロレタリアートを創出した。このプロレタリアートを雇用したのが外国資本であった。中国の例からハーヴェイは次の結論を下している。すなわち、本源的蓄積に似た何かが現代資本主義のダイナミズムの中で継続している。その継続的存在は資本主義の存続にとって根本的である。注意すべきなのは、ハーヴェイがここで本源的蓄積とは言わず、本源的蓄積に似た何かと言っている点である。インドについて、ハーヴェイは、農民は土地から追い出され、そこは経済特区にされる、と言う。ここでは、産業活動ができることになっている。西ベンガル州のナンディグラムでは、土地からの追い出しに抵抗する農民が殺害されている。これは、ハーヴェイによれば、本源的蓄積の古典的実例である。これは確かに暴力的な略奪であろう。ここで暴力は土地の略奪に向けられている。

（52）D. Harvey, CMC, p. 310.（四五八頁）

（53）ＩＭＦが発展途上国に強制した構造調整プログラムも、略奪による蓄積の形態である。

第八章　新自由主義と抽象の支配

本章で、私は新自由主義的資本主義（あるいは新自由主義的グローバリゼーション）が何故に、フォーディズムの時代に比べて、人間の自然史の一層の展開であり、その現代版であるかの問いに立ち入るように試みる。

1　階級プロジェクトと抽象の支配

ハーヴェイの議論

ポストンによれば、労働力の所有者としての労働者の自己確立・自立性は資本制社会における階級としての、労働者の労働者としての自己確立であり、それ故、階級闘争は、例えば賃金闘争は何ら資本制社会を超克するものではない。これに対して、ハーヴェイは、マルクスは『資本論』において、古典派経済学の諸前提を受け入れ、その上で、古典派経済学を論駁するのであり、これがマルクスの議論戦略であったと言う。ハーヴェイによれば、マルクスは資本と労働の両者が交換法則の観点からそれぞれの権利を主張するという前提を置いている。(1) だから、労働日を巡る闘争では賃金制度の廃絶は問題になっていない。そして労働日を巡る闘争が階級闘争であることが語られるが、むしろ、階級闘争は、それは資本家と労働者の間の何世紀にもわたる内乱、闘争であって、この集団的な階級闘争は実のところは「資本主義的ダイナミズムの内部における安定装置になりうる」(2)。「階級闘争はただ労資関係を均衡させるだけである」(3)。それ故、この点を見るかぎり、ポストンとハーヴェイは同じ主張を行っているように見える。

けれども、ハーヴェイが言っているのは、交換法則を受け入れた上での同じ権利対権利という文脈である。この前提のもとでは階級闘争の成果は「公正な一日の労働に対する公正な一日の賃金」という「ささやかな大憲章(modest Magna Carta)」に他ならない。だが、階級闘争がいつもこうした前提のもとで行われるとは限らない。この前提を除去してみれば、階級闘争がいつも資本主義のダイナミズムのうちに内化されており、それは何ら資本主義の超克をもたらすものではない、という結論は出て来ないことになる。

別の視点から見るならば、賃金闘争も労働日を巡る闘争も、物象・抽象の支配に対する抵抗とその廃絶の方向性という意味を持ちうるのである(4)。労働力商品は人間の精神、身体、人間の人格及び生命と分離出来ないから、労働日の延長には一定の限界がある。この限界を超えるならば、労働力は破壊される。それは生命の破壊になる。それはいわば人間から自立化した生命力の支出が現実の人間の生命力を吸収することである。抽象の支配の強化とは、労働日という場面では、一つには労働日の延長という形態をとるであろう。ここには二つの場合がある。時間的伸張と時間の濃度の強化、内包的強化である。だから、この意味での抽象の支配強化に対して、人間の生命、したがって生活の抵抗が存する。「階級闘争」が「本来の資本主義的生産蓄積様式を本当の意味で確立させる決定的契機」であるとすれば、この場合の階級闘争は、抽象の支配を廃棄するのではない。しかし、それは少なくとも抽象の支配の強化、抽象の支配の時間的延長に対する押しとどめの意味を有する。われわれは資本主義社会とその歴史を人間の自然史として捉えた。しかし、人間の自然史のうちにはそれに抵抗し、批判しそれを押しとどめ、それを超克する傾向性、したがって自然の人間的歴史の傾向性が含まれている。（もとより、相対的剰余価値の生産において、労働日は延長されるのであるが。）

階級戦略としての新自由主義

ハーヴェイは新自由主義の運動を上層階級の、支配的エリートと支配階級の階級権力回復のプロジェクトとして把握している。一九七〇年代、支配エリートと支配階級の地位が政治的危機と経済的脅威の両者において脅かされた。戦後社会国家においてその制度が編成されたさいの原則は上層階級の権力が制限され、そして労働者にはより多くのパイをというものであった。これは、フォーディズムの確立によって、その基本は生産性の上昇と賃金の上昇を連動させたものであるが、それに照応した社会的・経済的・政治的諸制度の複合体が形成された。ヨーロッパの社会国家（福祉国家）においては、埋め込まれた自由主義、すなわち、抽象の支配に対する一定程度の歯止めを内包する資本主義の形態が形成された。それ故に、社会国家では、交渉力ある労働組合の存在が重要な意味を持っていた。

ところが、ハーヴェイによれば、一九七〇年代に成長が破綻し、実質金利がマイナスになる。これは微々たる配当と利潤を意味するが故に、世界中の支配階級は脅威を感じた。資産価値、つまり、株、不動産が暴落したのである。このことは支配階級の富（価値）に対する支配力の減退を意味する。ハーヴェイの考えでは、新自由主義は、こうした支配階級の経済的、したがってまた階級的権力の弱化・危機に応答して出現し、それ故、新自由主義は支配階級の階級的権力回復のプロジェクトであった(5)。

チリとニューヨーク市における新自由主義の先行的実験

一九七〇年代にニューヨーク市は財政危機に陥ったが、一九七五年にこのニューヨーク市で金融クーデターが生じる。投資銀行はニューヨーク市の債務返済繰り延べを拒否、後になされた救済措置には、市の予算管理を引き継ぐ機関を設立するという条件が付いた。債権者への返済が優先され、自治体労組の要求が押さえ込まれた。この構造はＩＭＦ構造調整と類似しており、またチリでの軍事クーデターと類似する事態である。ハーヴェイは、ニューヨーク市の財政危機の中で、所得、富、権力の再配分が行われたと言う。これは後にチリで先行的に実験された。(6)

金融機関の保全と債権者の利払いと市民の福祉、良好なビジネス環境と住民の要求や福祉に関して、前者が優先され、階級利益に基づく同盟関係が成立する。ハーヴェイはこのニューヨーク市における出来事を階級支配の復活として、支配階級の権力の掌握として、その先駆的形態として捉えている。つまり、ハーヴェイによれば、新自由主義は支配階級の階級権力再構築の試みであり、再構築のプロジェクトであったのだ。

新自由主義的社会システムの形成

ハーヴェイは次のように言っている。すなわち、チリとニューヨーク市からレーガンやサッチャーは糸口をつかんだ、と。彼らは階級権力の回復を決意していた階級運動の先頭に立ったが、続くクリントンやブレアのような後継者たちは、好むと好まざるとにかかわらず、新自由主義化をよりましな形で継続すること以上のことはほとんどできなかった。(7)ということは、新自由主義的な社会政治・経済システムが形成されたということである。

イギリスでは、一九七九年、新自由主義は国家プロジェクトとなる。①労働組合の力と対決することが目指され、②競争的フレキシビリティを阻害するあらゆる形態の社会的連帯が攻撃される。さらに、③公共企業体が民営化され、④社会的連帯は個人主義、私的所有、個人責任、家族の価値に道を譲った。レーガンは、規制緩和、減税、労働組合に対する攻撃を行い、一九八一年米航空管制組合を屈服させる。一九八〇年には貧困水準と同等であった連邦最低賃金が一九九〇年にはこの水準よりも三〇パーセント下落した。規制緩和が行われ、大企業が利益を上げるために市場的自由が拡大された。産業空洞化と生産の海外移転が常態化する。

ハーヴェイは言う。

新自由主義国家は、国内においては資本蓄積の妨げとなるあらゆる種類の社会的連帯につねに敵対的である。したがって、「埋め込まれた自由主義」のもとで強力な力を発揮してきた自立した労働組合やその他の社会運動（たとえば大ロンドン市議型の自治体社会主義）は、個々ばらばらの労働者の神聖な個人的自由なるものの名のもとに破壊されなければならないし、少なくとも抑制されなければならなかった。(8)

労働者に対する統制と高い搾取率の維持は新自由主義化にとってつねに不可欠のものである。階級権力の回復ないし形成は常に労働者を犠牲にして進行するのである。

これらの現象は何を意味しているのか。ある種のシステムが構築された。労働組合に対する攻撃と賃金低下。両者は連動している。問題は賃金を低下させることである。そのためには、労働組合の力を削ぐことが必要である。それから資本が組合組織率の低い南部や西部に移動したことも同じ文脈である。それから生産基地の海外移転、これまた賃金水準の低下を惹起する。これまで労働者に行っていた価値が資本側に移動する。法人税減税も同じ文脈に属する。ここで行われたのは階級闘争であり、そして労働側が敗北した。

階級権力の回復過程

金融自由化が行われたが、この金融市場は富を調達し、集中する強力な手段となった。企業と銀行の連携は掘り崩され、企業と金融市場が結びつくことになった。一九九五年、世界貿易機構協定が成立する。各国が資本の移動にいっそう開放され、かくて、自国のビジネス環境への関心が生じる。ウォールストリート－財務省－ＩＭＦ複合体が形成され、これが多くの発展途上国に新自由主義政策を採用させた。

ＷＴＯは新自由主義的な基準とルールを設定したが、これは多くの国を開放することを目差していた。というのは、これはアメリカやヨーロッパ、日本の金融権力にとって他国から剰余金を吸い上げる手段であったからである。とすれば、金融自由化と金融システムの変換は収奪のシステムを構築することだったということになる。そして、一九九〇年代には、二つの金融危機が生じた。一九九五年のメキシコの「テキーラ危機」と一九九七年のタイを震源地とするアジア危機である。

富と権力の集中

ハーヴェイは言うが、今日、富と権力は資本主義の上層部には途方もなく集中しており、これは一九二〇年代以降初めて見られる事態である。世界の主要な金融センターへの剰余金の流入量は実に驚くべきものである。このこと（富や権力の集中）こそが新自由主義の本質であり、その根本的核心である。それは富の移動を、下層から上層への、家計から大企業への富の移動を意味している。新自由主義の本質は新たな富を産出するというよりも、この富の移動にある。新自由主義理論は自立、自由、選択、権利などといった言説の影に、むき出しの階級権力の――とりわけグローバル資本主義の主要な金融中心国における――回復と再構築がもたらす悲惨な現実を隠蔽するもの

なのである。(9)

上層階級を構成する諸要素の再編

ハーヴェイによれば、階級権力の回復は上層階級を構成する諸要素の再編成を伴った。このさい、新しい企業家階級が生成する。金融業者、大企業のCEOの権力と重要性が増大する。「新自由主義は階級権力を回復したかもしれないが、必ずしも同じ人々の経済権力の回復を意味したわけではなかった」(10)。所有と経営が再び融合する。(11)これは自社株購入権が経営者に与られたことによる。また、貨幣資本と生産資本・製造業資本・商業資本との距離が狭まった。

2　抽象の支配強化と新自由主義

以上のように、ハーヴェイは新自由主義の運動を支配階級の弱化した階級権力再興のプロジェクトとして捉えている。ハーヴェイには(歴史的に形成された)われわれの生活世界の具体相に対する眼差しがあり、単に抽象的構造に対する一元的眼差しには還元されない眼差しがあって、これがハーヴェイの資本主義分析、それ故にまた新自由主義の分析の豊かさの源泉であるが、他方、(ポストンが論じたような)抽象の支配という観点は弱いように思われる。確かに、ハーヴェイは実際には金融システムの略奪的本性について語り、そしてそれはまさしく物象的構築物なのであるから、実際には、(暗黙のうちに)物象・抽象の支配について言及しているが、新自由主義における抽象の支配強化について明示的に語っているわけではない。私見では、新自由主義の運動は抽象の、抽象的構造の支配強化を基礎にしていた。すなわち、戦後福祉国家や開発主義国家にそれなりに存在していた抽象の、したがって物象の支配に対する抵抗と批判の力の制度化であった社会的諸関係の解体をもたらした。つまりこの仕方で抽象の、物象の力の強化をもたらした。(12) それで、私はここで、抽象の支配強化という点から、ハーヴェイの議論に対して若干の補足を行いたい。

資本制社会では、資本の人格化の有する階級権力は世界、生活世界の物象化に基礎をおいている。つまり、生活世界の物象化、したがって抽象（的構造）の支配こそが支配階級の階級権力の源泉であり、そしてまた富に対する支配力の源泉なのである。上層階級の経済的権力はその抽象的構造、すなわちそれ自身の生命を与えられたかの自己運動する価値の構造、この構造にその基盤を持っている。これが物象化と関連する事柄である。抽象的構造と抽象的時間の運動、これこそが資本の階級権力の源泉である。それ故、物象の支配の弱化は階級権力の弱化を伴立する。上層階級の支配力は、戦後社会国家の中で、ハーヴェイが言う「埋め込まれた自由主義」のなかで弱化したが、それは抽象の支配の弱化をも意味していた。強力な労働組合の存在は、確かにそれが階級闘争の沈静化として、階級闘争が賃金闘争に縮減されたと理解されるにしても、他方では、それは抽象の力に対する抵抗と押し戻しの力でもあった。それ故にこそ、一九八〇年代に、サッチャーは炭坑労組をたたきつぶし、レーガンは米航空管制組合を屈服させたのである。

それは抽象の支配に対する抵抗の力を、抽象の支配に対してそれを押し返す集団的行為の力を、それ故、社会的連帯の力を、そしてこの連帯の力を内包した制度的諸形態を破壊ないし弱化させたのであるが、それはとりもなおさず、富に対する上層階級の支配力の強化をもたらした。人間たちの間の社会的関係が物象の間の社会的関係として定立され、これが生活世界を支配していけばいくほど、人間諸個人は孤立化し、原子化していく。というのは、物象の間の社会関係は間人格的な人間関係を希薄化し、解体していくからである。生活世界における自己責任の無責任な流布はこの原子化を促進する上で機能的な意義を持っていた。個人責任の言説の流布は、抽象の力を少なくとも押しとどめる社会的連帯の力を破壊する。それは同時に抽象（物象）の支配強化であった。生活世界のあらゆる存在者を価値の担い手に還元し、社会諸関係を価値の担い手の間の関係に還元することで、今度はその価値（富）が社会のある部分から他の部分へと移動するシステムが形成される。つまり、ハーヴェイの言う略奪を内包する社会・経済システムが構成される。抽象の支配の強化はこうして生活世界の大規模な構造転換をもたらさざるを得なかった。世界の金融センターには剰余金が途方もなく流入している。こうした制度的システムの形成こそが新自由主義の本質である。今日、途方もない権力と富が社会の一方の極に集中している。生活領域だけではなく、遺伝子、生命までも商品化される。商品化とはそれらを価値の担い手とすることであり、したがって抽象（物象）が支配する場へと変換することである。新自由主義は、生活世界をその全面にわたって、抽象（物象）の支配に対する障壁を解体し、抽象の支配を強化するという機能的意味を持つ生活世界を形成しようとする運動である。新自由主義はこのように抽象の支配を再強化することによって、これに基づいて富の略奪を惹起する社会経済的システムを構成しようとするのである。

抽象の支配強化

ここで、私は少しく先走って、支配階級の経済的権力の弱化という現象の根底に何があり、何が進行したのかについて立ち入っておくことにする。新自由主義は階級権力の回復を目指していたとハーヴェイは言った。支配階級の富に対する支配力の減退が生じていた。新自由主義は富（価値）と権力の集中による経済的エリートの権力回復のプロジェクトであった。

ここで、われわれが明らかにしなければならないのは、①何故階級権力が弱化したのか。②それを回復するにはどうしなければならなかったのかという点である。①に関して言えば、私見では、ポストンが言う抽象的構造こそが支配階級の階級権力の源泉であるが、それというのは、アドルノがシステムになぞらえた抽象的秩序において、その抽象的秩序内での位置が抽象、それ故に物象への支配権をもたらすからである。戦後福祉国家ないし社会国家では、確かに福祉官僚制があり、これに対する批判もあったが、それは他面では、抽象（物象）の支配を押しとどめる諸力の制度化でもあった。フォーディズムにあって、その展開は、資本にとっては意図せざることであったが、資本の利潤率の低下をもたらし、これによって資本の物象、結局のところ貨幣に対する支配力は減退した。だから、その経済権力の強化のためには、そしてこれが新自由主義の歴史的使命なのだが、富（価値）の移動を、国家の福祉国家的要素を解体して、上層から下層へではなく、下層から上層へ、家計から大企業へと、逆転させることが必要となったのである。それは抽象、それ故、物象の支配の強化を基礎にしていた。資本の人格化である現代の経済エリートがその富に対する支配力と権力を回復するには、物象化のいっそうの強化を必要とした。というのはその抽象の支配こそが、抽象的構造こそが階級権力の源泉であるからである。

賃金低下

経済エリートの経済的権力の強化は総体として賃金の低下をもたらす。これまた、抽象の支配強化を条件とする。この賃金低下は富（価値）の移動、収奪の形態であるが、こうした収奪もまた、抽象、したがって物象（的構築物）の支配と関係がある。抽象の支配構造こそ資本の人格化の階級権力の源泉であるから、新自由主義という支配階級ないし経済エリートの階級権力を再構築するプログラムは抽象の支配に対する抵抗力の解体を、その弱化を必要としたのである。先に述べたが、抽象の支配の再構築こそが新自由主義の本質であり、それはわれわれの生活世界の大規模な変換を惹起する。抽象的構造の支配の強化は一定の構造的あり方を持つ生活世界を生みだし、また生活世界が一定のあり方をしていなければ、抽象的構造の支配は可能ではない。階級プロジェクトとは富（価値）、したがって抽象に対する経済エリートないし支配階級の支配力を強化することであるが、これは抽象の支配に対する抵抗力を弱め、あるいは解体すること、したがって抽象の支配強化を必要とした。例えば、土地の私有化、公共財の私有化はハーヴェイの言う略奪の形態であり、それは公共財を価値の担い手に還元することであって、これまた抽象の支配強化を意味する。

総体としての賃金の下落は富の略奪の形態であろう。この略奪は、物象の支配に対する集団的な抵抗の、連帯的な抵抗の力を削ぐことを媒介として遂行される。賃金闘争はそれ故に、資本の支配力、それは抽象の支配にその基礎を持つが、資本の支配力に対する抵抗の含意を持ちうるのである。剰余労働の吸収、これは抽象の支配の、人間と世界に対する抽象の支配の形態である。資本は抽象的労働が生産する剰余価値を吸収することで増殖する価値という抽象であるが、それは貨幣資本、商品資本という形態をとり、またその形態をとることなしには存在することは出来ない。抽象的労働が産出する価値たる抽象には剰余価値が含まれている。

抽象の支配の外延的拡大

これが規制緩和の意味することである。生活世界の全般が抽象が支配する、したがって物象が支配する領域へと変換される。すべてが商品化するということは、一切が価値の担い手、抽象的労働の客体化たる価値の担い手へと変換するということである。[14] ルカーチは生活世界の全面的物象化を語ったが、そのさい、そうした物象化は合理化としても捉えられた。フーコーでは、それは規律的権力の作動として捉えられた。生活世界の全面的物象化、したがって社会とその歴史の疑似－自然化は、新自由主義にあっては、それまでとは別の形態をとる。その背後には抽象の支配の強化と人間たちの生活世界全般へのその外延的拡大がある。

チリ・ニューヨーク・日本

ところで、日本におけるシステム社会の形成には新自由主義が絡んでいた。一九七五年の闘争は新自由主義の勝利という側面を持っていた（福田・大平政権）。この点は、ニューヨーク、チリにおける事態と同様である。こうした事態をわれわれはどのように解釈したらよいだろうか。それは、まさしく、抽象の支配の強化、物象の支配の強化をもたらしたものではなかっただろうか。強い労働組合の存在の意味は単に賃金闘争に尽きるわけではなく、確かにポストンの言うことは一つの論理であるが、単にそれだけではなく、抽象の支配、したがって物象の支配に対する抵抗と歯止めをも意味していた。アドルノは福祉国家をもシステム社会としてとらえ、福祉も全体性への諸個人の統合の手段として捉えたが、新福祉国家というのは、したがって、抽象の支配、生活世界に対する支配に対する反抗でもある。

チリ、ニューヨークの出来事はある共通点を持っている。日本では、一九七二年頃、他の資本主義諸国におけると同様、資本の利潤率の低下が起こっていた。これは蓄積危機である。エリートの経済的・政治的権力が低下していた。新自由主義的資本主義はこうしたエリートの階級権力の回復のプログラムとして登場した。

さて、私のここでの課題は、エリートの支配、ないし権力と抽象の支配、また階級権力の再興と抽象の支配強化との関連を明らかにすることである。ハーヴェイによれば、新自由主義は、そして新自由主義的グローバリゼーションは支配階級の階級権力再興のプロジェクトであるが、このプロジェクトとは抽象の支配の強化を媒介として追求された。

まず、抽象の支配強化について。戦後福祉国家は福祉国家官僚制をなし、それに対する批判があったが、この福祉国家は同時に抽象の支配に対する一定の緩和、すなわち抽象の支配に対する押し戻しの力とその制度化を内包していた。新自由主義はその福祉国家を解体せんとするが、その解体が目指すのは抽象の力に対抗する力をまずは解体することである。抽象の力・物象の力に対抗する力とは非市場的な力であって、非市場的な力の解体は抽象の支配に対する押し戻し（抵抗）に対する巻き返しである。新自由主義は人間の生活世界を全面にわたって市場化しようとするが、それは生活世界をその全面にわたって抽象の、したがって物象の支配領域に変換することである。歴史的に獲得された労働者の権利が攻撃された。それはまずは抽象の支配への抵抗力を弱化させ、無効にすることを意味した。[15] ハーヴェイは次のように言っている。

一九三〇年代に職場の労使関係を規制するために設立された全国労働関係委員会は、レーガンに任命された者たちによって、ビジネスの世界が規制緩和されているまさにその時に労働者の権利を攻撃し規制する道具に変えられた。一九八三年には、わずか六カ月足らずの間に、一九七〇年代に企業の立場からすればあまりにも労働者の立場に立ってなされた諸決定のうちのほぼ四〇％が覆された。[16]

ここに語られているのは、全国労働関係委員会の機能替えである。すなわち、それは労働者の権利を守り確立する機関からその権利を剥奪する道具に変換された。労働者の権利は資本に対する規制力を含んでいるのだから、その規制力が剥奪されるということはまずは抽象の支配に対する抵抗の力を解体するということを意味したし、それはとりもなおさず支配階級の権力の強化を意味した。というのは、支配階級の権力は資本制社会における抽象の支配に、ポストンが言う抽象的構造の支配にその基礎を持っているからである。[17] それ故に、抽象の支配を押し戻す生活世界内諸力の強化、したがって抽象（物象）の支配の弱化はその権力の弱化を意味する。

ところで、資本の権力は直接的には富（価値）、あるいは貨幣に対する資本の階級の支配力を意味するから、富に対する支配力の弱化は資本の権力の弱化でもある。それ故に、資本の権力の再興は富（価値）に対する支配力の強化として実現されるのであるが、この富に対する資本の支配力は、まさしく抽象の支配強化を媒介として行われた。すなわち、社会保障領域や医療の流域を含めて、それらを物象の支配する領域へと、換言すれば、抽象（価値）の担い手たる物象の支配する領域へと変換し、かくしてその価値を資本の側へと吸収する生活世界内的な制度システムが作られた。抽象の支配とは生活世界内存在者や行為、生活のあり方が物象となること、すなわち価値の担い手に還元されることであり、これが生活世界の変換をもたらす。そしてまさしくこのことが資本の権力再興のための条件であったのである。抽象の支配を押しとどめる諸力と制度が解体されたが、富（価値）の移動を惹起するには生活世界が、そして生活世界内労働形態が一定の形を取らなくてはならなかった。それが例えば非正規雇用の多用である。

ハーヴェイはアメリカでの事態について「一九六〇年代に企業と労働組合勢力とのあいだでルール化された不安定な社会的合意は終わりを告げた」[18] と言っているが、この社会的合意はフォーディズム時代を特徴づけていた諸要素の一つだった。この合意が解体された。社会的合意のこの解体は抽象（物象）の支配に対する歯止めであったが故に、それは抽象の支配強化をもたらし、富の移動（ハーヴェイはこれを略奪と呼んだ）を惹起する。新自由主義の世界改造は経済成長の鈍化、不平等性の拡大、貧困の普遍化をもたらした。これは抽象の支配強化と資本の権力の再興の過程でもあった。

抽象の支配の強化と生活世界の変換

私は新自由主義の本質を抽象の支配の再構築の試みとして捉える。ハーヴェイが言う埋め込まれた自由主義はフォーディズムを基盤とする戦後福祉国家（あるいは開発主義国家にも当て嵌まる点があるが）を指している。福祉国家は資本主義そのものを止揚するのではなく、それを前提としているが、さまざまな社会福祉と社会保障制度を組み込んだ国家体制である。ここで重要な点はフォーディズム時代の社会・経済体制は労働力の商品化に対する一定の押し戻しを含んでいたということである。[19] 福祉国家は、ここで私は福祉国家という理念について語るが、それは物象の、したがって抽象の支配を弱化させ、労働力の商品化に対する非商品化の力とその制度的枠組みを備えている。福祉国家はナンシー・フレイザーが言う肯定的是正（Affirmation）[20] を採用した国家形態であった。それは資本主義の止揚は目指さないけれども、抽象の支配の一元的貫徹、つまり生活世界に対する一元的支配を押しとどめた国家体制であった。それは労働力商品化に対して非商品化の力を制度化したものである。新自由主義はこの福祉国家体制を解体することを目差している。このことが含意するのは、生活世界における抽象の支配の再確立であった。そして、この抽象の支配強化はそれは生活世界の大規模な変換を伴い、一方では生活世界のさまざまな諸領域の商品化（これは抽象の支配を意味する）、市場化をもたらし、他方では、富の社会的下層から上層へ、家計から多国籍企業への富の移動のシステムをもたらした。貨幣、富に対する支配階級の支配力強化は抽象の支配に抵抗する社会的力、その力の制度化された形態を破壊する、ないしそれを弱化させることをその条件としたのである。物象とはあくまで生活世界内存在である。だから、その力に対抗する諸力も生活世界に属する。新自由主義は、その生活世界内諸力を解体することを通して、生活世界の商品化、市場化を強化する。まず、抽象の支配を押しとどめる装置が解体された、あるいは弱化された。その上で、共有資産の私有化が敢行される。これはハーヴェイが言う略奪である。略奪は富の移動であるが、それは私有化によるのである。私有化とは対象物を価値の担い手に変換することである。

こうして、生活世界の全面的変換、すなわち生活世界を抽象の支配、したがって物象の支配のより純粋な形態へと変換することが目指された。抽象の支配とは物象の支配である。この物象の支配を貫徹させること、これが富の移動、つまり収奪、略奪を可能にする生活世界内制度的形態を産出するのを可能にしたのである。抽象の支配に対する抵抗とそれの押しとどめの力、その押しとどめの力の制度的形態を福祉国家は持っていた。だから、新自由主義はその福祉国家を解体しなければならなかった。

物象の支配強化と具体性の希薄化

これがわれわれが新自由主義は人間の自然史のいっそうの展開であると語る理由である。抽象、物象、すなわち、疑似－自然の支配強化と富（価値）の移動のシステムの構築がはかられた。富を経済的エリートの手に逆流させようというのである。そのためには、抽象の支配に対する押しとどめを逆転させること、その押しとどめに対する逆転、逆流が必要だった。この逆流は人々の生活世界の変換、その改造を伴った。抽象、物象の社会的支配の強化と富のいわば収奪の体制が構築された。

こうした抽象たる物象の社会的支配の強化は人間の自然史の一層の展開である。物象化（これは生活世界では、物化、物神化として現れた）の一層の進展は生活世界をある意味で抽象的にする。生活世界の疑似－自然化は具体的な人間諸関係をますます解体し、諸個人はますます抽象的な個人的存在へと投げ入れられる。社会性とはまずもって人間と人間との相互的な関係性、生身の身体的存在者たちの相互コミュニケーションを含んだ関係性である。物象の支配強化は人間たちの生活世界にその結果を持っている。物象化にあっては人間たちの間の人格的関係が物象の社会的関係として現れるために、人間たちの間の人格的な相互関係性を解体する作用が貫徹する。すると、この作用は生活世界において人格的相互関係を解体していくことになる。自己責任の言説はこの解体に対して機能的な意義を持っている。また逆に、生活世界における人格的な相互関係性の解体ないし希薄化なしには、抽象の、物象の支配強化もないのである。

ところが、抽象そのものは生活世界では知覚されないために、すなわち隠蔽されるために、生活世界で経験されるのは、社会的に生産された富の社会の一つの極への極端な集中であり、貧困の普遍化であり、社会的諸関係の具体性の希薄化と解体であり、無縁社会と言われるような諸個人の孤立化である。この傾向が社会的連帯を解体していく。社会的連帯の力の解体はある機能的意義を持っている。新自由主義にとっては、社会的連帯は解体されなければならない。というのは、それは、まさしく富の移動、つまりは経済的エリートへの富の移動にとって阻害要因になるからであり、物象の支配を弱化させるからである。そして、社会的連帯に取って代わるのは、抽象の支配の強化を押しとどめ、それを止揚していくのではなく、逆に、それと相補関係にあり、諸個人の間の具体的な相互関係性の解体・希薄化こそが生みだす疑似的な社会的連帯である。アドルノは、内面性の物神崇拝について語った。〈純粋な私〉とか〈本当の私〉とかはこの類であるが、これは一つの抽象物である。というのは、それは、私はさまざまな社会的媒介を介してはじめて私であるというのに、この媒介を消去して造り上げられた〈私〉に固執しているからである。媒介性の契機を捨象して自己自身への関係そのものが絶対化される。ここに、自己自身であることによって祝福されていると思いこむ自負が生じる。(21)偶像化された内面性は抽象物である。その内面性としての〈自己〉は社会的媒介から切断され、したがってそれ自身は他者から切断されている。ところが偶像化された内面性というこの抽象的〈自己〉に固執する者たちは同類の者として今度は相互に共感することができる。内面性の偶像崇拝にあっては、純粋な自己関係への固執が見られた。しかし、そうではあっても、私の媒介的契機は決して消え去ることはない。この媒介的契機が今度は内面性を偶像崇拝する者たちの相互共感の可能性を与える。そうか、君もまた私と同じように本来的なものを求め、本来的な私であろうとしているのだ。では、われわれは仲間ではないか、だから、君も私も本来的な集団の成員であることができるのだ、というわけである。こうした「《根源性》のなかで、彼らは実際に《触れ合い》のごときものを感じるのである」(22)。誰もが国家社会主義的共同体の中でしかるべく配置されており、そして誰も忘れられてはいないのだ(23)。なるほど、このような連帯性が連帯性の形態であっても、それが疑似的であるのは、それが社会的連帯の解体を糧にして、その上に生い立っているからである。この疑似的な連帯性は、今は言及する余裕はないが、新自由主義的資本主義の生活世界においても、内面性の偶像崇拝という形態を取らずにも、さまざまな形態で生い立ちうるものである。そうした諸形態はこれまたアドルノの言い方を借用して言えば、具体物崇拝の形態であると言えよう(24)。

3　新たなる不透明性

新自由主義は抽象の支配に対する抵抗力をまずは解体せんとしたのだが、そこに働いた要因には、労働組合の抵抗力を破壊すること、自己責任の言説系の流布、新たなる不透明性の生起、抵抗力の暴力的解体などの事態がある。[25] ここでは、新たなる不透明性の生起に言及する。連帯の力を解体するもの、抽象したがって物象の力の強化をもたらし、連帯の力を脱構築するものは、テロルだけではない。それに関係するのは、新たなる不透明性という事態である。ここで、新たなる不透明性というのは、とりわけ先進資本主義諸国において、介入主義的国家から新自由主義国家への転換期に生じた事態である。この不透明性の中で連帯の力がそれを解体し否定するものに転換してしまうのである。私は以前この新たなる不透明性について論じたことがあるが、[26] ここでは、ハーヴェイやナオミ・クラインの議論を参照しながら、新たなる不透明性についてあらためて論じてみたい。

第二次世界大戦後の介入主義国家（これは戦後福祉国家ないし社会国家と開発主義国家である）にあっては、さまざまな規制政策が採られた。しかし、この規制政策が個人的自由への対立物に仕立て上げられた。諸個人の自由・自律は（社会的）連帯を条件とし、連帯は彼らの自由・自律を条件とする。この場合、自由・自律は連帯を内包し、連帯は自由・自律を内包する。両者の統一こそが、私見では、人間的自由の真髄であるが、ここで連帯というのは、ある共同体の同質性を意味するのではない。それは相互の（文化的）差異の相互承認を含んでおり、さらに共に生きるものとして、人間の生活を営む存在としての相互承認を含んでいる。尊厳とは人間的生（生命－生活）の尊厳であり、この尊厳の相互承認は、例えば「私はあなたに人間的生としての尊厳を有することを承認します」というような言明においてはじめて成立するような承認なのではなく、われわれの生活世界のいわば根源的な準―超越論的な地平である。ところがこのような自由・自律は新たなる不透明性という事態の中で他者から切断された、この意味で抽象的な自己の自由によって乗っ取られてしまう。

フォーディズム時代に成立した介入主義国家、言い換えれば福祉国家官僚制に対する批判には相反する二つの方向が含まれていた。一つは新自由主義的方向であって、国家権力の社会・経済領域への介入を制限して、市場の自由に任せようとするものである。もう一つは、生産主義的進歩を批判しながら、戦後福祉国家において制度化された民主主義をさらに徹底し、推し進めようとする方向である。[27]これら二者の方向性は戦後福祉国家の官僚制を批判するという点では一致していた。この点について、ハーヴェイは次のように言っている。

一九七〇年代初頭には、個人的自由や社会的公正を追求する人々は、多くの者が共通の敵とみなすものと対峙することで共通の大義をつくり上げることができた。介入主義国家と同盟する強力な企業集団がこの世界を支配しており、個人に対する抑圧と社会的不公正を生み出しているとみなされた。[28]

六八年の運動に携わったほとんどすべての者にとって、社会の隅々に浸入してくる国家は敵であり、変革すべき対象であった。そして新自由主義者もその点には容易に同意することができたろう。[29]

六八年の運動は戦後高度経済成長の中で生成してきた戦後資本主義の社会構造の到来に対する抵抗と批判を含んでいたし、それは一つには確かに人びとの人生が資本主義的システムによって決定されることに対する苛立ちと批判を表現していた。六八年の運動に携わった人びとも新自由主義者も国家介入主義における国家を敵と見なしたのであり、まさしくこれはシステム社会・福祉国家官僚制に対する批判でもあった。彼ら両者は共通の敵を眼前に持っていたがために、両者の根本的な相違は覆い隠された。このことが新自由主義が成功した歴史的理由の一つであったのだろう。こうした事態によって、自由・自律に関する根本的に相反する方向性の相違が背後に退き、かくて隠蔽される。この隠蔽、つまりは不透明性の中で個人的自由の理想が新自由主義の自由、すなわち、自己責任の言説の流布において見られるように、孤立化した抽象的な個人の自由、もっぱら市場をベースにした自己利害の追求へと矮小化された自由によって乗っ取られ、その結果、自由が一切の規制政策の対立物に仕立て上げられた。(30)

文化多元主義の根底には自由への希求があるが、ここに潜む自由への希求がまた新自由主義に乗っ取られる。個人的自由の理想があらゆる規制政策の対立物へと捏造された。新自由主義にとってさらに必要だったのは、市場ベースで差異化された消費主義と個人的リバタリアニズムの新自由主義的ポピュリズム文化を構築することであった。(31)差異化された消費主義とは諸個人が他者との自らの差異を強調する消費主義である。つまり、もっぱら消費が個人的差異を引き立てるものとなり、かくして個人的自由至上主義が吹聴される。このようにして、自由は私化され、市場ベースの消費個人主義へと同化され、矮小化される。

さらに、集合的行為が労働組合の官僚制的構造と結び付けられ、組合の官僚制的構造に対する批判が集団的行動一般に対する批判として諒解されてしまう。組合の官僚制的構造に対するそれ自身正当な批判が集団的行動一般に対する批判に転換されると、官僚制構造＝集団的行動という誤った同一化が成立し、それに対する批判は個人的で私的な構造の方向へと流され、個人的行為という行為の個人化が称揚されることになる。このことによって資本に対する集団的行為が無効にされてしまう。あるいは少なくともそれは弱化する。真正な集団的行為は資本と新自由主義にとって脅威であるが、それが脅威であるのは、それは物象の支配を弱化させる方向を有するからである。第二次世界大戦後の福祉国家、あるいは開発主義国家に対する批判には相互に相反する二つの潮流があった。一つは福祉国家官僚制を批判しながら、同時にラディカルな民主主義的要素からなる社会国家のプログラムを相続しようとする潮流であり[32]、他は新自由主義的潮流である。私はかつて次のように述べた。

新自由主義的グローバリゼーションの進展する時代にあっても、現代における不透明性の源泉として存続し続けている一つの事態がある、それは、新自由主義とかの第三の潮流との間の基本的対立に関係している。これら両者に関しては特有の歴史的事情がある。両者とも、同じ戦後福祉国家の胎内で生まれ、両者ともその福祉国家を批判する。たとえば、両者とも同じく官僚主義を批判し、官僚の支配を批判する。両者とも個人の自由と自律を主張する。このことによって、両者が根本的に対立するものであることが人びとの意識から消え、その根本的対立がそれと意識されずに両者が混在したり、一方が他方と同一化されてしまう。とりわけ重要であると思われるのは、新自由主義的潮流と前記の第三の潮流は同じ第二段階の福祉国家の胎内から生まれた、そして両者とも戦後福祉国家に挑戦しそれを批判するいわば双子であるという点である。そのために、両者は一見すると、似た顔をしている。たとえば、両者とも、個人の自律を主張する。両者は実際には、相反する、あるいは真っ向から対立する運動と思考の方向であるが[33]、いまやその対立・相反性が曖昧にされ、暈かされてしまう。この事態を以下私は「新たなる不透明性」と呼ぶ。

この新たなる不透明性の中で、社会的連帯を不可分の契機とする自由・自律が個人主義的に私化され、この意味で矮小化された自由・自律、すなわち新自由主義的な自由・自律によって乗っ取られてしまう。かくして、社会的連帯の力が解体される。新自由主義が語る連帯は国家の公的責任を排除した、例えば保険契約的なものになる。こうした連帯の力の解除は生活世界における抽象の、したがって物象の支配強化にとって機能的な意義を有している。すなわち、それは抽象の支配に抵抗し、それを押しとどめ、ひいてはそれを止揚しようとする運動を無効にすることによって、抽象・物象の支配強化をもたらすのである。

人権と新自由主義的経済政策の切断

ナオミ・クラインは、「人権」が国民を貧困に追いやる経済政策、つまりは新自由主義的な経済政策に対する隠れ蓑になった次第について述べている。人権運動が人道に対する罪は問題にしても、それ故にそれを批判するとしても、その背後にある経済政策には踏み込まず、（南アメリカの）諸軍事政権が急進的な新自由主義的経済政策を採ることに何ら言及しないという事態が生じた。アムスティ・インターナショナルは、その一九九六年の報告書で、人権侵害については語っても、賃金引き下げ、物価上昇、食と住の権利を侵害した経済政策については言及しなかった。フォード財団は人権問題には関わるが、政治には関わらないという方針を採用した。ナオミ・クラインによれば、この結果「人権運動が人道に反する罪そのものは問題にしても、その背後にある原因までは踏み込まなかった結果、シカゴ学派のイデオロギーが最初の流血の実験室からほぼ無傷で逃げ出すのを許してしまったのである」[34]。

つまり、人権問題と新自由主義的経済政策とが切断され、このことによって人権批判の背後に新自由主義的政策が隠れてしまった。人権の甚だしい抑圧、殺人、拷問は新自由主義的経済政策を導入するための条件だった。このことが意味するのは、人権とこの経済政策が矛盾し、敵対するということである。ナオミ・クラインは「原因」という語を用いている。してみれば、新自由主義的政策が原因であり、人道に対する犯罪行為はその結果であるということになろう。私としては、シカゴボーイズと軍事政権の目的は新自由主義的政策であり、人道に対する罪をなす行為はそのための手段であったと言いたいが、いずれにしても、つまり原因と結果という概念によって考えるのであれ、目的と手段という概念によって考えるのであれ、両者（原因と結果、目的と手段）は内的に連関しており、目的と手段という概念によって考えるなら、目的の性格は手段の性格と無縁ではなく、内容上同質性を有する。だから、人道に対する罪を告発しても、その背後にある新自由主義政策に言及しないならば、両者の恣意的な分断となり、かくして、新自由主義的政策を隠蔽してしまい、同時に人権抑圧とこの経済政策の内的な連関が隠蔽されてしまうことになる。それ故、一方で軍事政権の人道に対する罪が告発され、他方では、軍事政権の新自由主義的経済政策が（国際的に）称賛されることにもなったのである。これまた、新たなる不透明性の一形態である。というのは、そこでは根本的な対立（人権とある種の経済政策との対立）が隠蔽されているからである。人権は経済システムのありようと無縁ではない。少なくとも人権はある種の経済システムと根本的に対立するのである。

軍事政権がおかした罪はアーレントの言う人類に対する罪であるのか、それとも捕虜虐待などの人道に対する罪であるのか。ともあれ、かの暴力、殺人、拷問は抽象の支配に対して抵抗する住民を根こそぎにしようとしたのである。人権と経済システムは内容上無縁ではなく、内的に連関しており、この内的結びつきの故に、人権侵害に対する批判と人権の擁護は新自由主義的経済政策の否定となるはずであろう。甚だしい人権抑圧はチリなどの軍事政権が新自由主義的経済政策を導入するための条件をなしていた。そうであれば、つまり人権抑圧と新自由主義的経済政策が内容上内的連関を有しているのであれば、一方の批判は他方に対する批判を伴立するはずである。ところが、人権問題と新自由主義的経済政策が切断されて、人権抑圧に対する批判が前面に出てくると、それ自身では正当であろう人権抑圧に対する批判は不正を働くことになる。というのは、人権抑圧に対する批判の背後に、新自由主義政策の実体とそれがもたらした生活破壊が隠されてしまうからである。これは、花盛りの樹木の美しさに対する無邪気な賛嘆も、それとは似ても似つかぬ存在の恥辱（Die Schmach des Daseins）に対する言い逃れになるのと同様である。(35) 人権抑圧に対する批判が働いたそうした不正を見失わないようにしなければならない。人権抑圧に対する告発そのものがそれとは正反対のものに奉仕する結果になったのである。

4　物象の支配に抵抗する力の抹消

物象の支配、あるいは抽象の支配、あるいは疑似－自然化を少しでも押し戻そうとする努力を新自由主義はことごとく敵対視する。新自由主義は人びとの集合的行為に敵対する。集合的行為が官僚的支配構造のなかで遂行されているのであれば、その官僚的支配構造に対する批判が提起されることになるが、しかしもしこの批判が集合的行為一般を否定することになれば、この批判は抽象、物象の支配に抵抗し、それを批判する社会的連帯を無効にし解体し、諸個人を原子化のうちへと投げ込んでしまう。新自由主義が敵対するのは、社会的連帯であり、社会的連帯の力である。

では、何故新自由主義は集合的行為を攻撃するのか。それには理由がある。それは社会的連帯としての集合的行為が抽象、物象の支配貫徹にとって障害となるからである。ナオミ・クラインが『ショック・ドクトリン』で言及している、チリやアルゼンチンの軍事政権が行った甚だしい人権抑圧、拷問、殺人はまさしく抽象の支配に抵抗する諸個人の、抽象の支配に抵抗する諸力の抹消・消去を意図するものであった。消去されたのは、人びとの生命、そして別の世界を希求する人びとの希望と意志である。それはそうした意志と希望を破壊したが、それはつまりは抽象の支配強化に対する障害を消去したのである。人びとのこのような希望と意志がはじめからなかったならば、それはピノチェットにとってどれほどよいことだっただろう。反対派を一掃してピノチェットが行ったのは、福祉国家の要素を剥ぎ取ることである。ナオミ・クラインは述べているが、チリでは、一九七五年、公共支出の二七パーセントが削減され、五〇〇近くの国有企業と銀行が民営化された。ある領域の民営化とはその領域を抽象の支配が貫徹する場に変換することである。(36)

本源的蓄積は剥き出しの収奪、プロレタリアートの創出などを含み、資本の支配に従う労働者創出のための規律・訓練も含んでいるが、その基本は、一言で言えば、抽象の支配の歴史的確立にある。ナオミ・クラインが描き出した暴力過程は、しかし、本源的蓄積とは少しく様相を異にしている。抽象の支配はすでに確立している。その暴力は「労働者を資本の規律装置へと社会的に順応させるための暴力」(37)であるが、この暴力は抽象の支配に対する批判力・抵抗力の破壊を狙っていた。「連帯の重要性を十分理解していた拷問者たちは、拘束した人々にショックを与えることで、人間同士の社会的結びつきへの衝動を抹殺しようとした」(38)。「何よりも他人を助けることを優先しようとする彼らの信念、言い換えれば彼らを活動家たらしめている要の部分を回復不可能なほどにズタズタにし、代わりに恥と屈辱を与えてやろう──拷問する側はそう目論んでいた」(39)。小さな思いやりでさえ、究極の反抗と見なされる。連帯を放棄して個人主義となるように、つまり生き延びるために自分の利益だけを考えるようにし向けられる。つまり、それは抽象の支配の確立というよりも、それに対する抵抗力を、先に述べたように、別の世界を希求する人びとの生命とそれ故に彼らの希望と意志を消去した。新自由主義にあっては、あるいは新自由主義的グローバリゼーションにあっては、抽象の支配をこれから確立することが問題なのではない。そうではなく、それを強化すること、そのための障害を除去すること、これが問題である。階級権力の再興は抽象の支配に強化を不可避とした。というのは、抽象の支配の弱化は階級権力の弱化をもたらしたからである。抽象の支配を強化するためにはそれを押しとどめる力と装置を解体しなければならないが、これがさらに富の移動を、すなわち収奪を可能にする。あるいは物象の力の強化と言ってもよい。物象の力とは、その強化とは何であったのか。それは、人間生活の破壊に対する押し戻しに対する押し戻しである。

新自由主義的世界では、抽象・物象の強化とそれに基づく富の収奪が起こる。これが支配エリートの権力の回復につながるのである。支配エリートにとっては、物象の、したがって抽象の支配はその階級権力の基礎であり、源泉である。

注

(1) Cf. D. Harvey, CMC, p. 157.（二四一頁）

(2) Ibid., p. 157.（二四一頁）

(3) Ibid., p. 157.（二四一頁）

(4) ハーヴェイは労働日の長さをめぐる闘争について、次のように言っている。「労働日の長さをめぐる闘争と労働運動のエンパワーメントは、ある一定の地点において、労働組合意識を越えてより革命的な要求へと移行することも可能である」(D. Harvey, CMC., p. 158.（二四二頁））。

(5) この階級プロジェクトはその進展において資本主義の構造的矛盾をいっそう先鋭化させ、自己破壊の条件を蓄積していくことになるだろう。

（6）同じ年に、日本では、一九七五春闘が労働側の敗北で終わっている。これは新自由主義の当時における労働側への攻勢であったし、労働側の敗北は労働者の企業統合の強化をもたらし、これが一九八〇年代日本社会におけるシステム社会形成の条件の一つとなった。拙書『カントとアドルノ　自然の人間的歴史と人間の自然史』梓出版社、二〇一三年、第二章参照。

（7）Cf. D. Harvey, BHN, p. 63.（八九頁）

（8）Ibid., p. 75.（一〇七頁）

（9）Ibid., p. 119.（一六四頁）

（10）Ibid., p. 31.（四六頁）

（11）これが意味しているのは、資本の人格化はそれ自身流動的であるということである。

（12）富の移動、つまりハーヴェイが言う略奪は、そうした抽象の支配の、物象の支配の強化を基礎にしていた。

（13）アドルノ『社会学講義』、八〇－八一頁。

（14）これが市場化の意味するところであろう。

（15）この点、佐々木隆治氏は次のように言っている。「新自由主義は、労働運動や福祉国家による物象的関係の規制を打ち破るために、自由として表象される物象的関係を物象じしんの力に依拠してさらに強化し、物象の力によって徹底的な収奪を可能にする体制を維持しようとする運動にほかならない」（佐々木隆治「資本主義批判としての『ショック・ドクトリン』ハーヴェイの資本主義論との比較をつうじて」、唯物論研究年誌第一七号『〈いのち〉の危機と対峙する』、大月書店、二〇一二年、一七一頁）。

（16）D. Harvey, BHN, p. 52.（七五頁）

(17) 資本制社会では、①労働力は契約期間中は資本家に属する商品であり、②契約期間中に生産された生産物は資本家に属して、労働者には属しない。こうした条件のもとで、剰余価値生産が行われ、これがいわゆる抽象的構造、運動しつつある構造をなしている。

(18) D. Harvey, BHN, p. 52.（七六頁）

(19) 私は、生活世界と抽象の支配の統一を生活世界の物象化、あるいは疑似‐自然化として把握する。私はこの統一の観点がハーヴェイにもポストンにもないことを示したい。この点からすれば、例えばホネットはもっぱら生活世界的パースペクティブしかないと言うことが出来よう。私見では、この統一の観点こそ新自由主義を扱うという点から引き出されているのである。私見では、物象化という点でハーバーマスは十分ではなかった。ハーバーマスの強い影響を受けているホネットも、物象化という点では十分ではない。『資本論』の読解に際し、私見では、二つの対立するように見える読解がある。ポストンの読解とハーヴェイの読解はそれぞれその対立する読解をいわば代表しているのであろう。

(20) Cf. N. Fraser, "Soziale Gerechtigkeit im Zeitalter der Identitätspolitik". *Umverteilung, Anerkennung und Beteiligung*, UA, S. 101.（八九頁）

(21) Vgl. Th. W. Adorno, JE, S. 463.（九一頁）

(22) Ebd.（九二頁）

(23) Vgl. ebd.（九二頁）

(24) 例えば、以下に立ち入ることがある代理承認要求がそれである。これは代理に対する物神崇拝であろう。

(25) これは抽象の支配に対する抵抗の力に対する暴力的、殺人的破壊としてのテロルである。

(26) 拙書『グローバリゼーション・新たなる不透明性・批判理論』共同文化社、二〇〇九年。

(27) 同上、一五一‐一七頁。

(28) D. Harvey, BHN, p. 42.（六三頁）
(29) Ibid.（六三－六四頁）
(30) これは自律・自立要求の資本主義による回収であった。この回収をボルタンスキーとシャペロが論じている。以下の第十章参照。
(31) D. Harvey, BHN, p. 42.（六四頁）
(32) 私はこの潮流は戦後福祉国家体制を維持しようとする立場と新自由主義的立場に対して、第三の潮流と呼んだ。この第三の潮流はギデンズの言う第三の道とは根本的に異なっている。
(33) 拙書『グローバリゼーション・新たなる不透明性・批判理論』、二四頁。
(34) ナオミ・クライン『ショック・ドクトリン』生島幸子・村上由見子訳、岩波書店、二〇一一年、一六六頁。
(35) Vgl. Th. W. Adorno, MM, S. 26.（一八頁）
(36) これに対して、いわゆる先進資本主義諸国では、新たなる不透明性という事態の中で、自由・自律が新自由主義的なそれによって乗っ取られるということによって、抽象の支配に対する抵抗力の消去が行われもしたのである。
(37) D. Harvey, CMC, p. 296.（四三九頁）
(38) クライン、前掲書、一五八頁。
(39) 同上、一五八頁。

第九章　人間の自然史（2）

1　社会とその歴史の〈疑似―〉自然化の追認と称揚

ミルトン・フリードマンらの新自由主義的イデオロギーが如何なるものであるかについて、ナオミ・クラインは次のように述べている。すなわち、それは、閉鎖的、原理主義的なイデオロギーであって、自らとは異なる思想体系との共存を許さない。このイデオロギーはそれが完璧だと信じるシステムを構築するために、絶対的な自由裁量権を求める。このイデオロギーはそれが信じる純粋な、完全な世界を打ち立てることを己の理想とする。

真の自由市場では、需要、供給といった経済に影響を与える諸力は自然の諸力と同じく、完全な均衡状態にあるのであり、それは潮の満ち引きのようなものである。自然の生態系がそれ自身のバランスを保っているように、そのままに、人為的介入がなければ、生産される商品の数も、価格も労働者の賃金も適性となり、十分な雇用が生みだされ、限りない創造性が発揮され、ゼロインフレという地上の楽園が生みだされるであろう。新自由主義の牙城たるシカゴ学派にとっては、市場はかくして自己完結した世界であり、それは完璧な科学的システムなのである。(1)

しかしながら、現実の市場経済は矛盾に満ち、ハーヴェイが言うように、資本蓄積にとっての障害（閉鎖ポイント）を含み、恐慌の可能性を絶えず内包し、地理的不均等発展をなすシステムなのであるが、言われるところの真の市場システム、理想化されたシステムはそうした現実の市場経済システムの諸矛盾を捨象した理想的な（イデオロギー的）構築物に他ならない。ここで私が「イデオロギー」というのは、アーレントの意味においてである。私はかつて次のように述べた。

アーレントが語るイデオロギーとは、生と世界を説明する体系であり、しかも、経験との一致を探求することなく、過去と未来の一切を説明すると称する体系である。これがアーレントの言うイデオロギーの意味であるが、これの本質的な特徴は経験と現実からの解放、傲慢な解放と自立化である。そして、この点がテロルと関係するのである。イデオロギーの論理的な特徴はイデオロギーが一切を一つの支配的な要素に還元するが故に、その首尾一貫性であり、整合性である。ところが、人間行為はいつもそもそも予測不可能なものであるから、人間行為のこの予測不可能性はイデオロギーの（内的な、あるいは論理的な）整合性と矛盾する。テロルがこの矛盾を、人間行為の予測不可能性を破壊し、滅却することによって解消し、現実と経験から自立化したイデオロギーの内的な整合性を守るのである。このことがしかしまた、現実と経験から自立したイデオロギーがそのまま（いわば無媒介的に）現実に姿を変えるということを意味している。ナチは、人種主義の支配を信じていたというよりも、社会を人種的な現実へと変換しようとしたのである。全体性の人為的で転倒した世界はそのまま現実となる。すなわち、現実は、もとよりテロルを媒介として、論理的に一貫した体系になる。(2)

経済とは自然の力なのであって、自然の力に反して行動すべきではなく、われわれは自然法則に服従すべきである。人間の介入が市場に歪曲的なパターンを生みだしたのであれば、一切が調和した状態へと回帰することが目標となり、世界をあらゆる堕落から純化された状態に戻さなければならない、そのためには現にあるこの世界をまずは消去しなければならない。これが新自由主義的イデオロギーの形態である。ここでは、現実のシステムが（必然的に）内包する諸矛盾や非平衡などが捨象されて捏造された真なる、真に自由な市場経済システムが理想的なシステムとして立てられる。すると今度は、現実のシステムの諸矛盾や非平衡などは、その自己完結した世界への人為的な介入のせいであるとされることになる。だから、市場の均衡を生みだす障害は除去されなくてはならない。ミルトン・フリードマンらの新自由主義は、ナオミ・クラインによれば、過激な理想主義である。(3) 自己完結した、理想的なシステムへの愛はまさしくイデオロギーに他ならない。この理想主義はそれ自身のうちにすでに暴力性を胚胎している。というのは、それは純粋なシステムを浸食する不純物を消去しようとするからである。（その現実の事態は例えばチリにおける、ピノチェットによる軍事クーデターで現れた。）

捏造された純粋なかの市場経済システムは、資本制社会が内包する矛盾と動態性を捨象した上で、理想的な調和したシステムとして構想されるが、人は今ある世界を消去し、かくして生じる空白状態にその純粋な世界を建設せんとする。だがその純粋な世界はそれ自身の調和と均衡を回復する生態系と類比的に捉えられる。ここに、その純粋な世界、システムは自然化されている。それはいわゆる外的自然ではなく、いわば社会的自然であるが、ここでは人間世界の（市場経済）システムが自然化されている。その意味で、かの理想的で純粋な世界は人間社会の自然への還元である。この還元は、資本制社会の疑似‐自然化と照応しており、それ故、抽象、物象の支配と照応している。あるいは資本制社会の疑似‐自然化を反映し、それを追認し、それに自らを同化させ、抽象の支配を矛盾と動態性を捨象したうえで、己の理想として掲げるのである。

資本主義の歴史を大きくみれば、自由主義的資本主義はポスト自由主義的資本主義、すなわち組織された資本主義へ転換し、ポスト自由主義的資本主義は新自由主義的資本主義へと転換する。[(4)] 歴史的時間は移動しており、一進一退があり、歴史過程はジグザクしており、抵抗と批判の運動がある。批判の要素が資本主義に取り込まれることによって、すなわち、批判が資本主義の内的要素として取り込まれることによって、批判が飼い慣らされることがあるが、その過程はまた抽象の支配を押しとどめ、ひいてはそれを止揚するという意味も持ちうる。私は新自由主義及び新自由主義的グローバリゼーションを、ポスト自由主義的資本主義に比べて、人間の自然史の、すなわち世界の疑似－自然化の一層の強化進展として捉えた。それは抽象の支配、物象の支配の一層の強化である。抽象の支配、したがって物象の支配は人間たちの生活世界を疑似－自然化する。社会とその歴史を疑似－自然化する理論の登場は世界の疑似－自然化を理想化し、それを先導する。クラインの言葉では、多様性を嫌い、自らを完璧だと信じる純粋な世界を打ち立てようとすることは[(5)]一つの原理主義であって、人間の自然史を追認し、理想化することである。自然の人間的歴史ではなく、人間の自然史の意味で、このイデオロギーの理想は人間社会の疑似－自然への還元を希求する。全面的に物象化された世界、抽象の支配が全面的に貫徹された世界がこのイデオロギーの理想である。ナオミ・クラインは、シカゴ学派の理想は、汚染されていない純粋な資本主義への回帰であると言うが、[(6)]それは純粋に疑似－自然化された世界という理想である。それは人間の生活世界を疑似－自然化された、すなわち物象の支配の世界に変換しようとする。

かの理想的な市場経済システムをわれわれのこの世界において実現するということは、天上の天国を地上において実現しようとすることである。そのためには地上においてその実現の障害となる不純物が消去されなければならない。ここにテロルが働く。純粋で理想化され、論理的に無矛盾の世界をこの地上に実現しようとすれば、いきおい障害物の抹殺、消去になる。不純物とは、消去される不純物とは何であったのか。ナオミ・クラインによれば、シカゴ学派にとって真の敵はアメリカのケインズ学派であり、ヨーロッパの社会民主主義であり、第三世界の開発主義である。これらは（いわば不純な）混合経済である。すなわち、消費財の製造及び流通に関しては資本主義であり、教育では社会主義であり、水道の国有化であり、といったことである。確かに、それは、シカゴ学派の新自由主義からすれば、極端な資本主義の作用を緩和することを目差したあらゆる法律のごた混ぜである。だが、私がここで焦点を当てたいのは、北におけるケインズ主義であれ、チリ、アルゼンチン、ウルグアイ、ブラジルといった南米の戦後の開発主義であれ、資本主義の純粋な貫徹を緩和する諸力とそのための制度的装置がそこに組み込まれていたということである。これは抽象の一元的支配、したがって社会の疑似－自然化に対する抵抗と批判の要素であり、これこそがかの不純物の本体であった。消去され、浄化されたのはこの抵抗の、批判の諸力とその力の制度化された形態であった。チリにおける、ピノチェットによる軍事クーデターにおいて、およそ一万三五〇〇人の市民が逮捕され、トラックで連行され、拘束された。多くが拷問を受け、殺害された。つまり、かの理想的な純粋システムの地上での実現にとって、そしてそのプログラムにとって障害となる人々が消去された。それはかの理想にとって妨げとなる市民を抹消し、消去することだった。だから、その消去の意味は、社会の疑似－自然化、抽象の全面的支配に対する批判と抵抗の力を暴力的に消去しようとしたことである。世界の疑似－自然化、抽象の支配に対する抵抗の力こそが消去の対象であったのだ。アルゼンチン軍事政権下で起こった事態について、ナオミ・クラインは言っている。「先制攻撃の標的になったのは組合指導者だけではない。金銭的利益以外の価値観に基づく社会作りを目差す者は誰であれ対象になった」(7)。「都市のスラムでは、先制攻撃の標的となったのは地域活動家であり、その多くは教会を拠点にして社会の最貧層の人々を組織し、医療や公共住宅、教育などの拡充を訴えてきた人たちだった。言い換えれば、『福祉国家』がシカゴ・ボーイズによって解体されつつあったのだ」(8)。社会の疑似－自然化、したがって抽象の支配に対する抵抗と批判の力の基本的内実は、「唯一の先験的神学、すなわち連帯」(9)の力である。それ故に、破壊されたのはまさしくこの連帯の力であり、連帯の力を解体することこそが抽象の支配再強化にとって必要とされたものであった。

2　生活世界の変換

新自由主義をハーヴェイは（支配階級の）階級権力を再興するためのプロジェクトとして捉えたが、それは抽象、物象の支配強化を通して行われた。抽象、物象の支配強化は人間たちの生活世界の大規模な変換、いわゆる構造改革と関係している。抽象の支配強化とそれを基礎にした富（価値）の移動（収奪）は相即している。換言すれば、抽象の支配強化と富の収奪は生活世界のある種の構造変動を伴い、またそれなしには可能ではないのである。また、生活世界のこの変換は、ハーバーマスが『コミュニケイション的行為の理論』で語ったシステムによる生活世界の植民地化とは違った事柄である。ハーバーマスでは、システム自体からは物象化の棘は抜き去られているが、抽象の、物象の支配強化はまずもって経済システムにおいて生起している。ハーバーマスでは、資本主義的に自立化された経済及び金融的に自立化された支配システムの止揚は視野の外に置かれている。

新自由主義的グローバリゼーションは社会とその歴史の疑似－自然化の進展であるが、何故そうなるかと言えば、それは世界の疑似－自然化を産出する抽象の支配を強化するからである。この抽象の支配の強化は国家改造と世界の再構造化として現れた。資本の支配に対する労働側の対抗力は抽象の支配に対する抵抗の契機を含むが、抽象的労働の凝固、存在者がこの抽象的労働の凝固たる価値の担い手に還元されること、これが世界の疑似－自然化の根拠である。というのも、それは世界を抽象・物象の支配する世界とするからである。労働者側の抵抗力と力を弱化させることは、抽象の支配の弱化をはね返す意味を持っていた。富の移動にとって、労働者の側での資本に対する規制力は障害になる。資本が抽象の支配に依拠している限り、資本に対する規制力は抽象の力の貫徹に対する歯止めになった。抽象的労働の凝固が価値である。存在者がもっぱら価値の担い手と見られ、それに還元されるとき、その存在者は物化する。

私は以下抽象の支配強化が人間たちの生活世界にもたらす変換に少しく立ち入ることにする。

特殊の踏みにじり

新自由主義的グローバリゼーションは、人間の自然史の、フォーディズム時代以後の人間の自然史の段階であり、現段階である。そこでは、富の移動、つまり富の収奪のメカニズムが作動する。このメカニズムの作動によって、世界は富めるものと貧しいものに分解する。それは下層から上層への富の移動を実現する。人間の自然史のこの段階にあっては、大量のワーキングプアが産み出された。この事態はとりわけ貧困層において人間諸個人を生存の最低限の維持のレベルにまで、あるいは生存の危機にまで追いやる。ブラック企業が臆面もなく出現する。それは生活を、精神を破壊し、食い尽くす。

それは生命過程の維持の可能性剥奪まで及ぶ。ところが、人間的生というのは、生命過程に尽きるのではなく、生命過程はそれ自身において生活過程であるから、人間的生において生起するのは、受苦と苦悩の経験である。それはついには人間的生の将来をも奪ってしまう。疑似－自然化、したがって人間の自然史にあっては、世界とその歴史が疑似－自然化する。それはまた人間の物化を引き起こす。人間が使い捨ての労働力への還元、消耗し使用不能となれば廃棄される物とされる（いわゆるブラック企業）。労働市場は野蛮化し、アウシュヴィッツ化する（アウシュヴィッツ型経営モデル）[10]。人間的生（人間的自然）が消耗され、廃棄されるという事態が現出する。労働市場における短期契約への傾向はそうした事態と結びついている。自立化した普遍である世界精神はアドルノの時代と比べてどのような様相を示しているか。抽象的普遍の生活世界に対する支配の強化は、生活世界を疑似－自然化していくが、アドルノは「世界精神」という（反省）概念は、「生きた人びとには関心を抱かない。だが、この概念がその優位を表現しているところの全体は、これらの人びとがこの全体のおかげではじめて生存できるのと同様に、生きた人びとを必要としている」[11]と言った。その全体は諸個人の生を己のために必要とするが、彼らはその全体のおかげで生存出来る。この仕方で、全体は彼らの生をまだしも配慮していたのである。新自由主義的世界では、世界精神、つまりは主体化した抽象的普遍はその配慮をますます引っ込める。「これらの人びとがこの全体のおかげではじめて生存できる」ということが何か嘘くさい響きを持ってくる。概念は同一化を旨とする。概念に対して、非同一的なもの（Das Nichtidentische）とは、概念に対する他者、概念なきもの、非概念的なもの、個別的なもの、特殊な物、質的なもの、直接的なもの等であるが[12]、抽象的普遍たる概念は今や特殊的なものに対してそれなりの配慮を示すどころか、特殊なものが陥っている如何なる状態に対しても、それは君の自己責任だと語る。こうした事態は単にある個人あるいは諸個人のある他者、あるいは他者たちに対する知覚やものの見方の事柄に還元されるわけではない。それは加えて企業システムの客観的構造でもある。そしてその基礎には経済システムの疑似－自然化がある。

社会的問題の私化

ところで、B・キャノンは新自由主義が市場と経済を脱規範化したと述べている。「ニューライトの最もおおきな成功は経済を公的討議の領域から除去するために再自然化することであった」[13]。新自由主義的資本主義では、社会過程が以前に比べて一層疑似－自然化するのであるが、新自由主義はこの自然化をそのままに追認し、それを議論の所与とする。社会とその歴史の一種の疑似－自然としての規定は、社会とその歴史を、まずは市場・経済を、さらに生活世界全体を疑似－自然過程へと還元することによって、それを脱規範化する。とはいえ、実際には新自由主義は、個人主義化された自己決定及び自己責任を吹聴することによって、それ自身のある種の倫理的規範を設定するが、これは社会問題の個人化・私化をもたらすものであり、これが社会とその歴史を疑似－自然化する上で機能的意義を有する。すなわち、それは抽象の支配に対抗し、それを押し止めようとする社会的連帯の力を解除する。新自由主義はそうした力である社会的連帯を解除しつつ、社会問題を私化することで、抽象の力の強化をもたらし、もって社会とその過程の疑似－自然化を強化する。そして、この疑似－自然化は富（価値）の収奪を惹起するメカニズムを組み込んでいるために、社会の一極への富の集中・集積を惹起する。

生活世界の疑似－自然化と社会的因果性

労働の規制緩和が行われ、経営者が正規雇用を非正規雇用へ置換しようとしても、失業補償が十分に機能していれば、正規雇用から非正規雇用への切り替えは起こりにくいであろう。けれども、失業補償が十分に機能していなければ、失業者は勢い非正規雇用に流れ込むことになる[14]。失業者が非正規に流れ込むという事態が生じるのは、非正規に流れ込む諸個人にとってそれ以外に選択肢がなくなるからである。つまり、失業しても雇用保険が改悪され、失業しながら、職を求め、生活していくことが出来なくなるのであって、そうすると、一種社会的必然性をもって失業者が非正規にならざるを得なくなる。各個人にとっては、こうした事態は一種の社会的因果性、それ故に社会的強制となって働く。

いわゆる自然的因果性と自由の関係という問題ではなく、もし因果性が社会的意味で、社会的強制の意味で理解されるのなら、問題は異なるレベルに移行し、そしてそこに新たな問題領域が開かれる。自由と因果性についてのカントの議論では、因果性とはいわゆる物理的因果性のことであろう。ハーバーマスは「因果性」によってアドルノは社会的強制を意味したのだと言う。(15) してみれば、この場合には、「因果性」は社会的強制の意味を持つことになる。社会的強制は社会的因果性であるだろう。生活世界の疑似‐自然化はこうした社会的因果性の支配を伴う。アメリカでは、貧困ビジネスの典型たるサブプライムローンによって、貧困者が住宅を所有することが出来るようになったが、その結果貧困者は一種社会的因果性をもってもっぱら月々の利払いのために働かなければならなくなる。これは貧困者を新たにいっそう貧困状態に落ち込ませる仕組みであり、それはまさしく収奪（ハーヴェイはこれを略奪と呼んだ）に他ならない。これは収奪の現実的形態の一つである。利払いの支払に負われる中で、貧困者は生活破壊へと追い込まれる。ここにはある種の因果性が働いている。因果性の支配は自由の否定であり、自由はそうした因果性に対する抵抗と克服に存する。

この社会的因果性は新自由主義的グローバリゼーションという世界大の巨大な運動の中で起こっている。この運動は人間の自然史、野蛮な自然史のいっそうの進展である。この巨大な運動のなかで貧しい者、多重債務者などが生みだされ、さらに巨大な渦のなかに巻き込まれる。これは抽象によって支配される領域へと引きずり込まれるということである。

ここには連鎖反応のごときものが存在する。例えば公的医療が縮小すれば、事態がいわば連鎖反応的に進んでしまうことが起こる。貧困層は、ゆとりがないために、貧困ビジネスに囚われていく。貧困層がとりわけ被るのは、生活を営むさいの選択肢の縮小であり、これが人びとを一定の方向へと追いやっていく。選択肢の縮小は社会的因果性が働く回路をなす。生活世界の疑似－自然化は以上のごとき社会的因果性の作用を組み込んで進行する。

以上述べたように、新自由主義の運動、新自由主義的グローバリゼーション運動の基本は、生活世界のあらゆる領域を抽象の支配が貫徹された領域へと変換することであり、抽象の支配を生活世界の全面にわたって強化することである。抽象の支配強化は人間の生活世界の変換をもたらす。抽象の支配に対する歴史的に形成されたその緩和の力と諸制度が解体されるからである。そもそも資本制社会において市場経済そのものが物象化されたシステムとして存在するのであり、それ故に疑似－自然化された社会システムとして存在するのであるが、その内部にも抽象の支配に対する抵抗の力の制度化が存在し、いわばその外部にも、社会福祉・社会保障という形で、抽象の支配に対する緩和と押しとどめの力の制度化が存在した。いずれにあっても、新自由主義は抽象の力に対する抵抗の力を解体し、このことによって生活世界の疑似－自然化を押しすすめる。その中で社会的因果性が強制力として作動する。

新自由主義及び新自由主義的グローバリゼーションにおける抽象の支配とそれを基礎にした富の移動の結果、すなわち生活世界における（現実の）事態は、貧困世帯の増加であり、無年金者の増加であり、失業者の増大であり、失業中の雇用給付受給率の半減であり、非正規雇用の増加であり、正規雇用の減少であり、正規雇用者内での低収入の増加であり、さらに社会的固定費（借家家賃・光熱・水道・交通・通信・保健・医療・教育を合計したもの）の増加であり、低所得世帯における公租公課の割合の増加である。(16)

社会的因果性は国境、性別、年齢、人種、宗教、といった諸カテゴリーを超えて作動する。社会的因果性はそうした諸カテゴリーを超えて存立する格差構造とともに作動し、かくて、人びとは先へ、先へと追いやられるように進まざるを得なくなる。社会的因果性は、すべてではないとしても、多くのひとびとを捉える巨大な力として働く。これは一種疑似‐自然過程である。言い換えれば、人びとは物象の運動に巻き込まれる。世界大で働いているこの巨大な力を私は一種疑似‐自然化された力と呼ぶ。世界の二極化が進行し、今度はこの二極化を基礎・土台にして、さらに収奪が行われる。

新自由主義自身がある種の因果的力に囚われる。新自由主義が新自由主義であり、新自由主義であろうとする限り、それは別の思考の可能性を視野から放逐する。新自由主義にとっては、新自由主義以外に、つまり己以外に選択肢はない。思考にとっての別の可能性という別の選択肢は自己同一的な新自由主義にとっては存在しない。それ故に、新自由主義は、新自由主義的政策がもたらす否定的結果に対して、それは新自由主義的政策の遂行がまだ不十分であるからだとか、すでに理論的にも実践的にも破産しているトリクルダウン理論を根拠なく反復して、今後さらに新自由主義的政策を遂行すれば、将来誰もが豊かさを享受するようになると請けあう。その否定的結果を克服すると称して、その否定的結果をもたらした新自由主義的政策を、一層強化して提案する。これは一種のスパイラルであり、毒（新自由主義）をもって「新自由主義的帰結」を制する試みに他ならない[17]。私見では、このような新自由主義は新自由主義たる自己の本質を認識しておらず、それ故にまた、思考の別の可能性に向かって自己を開くこともできない。というのは、自己の本質の認識は自己に対する批判的距離を伴わざるを得ないからである。別の思考の可能性はこの思考には欠如している。別言すれば、思考の自己省察はそれには欠如している。貧困層に関して働く社会的因果性では他の選択肢の減少は現実の事態であったが、新自由主義において見られるのは思考の想像力の欠如であり、自己省察の欠如である。この自己省察の欠如にはまた視野狭窄が結びついている。この欠如の故に、新自由主義的思考はある種因果的強制に囚われており、これは思考自身が自然化していることを証言する。新自由主義的思考（ＩＭＦの研究所長ケネス・ロゴフ）にとっては、新自由主義に批判的となったスティグリッツは合理的な地球上の人類のように思考することができず、「ガンマ宇宙域」から信号を受け取っているに違いないのだ。(18)

心的メカニズム

格差と貧困の普遍化は新自由主義政策の故に生じたものだが、この貧困化が生みだす怒りの衝動は、非理性的となれば、例えば公務員といった安定した職業に就いているものに矛先を向ける。こうしてこの怒りは新自由主義を推進する力に転化する。というのも、新自由主義は公務員を減らそうとしているからである。自己省察がなければ、そして自己省察は非常に困難なことだが、ここに働く思考と心理は一種の因果性になる。これは思考と心理の自然化である。というのは、それは一種の強制メカニズムになるからである。他の選択肢が視野から消えてしまうのである。私見では、これまた生活世界の疑似‐自然化の一局面である。

新自由主義がこれによって進捗してしまうことになる。怒りの衝動が間違ったところに向けられるが、そうした衝動はその餌食を求める。非合理的となった衝動が向けられる対象は攻撃対象である。攻撃対象は邪悪でなければならない。世界精神のかの理性の狡知は現在でも、策略、無意図的でもある策略として現れている。（ヘーゲルの理性の狡知では、策略の意味はなかったとしても。）人間の自然史的過程は社会心理学的なある種のメカニズムを、因果的となったメカニズム、ある種の狡知を組み込んでいる。破壊や貧困が自動的に反撃を生みだすのではない。

反撃を生みだしもするが、しかし格差や貧困をいっそう強化しつつ再生産することもある。これは事態が行使する狭知である。社会において自己を承認してもらいたいという要求は、その要求が満たされないとき、往々にして、人種や民族といった、努力して獲得されたものでもなければ、決して自己を裏切ることもない生得的属性という点における承認、つまりは代理承認への要求に転化する。[19]

生活世界の物象化の一層の進展は、諸個人を相互の孤立化の状況においていくが、ここにおいて相互人格的な関係性が希薄化し、個々人はもっぱら自己のパースペクティブに閉塞してしまうということも起こる。この閉塞にあっても、やはり個々人は生きていかなくてはならない。ここで援用されるのがニーチェのあのパースペクティブ主義であり、個々人に対して、相互の人格的関係性とコミュニケーション的相互理解を排除した上で、自己の主人であれという立派な説教がなされる。こうしたことは生活世界の物象化の、したがって疑似－自然化の表現である。さらに、貧困スパイラルの中に閉じ込められるという閉塞状況の中では、世界が一瞬のうちに瓦解することへの希求が生じる。「人間は彼ら自身でありながらも彼らの意のままにはならない普遍者によって、出口なき世界に火が放たれることを期待している」[20]。

社会福祉・社会保障領域の新自由主義的な変換

社会とその歴史の（疑似－）自然化とは社会とその歴史が抽象の、したがって物象の支配領域に変換されることである。そもそも社会保障・社会福祉は抽象の支配を押しとどめる意味を持っていたが、新自由主義はその抽象の支配の押しとどめを解体して、それらの領域を再び抽象の支配が貫徹する領域へと変換する。これは社会の疑似－自然化の進展になるのである。それだから、新自由主義は世界の疑似－自然化を推し進めることになる。新自由主義的な社会福祉論は抽象の支配に対する押しとどめを抽象の支配強化へとスイッチを切り替える。

この切り替えは、応能負担を応益負担に切り替え、自己責任論を提唱し、措置制度を利用契約制度へと切り替えることによって行われる。(21) これらはいずれも、福祉領域に市場原理を持ち込むものであるが、それはとりもなおさず、福祉領域を抽象の支配領域へと変質させるものである。このように、福祉領域が物象の、抽象の支配領域となる。社会保障・社会福祉領域における応益負担は福祉サービスを商品に、それ故、価値の担い手としての物象に変換し、かくすることで福祉領域を抽象の支配領域へと変換する。応益負担とはつまりは受益者負担であり、この応益負担が実行されるのは、利用契約制度においてである。福祉サービスは、市町村あるいは指定業者と住民との契約に基づいて提供されることになるが、この場合、契約が基本であり、契約が出発点なのであって、もとより契約がなければ、あるいは契約を結ぶことが出来なければ、福祉サービスを受けることが出来ないということになる。こうしたことは生活世界全般への抽象の支配領域への変換の一つの局面である。

受益者負担原則と必要充足・応能負担原則とは根本的な対立をなしている。新自由主義の展開のもので、地域住民の課題は地域住民の負担によるものとされ、自治体の行政運営に応益負担が浸透してゆく。(22) 自治体は一種の経営体になり、住民は顧客となる。かくして、自治体がまた物象の支配する空間となるわけである。住民は商品の購買者になるのであって、それ故に、自治体という空間は一種の市場になる。自治体の経営化には、個人の、個々の労働者の自己企業家化が対応している。これは自己の物象化であるが、同時に抽象の支配を基礎として自己をその形態に合わせて形成するということによって、自己の道具化である。

これは抽象の支配、したがって物象の支配に対する抵抗の力の制度化を解体して抽象の支配領域の拡大をもたらすものである。この抽象の支配領域への変質、したがって措置制度から利用契約制度への移行を支えるイデオロギー的基礎は自己責任論であって、これは社会問題の私化を意味する。自己責任論に基づく自立とは、市場でとりわけ国家に頼ることなく、自分で生活せよ、ということであり、この場合、こうした言説は「頼る」ないし「依存」という観点で社会福祉を理解していることになる。このような新自由主義的な自立、自己責任論は実は抽象の支配を貫徹させるという意味を、機能的意味を有している。抽象の支配に対する抵抗と批判の力、それを押し戻していく力は連帯の力であるが、自己責任論は社会問題の私化をもたらし、このことによってこの連帯の力を解体するのである。社会的連帯にはさまざまなレベルと運動があるが、福祉国家では、社会的連帯の基本は制度的に確立されなくてはならない。具体的には、福祉領域に関しては、利用契約制度ではなく、措置制度が、現金給付ではなく、現物給付が制度化されていなければならない。この意味で、社会的連帯は、その基本において、国家の制度として制度化されなければならない。

新自由主義は幾多の人びとの生活を破壊し、その身体を痛めつけてきた。新自由主義は、そして新自由主義的グローバリゼーションは、富の社会的下層から上層への、そして家計から多国籍企業への移動（ハーヴェイはこれを略奪と呼んだ）を実現する制度的システムを構築することによって、生活の困難を大量に生みだしてきた。こうした情勢の中で自立が語られるが、福祉領域の抽象の支配領域への以上のごとき変換は、その市場化によって人間的生（生命－生活）を条件的ものにする。応能負担ではなく、応益負担は、その負担をなすことが出来ない者の生（生命－生活）を切り捨てることになる。人間的生はその場合、一定の条件を満たしたものだけに肯定される。自立ということの背後には、自立できなければそれは個人の責任なのであって、それ故その生は切り捨てられるという含意がある。

社会的連帯の狭隘化

新自由主義は社会的連帯について語らないわけではなく、それは社会的連帯についても語るのであるが、その基本的形態は保険原理の適用によるものである。

まず、人権とは何であるか。私見では、人権は最終的に人間的生の根本、根本要求に由来する。それは人類の歴史的経験からして、人権として確立されたものである。社会権や生存権は人権に属するのであって、それは人間の尊厳と関係がある。生活保障は単に個人の自律と政治的自律のための、それを可能にするための条件にすぎないのではない。それは人間的生の根本要求に由来するのである。(23)

福祉国家では、生活保障は国家の公的責任として制度化される必要がある。人間的生の根本は共同で生を織りなしていく点にあり、そこには社会的連帯が含まれている。社会的連帯にはさまざまなレベルがあるが、そもそも連帯は人間的生の根本要求に含まれている。社会保障は人権であって、それ故に、人権は国家の制度として制度化されていなければならない。というのは、人権は国家の基本原理として確立されなければならないからである。人間の尊厳とは何であるか。カント的に言うなら、それは人間が目的自体であるということであり、これは人間的生の根本要求の点から捉え直されなければならない。この人間の尊厳とは人間的生の無条件性であって、この尊厳の要求は人間的自然＝人間的生（生命－生活）の根本的要求であり、この要求は定言的に承認されるのである。だから、生活保障は人間的尊厳に無関係なのではなく、それと不可分に結びついている。(24)

ところが新自由主義は社会保障を人権との結びつきから切断し、それを国家の基本原理から切断して、社会保障領域に保険原理を導入する。これは人間的生を条件的なもの、仮言的なものにする。労働と福祉とは対価というのはこの類である。二宮厚美氏によれば、保険原理は以下の諸要素からなる。

①　拠出主義原則(保険料を拠出しない者は排除する)
②　収支相等の原則(保険料全体で収入と収支のバランスをとる)
③　給付・反対給付均等の原則(保険料の負担額に見合って保証金を給付する)
④　保険技術的公平の原則(保険料はリスクの高低を反映させて、個別的に決める)[25]

それで、社会保障領域への保険原理の導入は、生活保障を条件付きのものにし、それ故また人間的生を条件付きのものにする。拠出主義原則に見られるように、保障は保険料拠出を条件とするからである。こうして、保険原理の導入によって生活保障は人権との結びつきを解かれ、人間的生に本質的に含まれている社会的連帯は人権との結びつきから解除される。連帯が市場ベースに構築されれば、それはすでに真の社会的連帯ではないだろう。ここで私があえて「真の社会的連帯」という語を用いたのは、それは抽象の支配、したがって価値の支配を逃れ、それに抵抗しそれを批判する内実を有するものを意味してのことである。かくして、社会保障領域への保険原理の導入は、生活世界の疑似－自然化の一局面である。

市場化と人権

二宮厚美氏は次のように言っている。すなわち、人命、健康、発達に直接関わる対人社会サービスにおける需要は商品化されにくいが故にその受給は人権として保障されることになった、と。[26]二宮氏によれば、保育、教育、医療、介護、看護などは公共空間に属する。この公共空間はどのように特徴づけられるだろうか。このような公共空間は国家制度として制度化されなければならない。ところがこの領域に市場化、つまりは抽象、物象の支配が入りこむ。この公共空間は社会的連帯の国家的に制度化された領域と言うことが出来よう。労働権、生存権、療養権、居住権、環境権は全て人間的生の基本に関わるものである。人間的生の肯定は無条件的であって、定言的に肯定される。カントの言う目的自体のように、人間的生の肯定は無条件的である。人権は人間の権利として、市民の権利を超えている。確かに、それは国家市民の権利として国家において法制化される限りでそれはその実効性を持つが、しかし、人権はそうした意味での権利を超える内実を有する。それは人間的生の根本要求から発するのであり、それ故に、それは国家内部への固定から抜け出る内実を有している。(27)

かの公共空間は差し当たって一国民国家の内部空間である。この空間に市場主義が浸透するということは、この社会的連帯の形式を解体するものであり、この領域を抽象の支配領域へと変換することである。だから、それは人間的生の根本を破壊的に浸食することになる。それ故に、この公共空間を巡る抗争は国家構想を巡る抗争の一局面となるのである。竹内章郎氏は社会権的な世界について語っている。この社会権的な世界とはかの公共空間のことでもあるだろう。社会権は、生存権を含むが、また団結権、団体交渉権といった労働権も含んでいる。「『非市場での累進課税の不等価交換』こそ、社会権的世界の経済的基盤であ(28)」る。ここで問題なのは差別、抑圧なき真の平等に向かう経済的条件である。それは抽象の支配を少なくとも押し戻す。公共空間ないしは社会権的世界の空間ないし世界構成原理は抽象の支配、したがって物象の支配に対する押しとどめである。（この押しとどめを徹底すれば、それは抽象の支配の廃絶に向かうであろう。）

資本制社会において世界を市場世界に変換するということは、世界のすべてを商品に、すなわち価値（抽象）の担い手に変換するということである。人間も生命も商品化される。この時、世界のすべては価値（抽象）の担い手に変換されるが、それは人間、生命に対する抽象の支配を確立することである。人類の歴史的経験の中でのさまざまな闘争は世界のなかに、つまり人間たちの生活世界にかの公共空間を作り上げてきた。しかし、新自由主義はその公共空間を解体しようとしているのである。

新自由主義的世界の運動

新自由主義はこの公共空間を再び解体するのであるが、それは、富の移動（略奪、またそれが人間的生の条件を剥奪するが故に、収奪）を実現する制度的システム構築運動の一環である。[29] 新自由主義及び新自由主義的グローバリゼーションは社会の一つの極に富を集中させることを基本とする。つまり、新自由主義的蓄積の基本はこうした富の社会のある極への富の移動・集中である。経済危機及び金融危機は新自由主義的蓄積の必然的な帰結である。新自由主義は誕生し、展開し、その展開がそれ自身の危機を産み出していく。新自由主義的蓄積の本質的な動揺と不安定性は新自由主義的蓄積体制の本質から帰結する。

新自由主義の展開は、貧困を、格差を普遍化し、次にはそれに基づいて金融的事態が進行し、そしてそれが崩壊する。まず、ここで確認されるべきなのは、資本主義的蓄積一般ではなく、新自由主義的蓄積の内在的本性がここでは問題だということである。貧困・格差が生みだされ、普遍化し、そしてさらに貧困者が食い物にされる。そこで生起するのは、生きていくために、生を維持するために、その生が破壊され浸食されるということである。ここに行為選択に関して、選択肢の狭隘化が生じ、ある種の強制が働くことになる。[30]

これが新自由主義の現実的運動である。貧困者が大量に産出され、それを前提にして次には貧困ビジネスが、さらには、貧困者の戦争への引き入れが生じる。救済は、アメリカにおいて見られるように、入隊しかないということになる。[31] フォーディズムの危機とはまずは資本の蓄積危機だったが、それは企業の多国籍化をもたらし、これはさらに地方の衰退、労働者内部の階層格差を生みだし、労働者内部の階層格差は、賃金の下方平準化をもたらし、これがまた企業と労働者間の階級的格差を広げる。つまり、労働者間の階層格差を手段にして、階級格差が拡大する。二宮氏によれば、労働者間の階層格差は、雇用格差、賃金格差、消費・貯蓄格差を生みだす。さらに、これは健康格差、学力格差、文化格差を生みだす。新自由主義はこの格差を基礎にして、さらに進む。こうした事態はさらに社会的排除を生みだすだろう(32)。

新自由主義は人間の生活世界の全面に及ぶという意味で体系性を帯びており、これは（ハーバーマスの意味ではないが）生活世界の質的・構造的転換をもたらす。この質的・構造的転換は価値としての富の収奪のシステム形成に他ならない。逆に言えば、生活世界のそうした質的・構造的転換なしには、抽象の支配とそれを基礎にする富（価値）の移動はないのである。抽象の、物象の支配の強化はわれわれの生活世界の質的・構造的転換をもたらしている。それは、相対的剰余価値の生産だけではなく、それ以上に、絶対的剰余価値の生産体制の強化をもたらしている。富（価値）の収奪は、生活世界の質的転換をもたらすし、またそれなしには価値の収奪は可能ではないのである。しかるに、資本制社会では、物質的富は価値の担い手としてのみ存在するから、それは実は貧困者が物質的富を獲得できない、ということを意味する。しかし、それだけではなく、社会保障領域からの、医療からの排除を惹起する。生存権を否定する事態が恥もなく進行する。生活世界の新自由主義的再編は体系的であり、全面的である。

新自由主義的グローバリゼーションと世界の疑似 - 自然化

新自由主義的グローバリゼーションの展開にあっては、世界が物象・抽象の支配の世界に転化され、人間自身が物化される。世界規模での市場化とは人びとの生活世界の全般において物象・抽象の支配が貫徹していくことである。それは人間を些細事として扱う世界である。それは富の収奪の世界であって、多国籍企業はこれによってますます巨大化する。実際に生起する事態は生・生命の吸収になる。人間的自然の生命力の支出が人間から自立化した運動を展開し、そのようにして、人間の生命を吸収する。貧困者は使い捨ての材料、素材に還元される。素材は素材として物であり、したがってそれは人間の物化である。「自然の虜になった自然支配」において、「自然の虜」における自然とは、人間の自然史の意味での自然である。社会とその歴史の過程が一種自然因果的な運動になる。新自由主義及び新自由主義的グローバリゼーションは人間の自然史の、つまりは野蛮な自然史の継続である。

注

（1）ナオミ・クライン『ショック・ドクトリン』生島幸子・村上由見子訳、岩波書店、二〇一一年、七〇頁。
（2）拙書『グローバリゼーション・新たなる不透明性・批判理論』共同文化社、二〇〇九年、一九八頁。
（3）ナオミ・クラインは次のように言っている。「シカゴ学派の経済学の魅力の大きな部分は、労働者の権力に対する急進的な左派の理論が世界中で支持されつつあった時期に、経営者側の利益を守る方法を提示したことにあった。それは左派の理論に負けず劣らず過激であり、また独自の理想主義的な主張にも満ちていた」（クライン、前掲書、七二頁）。
（4）ルカーチ、コルシュ、初期フランクフルト学派は自由資本主義的資本主義からポスト自由主義的資本主義への移行に遭遇した。
（5）クライン、前掲書、二六頁参照。
（6）同上、七三頁参照。

（7）同上、一五三頁。

（8）同上、一五四頁。

（9）同上、一五八頁。

（10）アウシュヴィッツ型経営モデルについては、金子晋右『世界大不況と環境危機　日本再生と百億人の未来』論創社、第四章参照。

（11）Th. W. Adorno, ND, S. 299.（三六八頁）

（12）Vgl. Joachim Stahl, *Kritische Philosophie und Theorie der Gesellschaft. Zum Begriff negativer Metaphysik bei Kant und Adorno*, PETER LANG, 1991, S. 179.

（13）Bob Cannon, *Rethinking the Normative Content of Critical Theory: Marx, Habermas and Beyond*, palgrave, 2001, p. 179.

（14）後藤道夫氏は次のように言っている。「そもそも、経営者が正規雇用を減らして非正規雇用を増やそうとしても、失業時保障が十分であれば、非正規職に就こうとする労働者は少なくなり、非正規職は労働市場で十分な応募者を得られなくなる。したがって、低処遇・不安定の非正規職に応募する労働者を十分に確保するには、失業時保障を切り下げる必要がある。／厚労省の官僚と労働政策審議会のメンバーが、この論理をどこまで自覚していたのかはわからない。だが、実際に、正規雇用が大きく削減され、非正規雇用への切り替えがラディカルな労働規制緩和にともないいっせいになされたその時期に、日本の雇用保険制度は給付を大幅に縮小したのである」（後藤道夫「『必要充足』と市場原理」、『市場原理の呪縛を解く』唯物論研究年誌第一六号、大月書店、二〇一一年、九〇－九一頁）。

（15）Vgl. J. Habermas, „»Ich selber bin ja ein Stück Natur«- Adorno über die Naturverflochtenheit der Vernunft. Überlegungen zum Verhältnis und Unverfügbarkeit", *Zwischen Naturalismus und Religion. Philosophische Aufsätze*, Suhkamp, 2005, S. 199.

（16）後藤道夫氏は次のように言っている。保険加入、医療、福祉、教育、職業能力確保、子育て環境、条件、社会的交際。

それぞれの領域で「社会的、慣習的水準」を確保する必要がある。それができなければ、その影響は他の領域に及ぶ。有機性を強めた現代社会の社会システムでは、「生活の諸領域が相互に強く有機的に関連する現状では、個々の領域の保障水準も、その領域単独で決まるものではなく、他の生活領域に悪影響が及ばないことを重要な条件としなければならないだろう。たとえば、労働時間における限度は、本人の心身の健康だけでなく、本人の社会生活の余裕、本人・家族の社会的交際、親と子どもの十分な接触、家事責任などを考慮したものであって当然である」（後藤、前掲論文、八二頁）。

（17）二宮厚美『新自由主義からの脱出――グローバル化のなかの新自由主義VS.新福祉国家』新日本出版社、二〇一二年、四〇頁参照。

（18）ロバート・ポーリン『失墜するアメリカ経済』佐藤良一・芳賀健一訳、日本評論社、二〇〇八年、二一〇頁参照。

（19）土井隆義「無条件の承認への憧憬」、『北海道新聞』、二〇一五年一月二三日朝刊参照。次のように言われている。そうした生得的属性は「社会がどれだけ流動化しようと、多数派の側にいるかぎり、決して失う危険のない安定した属性である。いわば自らの存在が無条件に肯定される根拠なのである」。これはアドルノが語ったような自己の内面性に対する物神崇拝ではなく、自らの生得的特質への物神崇拝であろう。

（20）M. Horkheimer／Th. W. Adorno, DA, S. 46.（三七頁）

（21）これらについては、例えば、池谷壽夫「今日における福祉思想の課題を考える」、『批判的〈知〉の復権』唯物論研究年誌第一五号、大月書店、二〇一〇年、二六四頁参照。

（22）二宮厚美『新自由主義の破局と決着　格差社会から21世紀恐慌へ』新日本出版社、二〇〇九年、第四章参照。

（23）この点については、第十章の「［D］　承認と人間的生」を参照。

（24）人間的生の無条件性こそが尊厳の意味するところである。この場合の無条件性は、先に言及されたような代理承認における無条件性とは全く意味が異なっている。土井隆義氏は次のように言っていた。「人種や民族といった属性は、自らの意思で選び取ったり、努力で勝ち得たりしたものでもなければ、一部の人間だけが授かった特殊な資質でもない。社会がどれだけ流動化しようと、多数派の側にいるかぎり、けっして失う危険のない安定した属性である。いわば自らの存在が無条件に肯定される根拠なのである」。

(25) 二宮厚美『新自由主義からの脱出』、一六五頁。

(26) 同上、一八二頁。

(27) もとより、民主主義的原理も、最終的に、それは一定の歴史的状況において生じるが、人間的生の根本要求から出てくるのである。

(28) 竹内章郎『新自由主義の嘘』岩波書店、二〇〇七年、六七頁。

(29) この富の移動は、言い換えれば、収奪は、国家システムの運動としてみれば、福祉行政における公的給付の圧縮、受益者負担、福祉予算の圧縮だけではなく、地方交付税の削減、国庫負担金削減を含んでいるだけではなく、経済システムについてみれば、それは雇用報酬システムを含んでいるが、派遣労働などによる人件費圧縮等を含んでいる。

(30) 人間の自然史は極めて野蛮な自然史になっている。そこには負の連鎖が進行する因果性・強制力が働いている。

(31) 堤未果『ルポ貧困大国アメリカ』岩波新書、二〇〇八年、第四章参照。

(32) 二宮厚美『新自由主義の破局と決着』、第一章参照。

第十章　資本主義の新たな精神と抽象の支配、あるいは世界の疑似―自然化

　アドルノが生きた時代は自由主義的資本主義がポスト自由主義的資本主義、すなわち国家に指導された資本主義（組織された資本主義）へと移行する時代、そして世界大戦と戦後世界（つまり、フォーディズムに基づき、階級妥協を基礎にし高度成長を経験した戦後社会）の時代であった。

　アドルノは彼の時代の大衆文化的状況を、そのなかで働いている性格類型、つまり順応性とか権威主義的パーソナリティ、パラノイア的傾向といった類型を研究した。アドルノは、アメリカの地で、占星術のコラムニストのコラムを分析しているが、ここでは、このアドルノの分析を取り上げる(1)。それは当時のアメリカにおける、人びとの生活世界の有り様、別の言い方をすれば、大衆社会状況を反映している。もとより、占星術では星たちが登場する。アドルノの見るところでは、（社会及び経済）システムの権威は、諸個人はそれに統合されているのだが、星たちに投影されていた。

　ところが、新自由主義的資本主義への資本主義の変容に伴い、その生活世界のあり方が変容し始めた。この章では、アメリカにおける占星術に関するアドルノの分析を見、その変容の一端を捉えることを目標とする。占星術に関するアドルノの分析は彼が生き、経験した時代の社会心理の分析であるが、それは同時にアドルノが生きた時代

の資本主義の有り様を映し出している。このアドルノが生きた時代の資本主義は新自由主義とともに変容していく。この変容をボルタンスキーとシャペロは、もとより星たちの運動ではなく、資本主義の精神の変容のうちに解読している。(2) 次に、私はボルタンスキーとシャペロの議論を見、それを新自由主義における世界の疑似－自然化の継続及び強化として解読するように試みる。さらに、私はホネットが言う逆説的矛盾を同じ仕方で解釈するように試み、最後に、世界の疑似－自然化に抗するという文脈で、ホネットの「承認」概念の若干の変換を行う。

[A] 占星術に関するアドルノの分析

1 研究対象・研究方法・研究のさいの仮定

このアドルノの研究の対象であるのは、非合理的諸要素を含み、偽－合理性と癒着した一定の社会現象である。それはいわゆる民主主義的社会において普通に見られるある種の大衆メカニズムであって、例えば特殊ドイツ的な集団的パラノイアではない。アドルノはこうした社会現象を占星術を素材に分析する。この研究においてアドルノが目指しているのは、(アドルノが生きた)「現代」の大衆状況と大衆運動における合理性と非合理性との絡み合いを明らかにすることである。

ここで偽－合理性とは、個人及び集団が自分自身の理性的な利害に反して、それと知らずに行為することを意味しているが、しかし大衆が完全に自我の目的から離れて、それから分離されて行為しているというのではない。むしろ、諸個人は自我目的を追求している。問題はこうした自我目的の追求にさいして、自我目的が（極端に）誇張され、一面化され、歪曲されているという点にある。ここに見られるのは、諸個人の自我目的への集中、自己利害への没頭であり、この集中・没頭が諸個人をして客観的事態への眼を曇らせ、結局は諸個人の利害に反する結果がもたらされる。これが偽―合理性の意味である。

アドルノによれば、この研究にさいして避けられなければならないことがある。第一に、研究される現象、例えば個人的ないし集団的迷信経験を無意識的ものの表現と見なしてはならない。研究される現象にあっては、無意識的なものが顕示されているというのではない。この現象は完全に無意識的なものではないし、また完全に意識的なものでもない。研究される現象、つまりマスコミュニケーションの領域で問題とされるのは、意識下に完全に抑圧されているといった層ではない意識層である。それは半ば意識的半ば無意識的な、いわば灰色の地帯である。また、この層は本能の直接的な顕示の領域ではない。

ところで、アドルノはアメリカの新聞に掲載された占星術のコラムを取り上げ、分析するが、アドルノが占星術のコラムを分析するのは、占星術それ自体に彼が関心を持っているからではない。アドルノは占星術のコラムを、現代社会に広く見られる、諸個人の典型的な心理学的傾向を示し出す鍵として、兆候として分析する。

さらに、アドルノは研究にさいして次の二つの点を仮定している。すなわち、第一に、占星術の追随者は第二次的迷信を持つ人々を代表するものである、ということ、第二に、占星術は人口の大きな部分を捉えているので、それを分析した結果は一般化することができる、ということである。(3)

2　現象を織りなす諸特徴

アドルノが研究対象である諸現象の特徴として挙げている特徴は次の通りである。

(a) 第二次的迷信

アドルノは研究される社会現象の領域を第二次的迷信の領域として定義している。第二次的迷信が何であるかを理解するためには、まず「第二次的コミュニティ」が何を意味するかを押さえておかなくてはならない。第二次的コミュニティとは、家族のごとき第一次的コミュニティに対して、すなわち、人々が共に生き、互いに親密に知り合っており、親密圏をなしている第一次的コミュニティに対して、人々が相互に直接的な関係を有しておらず、客体化された社会関係を通して結びついており、このようにして制度化され、社会化されているコミュニティである。つまり、第二次的というのは、第一次的な親密なコミュニティに対して、直接的な関係性を有しない人々の領域である。アドルノが第二次的迷信というのは、そうした第二次的コミュニティ上を流通するものである。

(b) 究極的なまじめさの欠如

占星術の体系は今日ではアナクロニズムであって、人々はそれを決して心から信じているのではない。オカルトは今では過ぎ去ってしまった迷信の多少とも人工的な焼き直しであり、究極的なまじめさはそこにはない。人々はまじめに信じてはいないのである。しかし、信じていないということは占星術がある社会的役割を果たすことを何ら妨げない。古い迷信の人工的な焼き直しはあくまで近代の地平に属している。さらに言えば、この焼き直しは大量生産の時代に属しているのであって、このために焼き直された迷信はそれ自身の質を獲得する。すなわち、アドルノによれば、それはできあがった生産機構に人々を適合させる機能を持つ。それにもかかわらず、人々は占星術をある意味で受け入れているが、それには強い本能的要求が働いているはずである。

人々は占星術に対して、半ば皮肉的な態度を採っている。これは思考のパラノイア的システムと類似性を持っている。現代の社会システムとパラノイア的システムは相互に構造的に類似しており、この類似性は、まず閉鎖性と中心化された構造という点にあるが、それだけではなく、システムが非合理的な質を持っているという点にある。社会システムは物神的で自己永続的な、非合理的な質を持っている。パラノイア的システムもまた同様である。「社会システムは殆どの諸個人の意志と利害から独立な『運命』である」。「それが星たちに投影される」[4]。

占星術は人々の依存的性格の表現である。しかし、それだけではなく、依存性のイデオロギーでもあり、そうしたものとして人々に苦痛を与える条件を、それを耐えられるものとすることによって強化する。

(c) 反省の欠如

占星術は、第二次的迷信として、人々に権威的に与えられ、その信奉者はそれを批判的に反省することはない。それ故、占星術は反省的批判を免れている。だから、そこでは、批判的反省を無効にするあるメカニズムが働いているはずである。占星術にあっては、理性的批判は解体されているが、理性的批判のこの解体をアドルノは西洋の啓蒙過程の内に位置づけている。すなわち、啓蒙過程の中で権威主義的心性が形成され、極端な経験主義はその一形態である。つまり、極端な経験主義は所与、データへの絶対的服従を人の思考に対して教え、このために思考は批判的反省の力を失ってしまう。このようにして、神話的誘惑に抵抗できない心性が形成される。

(d) 偽物の世界解釈

人々は現存するものに対して、それに類似しないもの、それと非共約的なものを想像したり、考えないように条件づけられる。この場合、現存するものに類似していないもの、異質のものを考えたり、想像したりするということは、現存するものに対するアンチテーゼとしての異境的世界に絶えず逃れ去り、逃避する思考態度を意味するのではない。これは、現存するものからの絶望的な逃避にすぎない。現存するものに類似していないものを考えたり、想像したりするということは、逆に、交換社会が産出する単調さの感情を克服する困難で骨の折れる知的作業を意味している。ところが、この能力が退化するために、そうした知的過程に代わって、偽物の世界解釈が無反省に採用され、より高いもの、この平凡で単調な生活世界から上昇し、生活世界を超越する高いものへと飛躍しようとする誘惑が生じる。つまり、マニュアルも近道だが、マニュアルとは異なる仕方での近道が採られる。複雑なものが簡単に手に入る公式へともたらされ、それを知ることによって、自分は教育的特権から排除されていると考える人が、自分は少数派に属していると感じることができる。

(e) 生半可さの風土

生半可さの風土は占星術にとって実り豊かな風土である。それは占星術が生い茂る風土なのだ。占星術においては、思考力も十分な知識も批判的省察も展開されない。この生半可さの風土の上で、自分たちは選ばれた少数派であり、普通の人よりも優れた人間なのだという感情が支配する。

コミュニケーション手段が未発達であった時代には、社会の多くの層が科学と芸術に接近することはできなかった。このような時代には、生半可さは社会現象として生じることはない。伝達の現代的手段はこれに対して社会の多くの層が科学と芸術に接近することを可能にし、この事態が生半可さを生み出すのである。生半可さは情報がますます洞察と反省に取って代わるという一般的な社会の趨勢の産物である。アドルノによれば、一つにはこうした生半可さの傾向の増大、一つには社会的世界の不透明性の増大が占星術が繁茂する土壌をなしている。

(f) 綜合の欠如

占星術にあっては、一方に星たちの運動があり、他方には通俗的心理学によく知られた人々が示す心理学的応答がある。両者の間の思考的綜合は何ら行われない。むしろ、まるで関係していない事柄が恣意的に関係付けられる。これは神経病学にはよく知られたパターンである。思考の総合的機能の衰退は、アドルノによれば、分業が支配する社会の産物である。そこでは、分業によって相互に引き裂かれた知的諸機能が綜合されることがないために、綜合能力の衰退が進行する。一方の星たちの運動があり、他方に諸個人の心理学的応答、事態に対する応答がある。その上で両者の間に恣意的な関連づけが行われる。後に見るように、星たちの運動・星座の位置は諸個人の決断の範囲を決定する。

(g) 合理性と非合理性の絡み合い

占星術という社会現象にあっては、その発信者には受け手をある方向へとコントロールしようとする合理性・計算的合理性が働いている。占星術のコラムニストは聴衆にメッセイジを送るのであるが、このメッセイジは聴衆を一定の方向へと導くよう計算されている。刺激それ自身が計算されているのである。

しかしながら、占星術にあっては、聴衆自身が合理的に振る舞うように想定されてもいる。この場合の合理性とは、私的利害を最大にして実現することを意味している。一方で、占星術の発信者に計算的思考があって、彼は聴衆を一定の方向に誘導しようとし、他方で、聴衆は、私的利害を最大にするように、この意味で合理的に振る舞うことが想定されている。すなわち、聴衆個人個人は自分の私的利害を最大にするよう行動する、あるいはそのために適切な手段を選択すると想定され、またそう呼びかけられる。

この合理性は偽－合理性と呼ばれる。占星術のコラムが提供する実践的アドバイスはこの偽－合理性を体現している。それは、日常的人間関係で支配的である観念と通俗心理学を超えることはない。占星術が想定している世界にあっては、以上の意味で合理的に振る舞うものだけが、つまりは内的外的生活を十分にコントロールできるものだけが現実の非合理的な事態に対処できるとされる。

現実の非合理的事態とは自己の利害を最大にするように振る舞うという意味で合理的な主体がその意味で合理的に対処できない事態である。それにもかかわらず、そうした事態に、内外の生活を十分に合理的にコントロールすることが出来る主体だけが彼の身にふりかかる不都合な事態に、対処できると想定されている。諸個人は彼の生活上の事柄を合理的にコントロールできなければならない。ということは、占星術では厳密な決定論は回避されているということである。自己の生活のコントロールにさいして、諸個人は絶えず決断しなければならない。けれども、個人の自由は星座の位置が可能とするものを超えていくことはない。占星術にあっては、諸個人は日々の生活にあって絶えず決断しなくてはならないにしても、そうした個人の自由は一定の限界内で行われるとされ、それ故、その限界を超えていくことはない。自由、あるいはこの場合には個人の選択は星座の位置が示すもの、その位置が

可能にするものを超えていくことはない。(5)

星座の位置が示すのは、かくして、諸個人の決断の範囲である。換言すれば、諸個人の決断の範囲は星座の位置によってあらかじめ決定されているのである。つまり、決断はいつも現状への適合を意味する。現状に十分に適合できるものだけが成功を収めることが出来るのだ。この場合、自由であるとは、自己に対して不可避的なものとして与えられるものを決断を通して受容するという点に存する。占星術では、自由とは適合である。

占星術の発信者は聴衆が自分が発するメッセイジを受け入れると想定している。換言すれば、彼は聴衆の受け入れやすさを想定している。事柄を批判的に吟味することのない受け入れやすさという意味で非合理的な受け入れやすさが大衆の内に想定されるわけである。そして、この受け入れやすさは大衆・聴衆の内に実際に存在している。これは非合理的な態度なのである。人々が自分の理性への信頼を失い、また社会の機構への信頼を失っている社会的世界にあっては、非合理的態度を受け入れる態度が産出される。

占星術のコラムニストが聴衆に発する実践的アドバイスは極めて現実的である。個人は合理的に振る舞うよう呼びかけられるけれども、その呼びかけを受け入れる聴衆の心的態度は非合理的なものである。しかし、占星術にはこのような非合理的要素の他にさらなる非合理的要素がある。それはある種の超越性に関係している。

(h) 超越性の契機

占星術のコラムニストは超越的権威に依拠しており、この超越的権威が星たちに投影される。では、この超越的権威とは何か。アドルノの考えはこうである。現代の社会システムは人間たちに非人格的で事物的なものとして現れている。社会システムは匿名性という性格を持ち、その上諸個人に対して超越的という性格を持っており、この時、社会システムは探求不可能性を有するものとして観念される。探求不可能性と不透明性という社会の性格は同時に諸個人に対して運命として力を揮うと考えられ、諸個人に対するこの運命的な力は、占星術にあっては、星たちに投影される。「社会システムは殆どの諸個人の意志と利害から独立な『運命』である」。「それが星たちに投影される」(6)。かの社会の性格は星たちの権威として現象する。それ故、社会システムの諸個人に対する超越的権威は星たちの諸個人に対する超越的権威として現れる。

社会の諸個人は非合理性に直面するが、彼らは、もし生き残ろうとするならば、この不条理性を受け入れなければならない。このことは、諸個人は星たちが与えるアドバスを受け入れなければならないということを意味するが、社会が諸個人に与える容赦のなさが引き起こす恐怖は星たちがよきアドバイスを与えてくれるのだとされることによって和らげられる。

テレビや映画では、自分の問題を自分で解決する英雄的人物が登場する。占星術のコラムでは、このような人物は登場しない。それに代わって登場するのは、外からやってきた創造的でカリスマ的人物である。諸個人に対して運命として力を揮うという社会の性格は諸個人に対する社会の超越的な性格であり、この超越性が星たちに投影されている。読者はこうして社会の匿名の力が彼らを排除するだろうということを理解しなければならない。でも、それほど心配したこともない。神秘的で創造的な人物が現れて君を助けてくれるだろう。

占星術のコラムはこうして社会に対する人々の順応性を強化する。客観的状況内の一切の問題は君がアドバイスを受け入れ、他者を、そして自分自身を心理学的に洞察し、それに応じて振る舞うことによって解決されることができるだろう。個人の客観的困難はすべて個人に由来するものとして扱われるが、他方、個人の権限を越える客観的力には形而上学的尊厳が付与される。

(i) 科学

アドルノによれば、実証主義は一種の宗教とならなければならないというコントの要請は今日皮肉な仕方で達成された。今日科学はその権威を確立し、一種の権威的な力を人々の意識に行使している。占星術師たちはこの状況下で、科学の権威を借りる。すなわち、それは自分たちが言うことを科学の装いで飾り立て、科学であることを装う。占星術のコラムはまた（通俗）心理学だけではなく、それなりの経済学を含んでいる。

(j) パラノイア的傾向

啓蒙過程において、概念的思考が展開する。概念的思考の働きは同一化・包摂化の作用である。概念的思考は啓蒙過程の中で形成されたものとして、支配と結びついており、投影とは同一化の形態である。同一化的・投影的思考はこの自らのあり方を他者に投影する。

概念的思考において、アドルノによれば、感覚データは概念へと包摂されるが、この同化とは概念の元への感覚データの同化である。この同化は感覚データに対する支配である。概念は他者（感覚データ）を自己に同化する。これは概念が自己を他者に投影するということである。[7] パラノイアの場合には、自己がそうでありたい自己（概念）に自己を同化し投影する。そうであるべき自己（絶対的な自己＝概念）へと自己は己を同化するが、この場合には、現実的な自己が己を概念へと同化し、己を概念へと投影する。

アドルノによれば、概念の働きは同一化することであり、概念的枠組みを感覚データへと投影するとき、主体は己の概念を何かに投影してその何かを己に同化する。主体のこうした同化作用はパラノイア的傾向の芽である。パラノイア的傾向とは自我の（極端な）肥大化の傾向である。アドルノは超越論的主観性の概念に主観性・自我の優位・肥大化を論定している。自我の肥大化とは自我の絶対化である。自我の絶対化を別様に表現すれば、「一切か無か」ということになる。悪かったり、誤ったりするのはいつも他人であって、私ではない。この場合、自分が間違っているかもしれないという可能性の意識はどこかに放逐されてしまっている。このような思いこみは自我の（極端な）肥大化としての自我の絶対化であり、これが自我のパラノイア的性格である。この自我にあっては、絶対的に正しい自己が自己の理想であり、自我は自己をその理想へ無媒介的に同化する。だから、自我のこうした絶対化にあっては、ほんの少しでも自己の誤りを指摘されることは、自我の絶対的否定であると感じられる。それは我慢がならない事態である。こうした思考のあり方は絶対主義的である。

こうした自我の絶対化が生起するさいのメカニズムは投影である。この場合、投影というのは、これこれでありたい自我（自我像）への現実の自我の投影である。この投影にあっては、概念という語を使用すると、「これこれでありたい自我」が概念に相当し、現実の自我はその概念に包摂されることによって、現実の自我がそうした概念に包摂されるわけである。この絶対化は自己が自己について見たい自己像に自己を同化・投影するのであり、自己の絶対化はこのようにして、投影・同一化によって生じる。(8)

アドルノは占星術と精神病的性格の関連性に言及している。知的綜合の欠如とそれに代わる恣意的な連結の措定は、占星術と精神病的性格との類似性を示している。もちろん、占星術の受け手を単純に精神病者と呼ぶことはできない。逆に、占星術はそれが精神病的性格と類似するということによって、精神病に対する保護としても機能している。

また、アドルノの見るところでは、今日、その社会機構と社会状況のために、自分は迫害されているという強い感情が生み出されている。つまり、そうした感情には実在的な基礎がある。それが逆にパラノイア的傾向、すなわち自我の極端な肥大化を生み出すのである。ドイツの大衆に対するヒトラーの扇動は成功を収めたが、この成功を可能にした呪文はヒトラーの心理学的異常さから生み出された。アドルノの理解では、あるいは彼が仮定するところでは、一定の社会機構と社会状態がさまざまな心理学的症候群に有利に働く。

現代社会がその実在的基礎となっているパラノイア的性格ないしパラノイア的傾向はあらゆる種類の大衆運動の追随者を麻痺させ、魅惑する要素となる。パラノイア的性格という要素こそが追随者を麻痺させ、引きつける要素なのだ。パラノイアとは自己のあるものへの投影・同化であった。アドルノによれば、社会はパラノイア的傾向を糧としている。占星術はその小さなモデルである。それは全体社会が示す退行の兆候なのだ。

(k) 権威主義的メンタリティ

アドルノは、占星術のイデオロギーは権威主義的パーソナリティの高い得点者のメンタリティに類似していると言う。さらに、両者に見られる特性として、一つには外在化、すなわち否定的なもの・否定的な要素はすべて外のものに由来するという観念と、一つには何らかの集団・共同体で慣習的となっている健全性を絶えず強調するという点がある。これらはセクト的性格と関係がある。それは自分たちは排他的であるという眉唾物の主張として現れる。星の記号を読むことができる人が存在する。自分はこのような知っているものの側にいるのだ、という自己主張が行われる。外部のものは知っていないのだ。(9)

3　コラムニストのやり方

(a) コラムニストの方策

コラムニストは多くの人々にアドバイスを発信する。それは読者に慰めと代理の満足を与える。彼はあたかも自分がすべてを知っており、満足のゆくアドバイスを与えているかのように振る舞う。彼は、一方で、読者の生活上の事柄に関与しているということを示さなければならない。しかし他方では読者の生活にあまりに関与的に振る舞うと信用を失墜するおそれがあるので、十分一般的に、ということは非‐関与的に振る舞わなければならない。特殊な指示が与えられるが、それは非常に一般的である。さらに、コラムニストは現代社会が産出する諸問題と性格学的パターンの知識を持っていなくてはならない。コラムニストはこの知識によって典型的な状況を描き出すわけである。コラムニストのアドバイスは、こうして、現代生活において現れる多少とも困難な状況を反映している。

コラムニストは「世間的賢明さ」を示さなければならない。これを本物の心理学から区別するものは、内容にあるというより、コラムニストが読者を無意識的なものに基づいて操作しようとしているという点にある。心配が示唆されるが、この心配は多少ともベールに覆われている。これはナルシス的満足に相補的である。

(b) 受け手のイメージ

コラムニストは次のような受け手のイメージを作り上げる。受け手は一切が彼の手に委ねられている人として描かれる。困難を回避し、成功することができるかどうかは彼／彼女の振る舞いによっているとされる。もちろん、これは彼らが英雄的人物であるというのではない。順応性を発揮して振る舞うかどうかに一切がかかっている。一切が彼／彼女（受け手）に委ねられているということは、実は彼らが順応性を発揮するかどうかと同じことになっている。一方では、成功するかどうかは日々の彼／彼女の賢明な振る舞いにかかっている。読者はこの意味での知性と社会の中である種の重要性を持つ人物として描かれる。このような知性と重要性は実際には成立していないのだが。他方では、時に受け手はより高い地位の人に依存しているものとして描かれる。この場合、盲目的に星の指令に従うことが彼らの成功の条件なのだ。星の運行が与える規則、命令に読者は厳密に従わなくてはならない。しかし、何故そうなのかは決して問われはしない。ここには服従の盲目性があるが、このことは星たちが社会の強制システムの投影として現れている、ということを示している。

しかし、生活上のすべての問題が解決されるわけではないことをコラムニストは知っている。だから、コラムはそうした矛盾をもとりあげなければならない。この時に持ち出されるのが「時間が解決してくれるだろう」戦略である。矛盾した諸要求は一日の異なる時間に割り当てられる。AMは実在と自我原理を表し、PMは快楽原理を表す。

(c) 二面的アプローチ

このようにして、矛盾した諸要求は二面的アプローチによって解決される。アドルノは、彼が分析する特殊な工夫のほとんどは二面的アプローチの枠内で提示されると言っている(10)。仕事と快楽は厳密に分離される。五時までは仕事で、五時からはそうではないというわけである。どんな錯乱した行為もこうした二面的アプローチのもとでは合理的行為に損害を与えはしない。生活は生産に従事している部分と消費者として機能している部分に分けられる。

AMで行われると仮定される活動は自立的な企業家の活動ではない。人々はむしろ社会システム機構の内部で意義なき仕事をなすように勧められる。快楽それ自身は、アドルノによれば、仕事の再生産の手段である。人々は適合するために楽しむことを強制される。

時には保守的であれと忠告され、時には現代的であれと忠告される。逞しさと依存性もこうした二分法の一つである。社会機構の内部で個人は弱いものであり、依存性の感覚が増大している。けれども、状況が許す限りは、個人は逞しくなければならないと忠告される。(11) つまり、無力という感情を和らげなければならないわけである。攻撃性は実践的であれという忠告と結び付いている。

(d) 舞台裏での振る舞い

時に舞台裏で利口に振る舞うことが勧められる。つまり、ちょろまかすこと、個人的コンタクトを利用して成功することが勧められる。いくらか陰謀の風味があるが、現在の大衆欺瞞の一つは陰謀である。これは悪事が外集団に投影されるという投影的本性を持つ。ちょろまかせという勧告はしかし許されるものの範囲内にとどまるという勧告と対となっている。ここで道徳が内面から取りはずされて外在化される。つまり人はその行為を自分自身に対してというより、上役に対して説明しなければならない。コラムは暗黙のうちに、捕まらない限りは一切は許されるというイデオロギーに同意しているように見える。

(e) 家族背景の訴え

現在では自由な競争的活動は消失した。こうした状況にあって、家族背景への言及が行われるが、家族背景への言及は二重の機能を持つ。第一に、「背景に属している人々」という観念には「閉じた社会」という観念が結び付いており、このさい家族背景をなしているのは典型的とされるアメリカ人、すなわち、白人で親切なアメリカ人である。これは特権を有する人々への言及である。この工夫は、アドルノによれば、現代の大衆操作のテクニックの一つであり、大多数の人が特権的人物として扱われるのである。第二に、家族背景への訴えは社会の原子化と人格的な不安定性を打ち消すために用いられる。

（f）チームメンバー

ある人が行った決定がより高い地位の人の決定に一致しないならば、彼はひどく叱られる。これは官僚制化に典型的な事態であり、かくて、行為する前に他者と問題を論議せよ、という忠告がなされる。これは民主主義のカリカチュアであって、ここには次のような基本仮定がある。すなわち、他の人々は君自身よりもより多くのことを、よりよく知っているという仮定である。これはいわゆる世間の知恵であり、世間が人自身の前に立ち現れてくる。アドルノによれば、他者を理解すること、ならびに他者によって理解されることを強調することは社会の原子化を反映している。

コラムニストは、冷たく非人間化された社会的関係の下にいる人は誰でも自分が十分に理解されていないと感じているということを知っており、それ故にこそ自分を理解する人を求めよ、また他者を理解せよという忠告を行う。これはどこへでもある「人間的関心」によって編成される。

(g) 心理学的自己反省

客観的問題は個人の心理学的及び主観的問題へ変換される。このように変換される時、客観的問題は個人の振舞いの欠陥といったその個人に関する問題となる。この問題は個人が次のことを反省し、洞察することを介して解決されなければならない。すなわち、君より地位の高い人は君よりも英知を持っている。だから、君はそのより地位の高い人に従わなくてはならない。より高い地位の人の英知は君の英知より優れているのだから、それは当然だ。君の抱えている問題はこのより高い英知が解決する。だから、より高い地位の人には従順であれ。自分よりも高い地位にある人は自分よりも高い英知を持っている。このことを知れ。汝自らを知れ。こうした心理学的自己反省は個人の社会機構への適合を促進する道具である。自己の従順さは地位の高い人の洞察の結果なのだと見せかけられる。この時、自己評価はそれほどダメージを受けない。

(h) 実在の諸要求の還元

社会の実在的な諸要求、例えば(社会)システムの諸要求は、個人に対してあることを命令する人びと、あるいは命令しない人びとの要求へと還元される。つまり、社会システムの諸個人に対する実在的(客観的)要求は、諸個人に対してあることを要求する人びとの要求と、あるいは諸個人に対してそのように(直接には)要求しない他の人びとの要求と同一視される。占星術のコラムでは、これらの人物は一般に善意で友好的な人物として描かれるが、しかし時にはこれらの人々が個人に対して為す否定的行為が語られる。人間関係は強い者たちと弱い者たちの二つの層によって編成されているものと仮定されている。

4　人間関係

(a) 家族と隣人

家族のような近しい内集団は個人にとって調和と愛の世界として描かれる。家族に関しては、それは何も悪いところはないという楽観主義が採られる。家族は個人にとって慰めと助力の源泉であり、家族は敵対的社会で人々が働くことができるようにする唯一の場とされる。

家族はレジャータイムに押しやられているが、しかし時には、読者に対し家族の言うことを聞くように勧められる。例えば、コラムニストは財産状態に関して妻と相談せよ、と忠告する。ある場合には、本能的衝動に身を任せてギャンブルに金をつぎ込む人物が登場するが、家族はこうした本能的衝動に対する防御という社会的役割をもって現れる。「妻は夫よりナイーブであり、夫の理性に訴えることが抗争を和らげる」(12)。

コラムに登場する隣人は、低－中産階級の人々にとっては、成功したビジネスマンよりも重要である。この場合「隣人」という言葉は村の伝統主義を、非商業的な相互的関心を、聖書の記憶さえ呼び起こすものであって、第一次集団に典型的な隣人といったものではない。相互に助け合う伝統は依然として生き残っているわけである。

(b) 友人・専門家・上役

占星術のコラムが描く世界では、友人は水晶占い師という役割を持って登場する。友人はしばしば外からやってきて、個人の収入を増加させる上で有益なアドバイスを彼に与える。彼はその友人に従わなければならない。友人は彼よりも強い力を持っている。このようにして、読者の依存性を高める操作が行われるわけである。それは自律的責任を解除して、それをマゾヒスティックな満足へと変換する。

友人はしばしば上役の仮面として登場するし、そしてこれは上位のものと下位のものとの関係はしばしば家族内の年上と年下の関係になぞらえられる。かくて、上役の仮面である友人、つまりは上役は兄弟のイメージを持つものとして現れる。友人は自己利害を持たずに、人が為さなくてはならないこと、彼にとってもっともよいことを伝えると想定される。

上役はコラムの受け手にとって権威を持つものであり、この上役が友人として現れ、友人が兄弟のイメージを纏って現れる、ということは、アドルノの見るところ、権威主義のあり方の機能変化を反映している。今日、権威主義はもはや父親像に依存していない。兄弟のイメージを含んだ友人というイメージが権威主義的人格の典型、パターンとなったのだ。「大兄弟」、これは全体主義的国家の究極的権威である。

コラムが描き出す世界では、友人は自己利害なくよきアドバイスをしてくれる友人として現れた。その対極にあるのが敵であって、人間たちは友人と敵に二分される。これは二面的アプローチによく適合する。友人は受け手自身の投影であり、受け手の自己利害を表現している。友人はしばしば複数で現れる。この場合友人は兄弟イメージとともに登場する。しかし、友人には別の側面があって、それは異邦人として現れる友人である。これは、内集団にある人々が持つ部族外へと向かう願望を表現している。占星術のコラムは受け手にそうした願望を認めてやるのである。

時折、専門家が現れる。専門家は上役と友人の中間に位置する。彼は事柄に関してノウハウを持っており、生起した事態に対して客観的判断を下すことができると想定される。この場合、専門家は単に専門的知識を持つ人としてではなく、専門家ではない人が習得できない知識を持つものと仮定される。つまり、専門家は非専門家には不可能な知識を持つ魔術師として現れる。

上役のうち、鍵的な人物はボスである。上役に対する態度として勧められるのは、服従の態度である。上役に対しては巧妙に振る舞わなければならない。上役にはなだめる態度やご機嫌取りの態度をとらなければならない。上役は一方では脅威であり、この脅威は、上役はよき洞察力を持っているのだということを指摘することによって和らげられる。また、上役はしばしば厳格で要求多い父親を想起させる。上役のより高い位置を正当化し、それに光臨を与える評価タームがある。それは「卓越した人物」、「影響力ある人物」などである。

5　社会の発展傾向

アドルノは彼が見た（資本主義）社会の発展傾向を次のようなものと理解している。

①　いまやますますという形で人間生活が社会化し、組織が多くのチャンネルを通して個人を捉えるようになっている。仕事とレジャーの二分法は解体しつつあり、レジャーはますます社会的にコントロールされるようになっている。これは社会の組織がますます諸個人をその網の目の内に捕らえ、諸個人がシステムの全面的な網の目に捕らえられるようになっている、ということである。

②　今日では、個人の社会的運命は需要と供給のバランスによって決定されるというより、社会の舵取りをしている集団の判決によって決定される。これは資本主義が自由主義段階からポスト自由主義段階へと移行したと

いうことを示している。社会の舵取りをしている集団とは、資本家というよりも、今では、経営者である。（資本の人格化が資本家から経営者に移り住んだのである。）

③　個人の依存的性格は自由主義の時代にあっては隠蔽されていたが、今日では、個人はいっそう顕著に自分の依存的性格に直面せざるを得なくなっている。自由主義の時代には、諸個人の自立・自律が語られたが、実はそうした諸個人もシステムに依存していた。けれども、それでも依存性は背後に隠されていたのである。ところが、今や依存性がはっきりと姿を現し、諸個人はシステムへの自らの依存性に直面するのである。ここで依存性というのは、諸個人の全面的な網の目としての社会システムへの依存性である。諸個人は自己の依存性に和らげられることなく直面するので、彼らは彼らの依存性を何か他のものに、例えば星の運動に投影したがるのである。つまり、彼らは星たちの位置と運動に依存するということになる。換言すれば、社会システムとその運動は星たちの位置と運動へと投影され、星たちは社会システムの変装された姿として現れる。

④　依存性は、諸個人の決断の範囲がシステムによって予め決定されているという点において表現される。オートポイエシス、偽－合理性、循環構造、反復。諸個人はシステムに統合されており、彼らにとっての合理的行為は彼らを支配する。社会システムに関するアドルノの基本的把握は管理された社会というものである。アドルノによれば、組織化の包括的な網がますます人々を捉えるようになっている。[13] 諸個人は絶えず社会の要求とテストに直面しなければならない。彼らはその要求とテストから逃れる隙間は存在しないと感じている。現実のシステムは不透明であるという感覚が支配する。

このような状況が嘘っぱちの、欺き的な予言へと人々を駆り立てるのである。星は何でも知っている。それは彼らが依存性の自分たちの感覚を正当化する源泉へとその感覚を帰属させようとする彼らの願望の故であるが、しかしそれだけではない。そこには依存性を強化しようとする彼らの願望も働いている。管理された社会にはまた、それはその閉鎖性とテクノロジー的機能化の巧妙さにもかかわらず、自己破壊へ向かって進んでいるように見えるという危機の感覚がある。危機のこの感覚は、社会の新しい組織形態がまだ地平線上には立ち現れていない、ということのために不吉な色合いを帯びる。

このような現代の管理された社会のあり方が占星術を繁茂させる社会的条件であるというのがアドルノの理解である。社会システムはまさしく「管理された世界」[14]である。正常であると目される人でさえ、幻想的な体系を受け入れる余地がここにある。

6　諸現象の変容

新自由主義及び新自由主義的グローバリゼーションの起動ともに、アドルノが占星術のコラムを分析しながら提出した現象を織りなす諸要素、星たちに投影されたシステムのあり方という意味での存在、人間関係、社会の発展方向はどうなったのだろう。星たちは人間たちに対して超越的存在でありながら、同時に人間たちに対して配慮を示しもしていた。今あの星たちはどうなっているのだろう。

確かに、アドルノが指摘した、現象の諸要素、反省の欠如や生半可さの風土、総合の欠如、集団内で慣習的となっていることの健全性の強調と外部の者は知っていないのだといった言説、またある種の依存性は今日の時代的文脈においても見られる現象である。

生半可さの風土について見れば、インターネットなどのコミュニケーション的手段の発展とともに、情報が幅を利かし、情報が洞察と反省に取って代わるという社会的趨勢が依然として見られる。インターネットの中を流れる情報が無批判的に受容される一般的傾向が存在するということも同様である。生半可さの傾向の増大は社会的世界の不透明性の増大を意味したが、生半可さの風土は、今日においても、例えばデマゴーグが活躍するための豊かな土壌をなしている。

総合の欠如についても同様である。アドルノが語っていたのは、思考の総合能力の欠如によって、星たちの運動と諸個人の事態に対する応答との間に恣意的な連関が付けられるということであるが、これは今日においても、見られるところである。例えば、何らかの秘密の世界組織が世界を支配しており、世界に生起するあらゆる現象はその組織の陰謀によるのだという陰謀史観がそれである。ここでは、星たちの代わりに秘密の世界組織が登場し、諸個人の事態に対する対応の代わりに世界の諸現象が登場する。こうした陰謀史観は思考の退化を証言する。

集団内で慣習的となっていることの健全性の強調と外部の者は知っていないのだといった言説についても、現代の生活世界の中に類似の現象が見出せる。新自由主義の進展とともに、生活世界の物象化が進行し、諸個人はますます相互の関係性が希薄化する状態に投げ込まれ、原子化された、この意味で抽象的な個人へと、したがって自分自身（孤立した自己）へと投げ返される。これは社会統合の危機であり、そのために、解体しつつある社会統合の代わりに、疑似的な社会統合が称揚される。この時、何らかの集団の内部の慣習的なあり方が他に優越するものとして持ち上げられ、否定的で不健全な要素はすべて外部に由来するという観念が人びとを支配することになる。外の人は知ってはいないのだ。「日本文化は日本人にしか理解できないのだ」という言説はこれに相当する。

依存性についても同様である。諸個人の相互の孤立化は、その孤立化故に相互の緊張を孕んだコミュニケーション的相互行為へとは向かわずに、絶えざる接触への希求を生みだす。他者との接触は、しかし、単に接触であればよいということになり、他者から発せられる、自分が他者と接触しているのだということを確認させてくれる情報（記号）だけでよいということになる。これは他者への依存性を示している。

このように、アドルノが分析しだした諸現象については、今日においてもそれらを、あるいはその類似物を見出すことができる。とはいえ、後の二つはすでに新自由主義的世界を背景にしている。システム自体がすでに変容しているのである。社会の発展傾向としてアドルノが語った事柄はポスト自由主義的資本主義（組織された資本主義）から新自由主義的資本主義への変容とともに、変容している。占星術に関するアドルノの分析のうちに現れていたのは、上役への言及が示すように、ヒエラルキーであり、組織されたシステムであり、管理された世界である。アドルノが語っていた社会の発展傾向とは、組織が、あるいはシステムが諸個人をますますその網の目の内に捉えていく、ということ、社会の舵取りをしているのは資本家というより、経営者（ボス）であるということ、諸個人はシステムに対する依存性に直面し、また諸個人の決断の範囲があらかじめシステムによって決定されている、ということであった。社会の組織化がますます人間生活を支配するようになっているということである。

システムの変容

新自由主義は政治的、経済的諸制度そのものに介入して、国家の諸制度そのものを変換する（構造改革）。新自由主義のもとで、そして新自由主義的グローバル化のもとで、国家は自己の制度を改変しようとする。これは、ハーバーマスが語っていた、戦後社会国家の、経済危機に対する国家の反応形態（危機対処）とは異なっている。経済危機への対処はそれだけではまだ構造改革を意味しない。ところが、新自由主義は国家制度と経済システムの構造そのものを変換しようとする。新自由主義にあっては、生活世界の大規模な変換が目指される。雇用システム、税制、教育制度、金融システムなどが変換される。それらの変化の基礎にあるのは富の移動という点である。すなわち、富の移動を実現するシステムが構成される。相互の生存競争の激化、敗者と勝者の出現、この中での貧困の普遍化、底辺へと向かう因果的圧力が生じる。

主体形成という点から見ると、かつての、規律的権力の作動の結果としての規律化された主体はオートポイエシス的システムの条件であるとともに、オートポイエシス的システムの運動によって再生産された。けれども、新自由主義が標榜する主体は変容してくるし、この変化にはシステム自体の変換が照応している。新自由主義は自立した強い個人という人間像を提出しそれを称揚するが、それを生としてそのまま肯定する。（もちろん、敗者にあっては、その不可能が現れる。）この変化にはシステム自体の変換が照応している。主体のあり方とシステムのあり方とは連動している。変化した主体類型はシステムを変容させ、変容したシステムはその主体（類型）を逆に産出する。経済システムは、国家による法的認可のもとで、非正規社員を増加させ、これとともに企業の雇用システムが変容する。この中で、キャリアアップといった主体の志向性が生まれてくる。両者は一体の過程である。これをシステムによる因果的決定などと理解するには及ばない。

今日、新自由主義のもとで、諸個人は自立的であることを要求される。新自由主義的システム（例えば国家システム）は、諸個人に対して、もはやシステムに頼ってはならない、諸個人は自立し、独立に、ということは、システムに頼らずに自らの生を生きていくべきである、と語る。社会権、例えば、生存権は無条件的であって、それは人間的生に無条件的に保障されなければならないが、新自由主義的思考は生存権を依存性の形式としてしか理解することが出来ない。だから、新自由主義は依存するな、自立せよと吹聴する。

経済システムは、多数の正規社員を非正規社員によって置換し、このことによって多数のワーキングプアが生まれてくる。アドルノが見た全体性としてのシステムにあっては、このシステムは諸個人に対して超越的でありながら、同時に諸個人を統合していた。今日非正規社員は（企業）システムへのこの統合から排除される。（国家）システムは社会保障の領域に保険原理を持ち込み、したがって市場原理を持ち込み、かくて社会的連帯は保険的連帯に変質していく。要するに、社会的連帯が個人的責任の領域に還元されていく。こうした社会の趨勢の中で自立と自己責任が喧伝されているのである。かくして、諸個人は自分自身へと投げ返され、その分システムが諸個人の運命を大きく規定しながら、背後に退いていくことになる。

日本の状況について見れば、多くの非正規社員が生みだされ、かつての長期雇用慣行が揺らいでおり、賃金から年功的な要素がそぎ落とされていき、社会全体は格差社会へと変容する。こうした諸現象は全てある方向に動いている。長期雇用慣行の揺らぎは雇用が短期的になるということを意味する。雇用形態が短期的かつ暫定的になる。この傾向に結びついているのは、賃金水準の低下である。労働組合の影響力の低下、これもまた物象、したがって抽象の支配強化と関係がある。格差社会は以上の結果として生じるが、新自由主義はこの格差を前提にしてさらに先に進み、そして格差社会をいっそう強化しつつ再生産する。これが新自由主義の運動である。

アドルノが見たシステムは、諸個人に対して超越しながら、諸個人を統合する。システムは諸個人に対して運命的な力を持つものであるが、しかし他方では、それほど心配することもない。システムは諸個人に対して配慮してくれるし、神秘的で創造的な人間が現れて助けてくれる。友人は適切なアドバイスを与えてくれた。友人はしばしば上役の仮面であり、また上役は兄弟のイメージを持った。彼らの適切なアドバイスは要するに、システムが命じる順応性を強化する。個人の合理的な自己利害はその順応性によって実現される。

諸個人は独立独歩の英雄であることは求められてはいなかった。彼らは英雄に己を同化することで、英雄になろうなどとは考えない。彼らの生活上の諸問題は突然現れる神秘的な人物によって解決されるのである。

ところが、新自由主義は諸個人に対して独立独歩の英雄・主体であれと主張する。新自由主義が吹聴する人間とは自己肯定主義である。そしてそれは強者主義であり、競争に打ち勝つ強い個人である。これが人間として、人間のあるべき姿として称揚される。アドルノが語っていたのは諸個人のシステムへの依存性であり、システムは諸個人に対して順応性という形でその依存性を要請するのであるが、新自由主義的資本主義にあっては、そうした依存性は非自立性として攻撃される。システムに依存することなく、自立して生きよというわけである。地方自治体に対しては、国家に依存しないで自立すべし、と主張され、社会福祉と社会補償という社会的連帯の制度的形式も、単に依存性の形式としてしか理解されなくなる。順応性として要請された依存性は非自立性として攻撃される。

このような自立的な主体としての新自由主義的主体の機能的意義は次の点にある。すなわち、新自由主義的世界は必然的に勝者と敗者という人口の極化をもたらすが、これは富（価値）の敗者から勝者への移動を実現するということである。新自由主義は諸個人に対してそうした自立した主体であれ、依存性の諸形式を脱せよと勧告する。もとより、そうした主体であることができるのは勝者のみであるが、そうした主体であれとの勧告は敗者にもなされ、これは事実上敗者の切り捨てになる。しかし、このことは勝者たる自立的な主体にとっては、問題とはならない。というのは、それは敗者の自己責任であるからだ。ところが、勝者の称揚される自立性は競争主義的な市場世界を前提としており、この意味では、新自由主義的な主体は己の存在を市場世界に負っている。ネオリベラルなイデオロギーは、よりグローバル化された世界への移行のためのそのアプローチを「自然」で「選択肢のないもの」と人びと思わせた[15]。他方、貧困のループに巻き込まれた諸個人は、社会保障とセーフティネットの後退の故に、市場に頼ることができないのに、市場に頼る他はなくなる。

新自由主義によって称揚される自立的な主体は、しかし、他者から切断された抽象的自己であらざるを得ない。その世界に対する眼差しは、もっぱら自己に内閉したパースペクティブになる。その上で、その主体は自己制御の主体でなければならない。己の欲望に引きずられるのではなく、それをコントロールすることができなければならない。他者に対する愛も他者のうちに自己自身を直観することではなく、もっぱら自己に内閉したパースペクティブからなされる、自己の力を上昇させるための媒介でしかない。

さて、私は次にボルタンスキーとシャペロの『資本主義の新たな精神』に立ち入ってみたい。というのは、二人の著者たちは資本主義の精神の変容のうちに、アドルノが目の前に見ていたポスト自由主義的資本主義への変容を読み解いているからである。ボルタンスキーとシャペロが「資本主義の第二の精神」と呼ぶ精神はポスト自由主義的資本主義に照応しており、「資本主義の第三の精神」と呼ぶ精神は新自由主義的資本主義に照応している。

[B]　資本主義の新たな精神

1　資本主義の精神と生活世界

ボルタンスキーとシャペロは『資本主義の新たな精神』において、ウェーバーの「資本主義の精神」の概念を継承し、それをさらに展開しながら、「資本主義の精神」を新たに定式化し、資本主義の精神の変容のうちに資本主義の変容、とりわけポスト自由主義的資本主義（フォード主義的ないし国家介入主義的資本主義）から新自由主義的資本主義への資本主義の変容を解読している。[16]

一九世紀に資本主義の精神の最初の記述が見られた。そこでは、ブルジョワ的企業家という個人とブルジョワ的価値が強調され、こうした個人は産業の騎士、征服者として形容された。リスク、イノベーションなどが強調され、さらに人びとの空間、歴史的な地図面での固定性からの解放の約束が謳われた。この時には、企業の運命は一族と結びついていた。第二の資本主義の精神は一九三〇年代から一九六〇年代に提起されたものであって、企業家個人よりも、組織が強調された。この第二の精神は資本主義の発展に対応しており、企業組織は巨大化する。巨大企業が出現し、中央集権的、官僚制的組織、大規模化がその特徴である。アドルノやホルクハイマーの初期批判理論はこの時代に、資本主義の第二の精神に照応する資本主義の形態に対する批判的応答として生まれた。第二の資本主義の精神において主人公の役割を演じるのは取締役である。取締役は株主とは異なり、企業規模を拡大しようとした。規模の経済、製品の規格化、労働の合理的組織化が生じ、生産は大量生産となる。ここでは、標準化と規格化が支配的傾向として貫徹する。キャリアや従業員たちの安全性、とりわけ雇用の面での安全性は組織全体の合理化と長期にわたる計画化に対する信頼によって、そして何よりも組織の巨大化によってもたらされた。ここでは、保護と援助に対する尊敬がヒエラルキー形態の一部をなしている。株主は匿名的となり、多くの企業が特定の一族から切り離される。

ところが、以上の如き資本主義の（歴史的）形態はさらに変容し、新自由主義が登場して、資本主義はフォーディズムに基づく資本主義から新自由主義的資本主義に変容していく。[17]安全性という次元で言えば、今日、学歴資格がもたらしていた安全性はその効力を失っていき、職業キャリアはもはや保障されないといった事態、そして貧困の普遍化といった事態が出現する。そして、資本蓄積の形態が変容したまさにそのときに、第二の資本主義の精神もその動員力を失う。資本主義の新たな精神、すなわち資本主義の第三の精神が登場するのである。これは世界の新自由主義的世界への変容に照応している。第三の資本主義の精神の内容が以下の主題となる。私は、資本主義の第三の精神に照応する資本主義の世界は、それ以前と比べて、世界の疑似－自然化の一層の進展であり、抽象の支配の強化とそれに依拠する富（価値）の収奪の世界であることを明らかにするように努める。それは人間の自然史の一層の展開であった。

ボルタンスキーとシャペロによれば、資本主義の目標は自己目的としての資本蓄積であるが、資本主義はそれへのコミットメントを基礎づける、また正義の要求を志向する論拠を定式化するどんな資源もそれ自身のうちに見出すことは出来ない。このことを言い換えるなら、抽象の支配はそれ自身として見られると、それへの人々のコミットメントのいかなる動機も含んではいないということになる。そうした動機は人々の生活世界において形成され、またそうした生活のあり方なしに抽象の支配はない。イデオロギーこそが資本主義それ自身が与えることが出来ないものを蓄積過程に与える。資本主義の新たな精神は新たな蓄積過程を人びとに対して魅力的にするものであるが、そのさい、資本主義の精神は共通善を参照することで人びとの自己正当化の欲求を満足させ、自分たちの社会的アイデンティティを脅かすものから身を守る術を教える。

資本主義の精神たるイデオロギーは、ボルタンスキーとシャペロが使用している語ではないが、われわれの生活世界に属し、その精神に導かれた人間諸行為が生活世界を編成しもする。二人の著者たちの観点にはホネットと共通のものがある。すなわち、彼らの眼差しは主に生活世界に向けられている。資本主義の精神というのはイデオロギーであり、諸個人の生活世界内的行為を導き、それを正当化するものである。主題とされるのは、経済維持活動と結びついたイデオロギーであって、こうしたイデオロギー、つまり資本主義の精神の変容が主題とされる。この変容はわれわれの生活世界の変容を指し示している。それで、主題は生活世界的事柄に他ならない。このイデオロギーはどのように変異したのかが問題である。

では、イデオロギーとは何であろうか。それは、著者たちによれば、「制度に組み込まれ、行為に関与し、かくして現実に深く根づいた、共有された信念全体」[18]であり、われわれの生活世界内行為を導き、規定するものである。イデオロギーとしての資本主義の精神とは蓄積過程にコミットさせる価値観と関心に適合した動機を与える。イデオロギーというのは制度に染み込まれているものであるとされたが、制度とはその都度具体的な状況においてその都度確立される間主観的人格的相互関係なのではなく、システムとして持続的客観的に存在する社会構成体である。これは規範化された規則にしたがって遂行される行為から織りなされる社会的形成体である。イデオロギーは人々が行為にコミットするさいにその行為に正当性と意味を与える。イデオロギーは制度に組み込まれているが、しかしもちろん制度とイデオロギーは同一なのではない。制度とシステムは諸行為によって再生産される諸行為の関係態である。

著者たちはイデオロギーである資本主義の精神、すなわち蓄積過程を正当化するイデオロギーとそれによって正当化される蓄積過程を区別している。しかし、資本の蓄積過程とそれを正当化する過程とは相互に絡み合っている。「われわれが強調するのは、多くの行為者が、蓄積の要求と調和する生を自身が生きるのに値すると判断するためには、生がどのように示されなければならないかという点である」[19][20]。資本主義の精神は生活世界に属し、ある種の生活世界内行為を正当化する。ここである種の生活世界内行為とは資本蓄積に向けられた行為である。資本主義の精神は資本主義的蓄積過程を制約するのであり、それはこの蓄積過程において中心的な位置を占めている。それは単に上部構造に属しているというのではない。[21] 資本主義の精神は行為者によって内面化される。行為規範としてである。この行為において、蓄積過程にそれに固有の枠組みが与えられる。内面化というのは、それは生活の仕方として、身体的行為をそれとして構成するまでになるということ、外的ではない、ということである。外的ではないということはそれ自身の行為と思考に内在し、それ故、行為を内側から規定する規範的確信のシステムとなるということである。それは生活世界内的制度を構成する。

2　マネージメント文献

ボルタンスキーとシャペロはマネージメント文献のうちに資本主義の精神を読み取ろうとする。そのために、彼らは二つの資料体を構成した。一つは一九六〇年代のものであり、もう一つは一九九〇年代のものである。六〇年代というのは、戦後の経済成長の時期であるが、六〇年代の文献では次のことが問題であった。すなわち、ブルジョワジーの最良の息子たちを資本主義に如何にして奉仕させるか、管理職層からの積極的関与をいかに獲得するか、自分の社会で有益な役割を果たしていることで彼らに自分たちの人生を成功させるという感情を如何にして持たせるかである。六〇年代の文献は家族的資本主義を批判している。さらに、管理職層が持つ強い不満が提起する問題が扱われる。それは企業の巨大さに伴う管理の問題である。不満についてみれば、彼らは技師としての役割と単なる連絡役としての役割に甘んじることをよしとしない。そうではなく、彼らは意思決定権力を共有し、より自律的であることを欲している。このように管理職層では自律性の要求があるが、それは巨大な官僚制機構と関連している。大企業は民主主義国家の内部にあるにもかかわらず、そこでは自由は脅かされる。それ故、自由への脅しという問題に対して、その解決策として分権化、能力主義、目標による管理が管理層における自律性の確保として提起される。とはいえ、この自律性は大企業のヒエラルキー的秩序の枠内のことである。職位が詳しく記述され、このことによって自律性の余地が与えられる。各人に与えられる目標は企業の方針と整合的でなければならない。経営者はこのような仕方で管理職層を管理するわけである。各人の業績・成果はどのようにして測定されるのかと言えば、それは目標による管理であり、この成果に照らして昇進が個人に与えられる。

六〇年代はボスという地位を尊重していた。アドルノが言っていたように、ポスト自由主義的資本主義の世界では、上役のうち、鍵的な人物はボスであった。管理職層に（枠にはめられた）自律性を与えるということは、ヒエラルキーを疑問視することなく、その基礎の上に設定された。ヒエラルキーを明確にし、これに支配という退行的象徴を加えないこと、部下を無視しないように語りかけられるが、ヒエラルキーを除去したり、侵犯したりはしない。「ヒエラルキーを非効果的であると同時に不正とさせているその家政的靭帯をはぎ取ることで、能力と責任の上にヒエラルキーを基礎づけ、これに新たな正統性を与えることが重要なのである」[22]。

九〇年代の文献では、ネットワーク型企業モデルが登場する。それは六〇年代の官僚主義批判を受け継ぎ、ヒエラルキーは排除されるべきものとされる。九〇年代マネージメント文献の読者は大企業や多国籍企業の管理職層である。反ヒエラルキーは支配－被支配関係を拒絶し、そしてこの反ヒエラルキーは社会の進歩と考えられる。命令し、命令される関係を人々は望まないし、計画化も硬直的である。マネージメント文献の著者たちは、ヒエラルキーとこれに結び付いている権威というものを攻撃する。競争と技術のより急速な変化のゆえに、フレキシブルで創意に富む組織を作り上げなければならない。ヒエラルキー原理は転覆されなければならない。適応変化とフレキシビリテイが世界表象の構成要素となる。現代企業の典型像はネットワークで機能している諸要素からなっており、これらの要素は一群のサプライヤー、下請け、サービス供給者、臨時従業員などである。労働者は小規模で可能的なチームに組織され、そこにおいて指導的なのはボスではなく、コーディネーターである。チームメンバーは同一の空間を占めている必要はない。通信技術の発達によって、彼らは遠隔地にいてもよく、それでもチームメンバーとして働くことができる。労働はネットワークで行われるのである。ネットワーク的組織とは自己組織化と自己管理の場に他ならない。

企業は競争的優位を保持している機能を内部に維持し、その他は外部化する。その経済的世界は次のようである。すなわち、「付加価値がその主たる源泉をもはや（とくに豊かな鉱山や土地といった）地理的に位置づけられた資源の活用にではなく、労働力の搾取にでもなく、むしろきわめて多様な知識を利用する能力、こうした知識を解釈し結合する能力、イノベーションを創立し流通させる能力、……『象徴を操作する』能力に見出すような経済世界である」[23]。とはいえ、著者たちによれば、企業は完全にネットワークに還元されることはできない。というのは、他の多国籍企業との競争があるからであり、そのために企業を一定の方向へと方向付ける人がいなければならないからである。リーダーとそのビジョンがかくして登場する。「管理職層」という語の代わりに、「マネージャー」という語が現れる。マネージャーは指揮統率したり、命令を下そうとするのではない。マネージャーはチームの進行役である。マネージャーはヒエラルキー的正統性に頼ることはできない。彼は自分のプロジェクトの内部ですべての人々を働かせなければならない。マネージャーは権威をもっている。彼をリーダーならしめる権威をである。この権威をマネージャーは彼の個人的資質から引き出す。その権威は信頼に結び付いている。

六〇年代では、休息の時間と労働に向けられる時間の間の均衡が配慮されることがあったのに対し、九〇年代では、文献はこうした区別は労働から生活と不可分な諸側面を切り捨て、労働に情動を認めないという理由で、この区別に対して反抗する。すなわち、アドルノが語っていた二面的戦略がぼやけてくる。九〇年代のテクストは改革へのコミットメントが個人的に刺激的な企てであり、共通善に照らして正当化可能であり、彼らと彼らの子供たちにある形式の安全性をもたらすことを説明しなければならない。六〇年代では、企業キャリアにおける合理的な基準の採用は非合理的現象の突発を防止するとされ、情熱や野蛮とは対照的に、理性と自由の結合は自明であった。しかし、九〇年代では、感情、情動、創造性が強調される。

九〇年代では、反官僚主義的闘争と自律性という主題が採用され、ヒエラルキーは排除されるべきものとなる。（読者層は大企業や多国籍企業の管理職層である。）反ヒエラルキー的課題を正当化するために引き出される動機はしばしば道徳的であって、これは支配－被支配の拒絶である。計画化は硬直的であるとして攻撃され、権威と結びついた審級も攻撃される。この攻撃と同時に、個人的自由の尊重と形式的平等を約束する新たな組織形態が提起される。つまり、組織はフレキシブルで創意に富んだものでなければならず。あらゆる変化に適応し、変化出来るものでなければならないのである。

まとめとして繰り返すと、一群のサプライヤーや下請け、サービス供給者、臨時従業員は小規模で可能的チームに編成されなければならない。真の主人は顧客である。そこに配置されるのはボスではなく、コーディネーターであった。メンバーは通信技術によって遠隔で働ける。労働はネットワークで行われ、異なる場所での同時進行的な新製品開発が行われる。それは革新的、多面的であり、自己組織化と自主管理の場でなければならない。企業は競争的優位を保持している機能だけを内部に維持する。付加価値の主たる源泉は多様な知識を利用し、それを解釈し、結合し、イノベーションを創出し、流通させる能力、象徴を操作する能力であるが、しかし、他の多国籍企業との競争があるために、企業は一握りの者によって一定の方向へ運動しなければならない。リーダーや彼らのビジョンが出現する。彼らはチームの進行役であり、触媒、狡知、閃きを与えるものである。

ピラミッドの高さは減少しこうして昇進機会も減少する。役割、出自、集団の差異などによって抑制されることなく移動する能力が重要である。人びとは自己組織化された、時間も空間も同じでないネットワーク上で動くことになる。管理の唯一の解決策は自主管理である。信頼は道徳的に規定される。人格的関係と相互の信頼性に重要性が与えられる。

3　結合主義的世界

九〇年代の文献において登場する世界は結合主義的世界であるが、この場合結合というのはプロジェクト、ネットワーク世界における人間と事物などの結合のことであって、この結合は一時的であり、また再活性化しうるものである。結合は多様な集団の間で行われ、さまざまな雑多な人々が結合される。プロジェクトは生産と蓄積を可能にする。プロジェクトは交替し、必要に応じて集団が、作業チームが再編され、プロジェクトの変遷において新たなプロジェクトに加わる能力が偉大さのしるしの一つとなる。正当化の装置はプロジェクトによる市民体と呼ばれる。この市民体は正当化の装置であるわけである。正当な秩序のためには、しかし、誰と誰との間で善を共通のものにするか、誰と誰との間で正義の均衡を確立するかが問題となる。すると、プロジェクトの観念は、ネットワークに由来する観念と正当な秩序に由来する観念との妥協である。

ボルタンスキーとシャペロによれば、ネットワークの存在論にあっては、人間存在が正当化の制約から解放される。しかし、ネットワークではそれが正当化の装置、正義の秩序であるためには制約が課されなければならない。ネットワークでは、諸存在はある仕方で分散する。これらが関連付けられなければならないが、それは同等性原理の下で行われる。同等性のもとでそれらの存在が関連付けられ、人や物が序列化されるのであり、そして同等性の原理の上位概念は効率性である。それ故、秩序付けは効率性の観点から行われ、それによって人や物が序列化される。これが資本主義の新たな精神における正義の秩序、一つの規範的秩序である。

プロジェクトによる市民体は正義の制約に従う。まず、靭帯を造り出す媒介はそれ自身で固有の偉大さである。同等性の原理によって、人や物が序列化され、これによってプロジェクトは正当化可能な秩序となる。さて、同等性の原理を支配している上位原理は効率であった。すなわち、効率の点から諸存在の間に同等性が打ち立てられ、したがってまたそこにある種の序列が打ち立てられる。効率性が第一原理とされるために、労働と非労働、安定したものと不安定なもの、賃労働と非賃労働などの間の対立が乗り越えられ、社会の観点から評価しうるものとそうでないものとの対立が乗り超えられる。

自己の孤立はその都度形成されるプロジェクトにあって解消されなければならない。人びとの出会いが強調されるが、それは人びとを関係づけるためである。あるいは、このように関係づけることでプロジェクトが生み出される。プロジェクトという表象は企業内のみならず、生活世界の他のあらゆる領域に浸入し、かくてすべてはプロジェクトになる。重要な点は資本主義的プロジェクトとそれ以外のプロジェクト差異が消失するという点であって、これはプロジェクトという点では何ら変わらない、ということである。そして、「『自律と独立という重大な欲望』は、『人生はそれを他者と分かち合うときにのみ意味を持つというそれと同じように重大な確信と結び付けられる』」(24)。

4　個人化・自己の物象化・自己の企業家

ボルタンスキーとシャペロはチャールズ・ハンディの議論に言及している。チャールズ・ハンディは雇用という伝統的概念を各人が自分で自分のために管理する諸活動のポートフォリオという観念によって置きかえる。(25)これは主体の自己物象化を表している。

結合主義的世界では、偉大者は私的世界、職業の世界、メディアの世界といった諸領域間の差異を無視する傾向がある。彼はどの場所にも属さない人である。また彼は一種の自己モニタリングを持ち、また生の推進者である。彼は出身階層や直接的関係の領域からも隔たっており、自分の情熱や価値観からも解放されている。それ故に彼は身軽である。そして、差異に開かれている。状況と結合が彼を完全に捕らえるのである。彼は、たえず変化する状況に適合するために組織に対する責任の織物に囚われてはならず、そのために、自己の個性を放棄し、ある程度の内面性と自己への固執を放棄しなければならない。これは可動性の障害となるものは除去しなければならないということであるが、実はこれは自己の企画でもある。というのは、各人が自己自身であるのは各自が自分を構成する靱帯があるからであり、この靱帯を構成することで各自は自己をいわば製作するからである。

資本主義の新たな精神の人間学においては、自由主義の基礎にあった要素が極限にまで推し進められている。結合主義的人間は自己の所有者なのであるが、それは「自然権によってではなく、自分自身が自己に対するみずからの労働による所産であるというかぎり」(26)においてである。各自は自己自身の生産者、自己の身体、自己像、成功と運命に責任を持たなければならない。しかし、それにしてもここでの結びつきは一時的で軽い。一方では自己の関係性への還元（状況への完全な適合）が見られ、他方では、人格の軽さが現れる。自己の反省性は状況への適応のためである。さらに、諸個人はフォード主義的資本主義に特徴的であった国家装置、組合機関、社会階級の認知、国家におけるその代表例へと導く過程に貢献した装置から解放されることによって、自己へと投げ返されるが、これは個人化を表している。現代の経営のあり方においては、個人は関係の束の交差点、結節点として扱われ、これは集団、階級といった社会的存在を解体するものである。ボルタンスキーとシャペロによれば、フランスでは一九六八－一九七三年に付加価値の分配は労働者に有利なようになされた。この場合、労働者に有利であるというのは、労働者の集合体に付加価値生産に対する貢献によって報酬がもたらされるということである。労働者個人個人ではなく、労働者の集合体に報酬が与えられた、ということである。しかし、彼らが言う結合主義的世界では、これは新自由主義的資本主義においてということであるが、能力主義が報酬の個人化と結びつくことになる。つまり、新自由主義的資本主義においては、労働者の集合体という審級が解体して、報酬の個人化が起こるのである。

これは一九八〇年代に生じた変化である。つまり、その変化とは集合的観点から個人化された表象、社会的観点の個人化された表象への移行である。正義は今や個別の成果に基づく差異化された報酬となり、これが正義の内容をなすに至ったのである。

5　差異のぼやけ

結合主義的世界では、私生活と職業生活の区別は消去される方向へと運動していくというように、社会のさまざまな領域間の境界がぼやけていく傾向が見られる。こうした区別が消去されるのは、いくつかの混同によってである。いくつかの混同によってということは、社会のさまざまな領域間の境界を定義する区別が曖昧となり、消えていくということであって、その混同とは例えば個人の諸性質と労働の諸性質の混同であり、友人との食事とビジネス社会での食事との混同であり、自己の所有と組織に登録された社会的所有権の混同であり、感情的靱帯と実利的関係の混同である。さらに、投資収入と労働収入の差異がぼやける。

6　自然化

結合主義的世界の秩序、すなわち以上のように構成されたネットワーク秩序が自然的なものとされる。これは自然的秩序の調和形式、普遍的な組織形態であり、最も自然な形式はネットワークである。あらゆる人間は自然的本性を持っているとされるが、これが自然化である。具体的に言えば、あらゆる人間が上位の地位へと上昇する潜在能力を備えており、すべての人間が偉大さに達する平等な潜在能力を持っているということが人間の自然的本性とされるのである。また結合する欲望は人間の自然的本性の根本的特徴であるとされる。人生は何らかのことを他者と分かち合うときにのみ意味を持つというわけである。ここにおいて、プロジェクトにおいて活動する人間のあり方が自然のものとして現れる。自然化というのは、人間のある事柄を人間本性として定立し、人間の永続的自然とすることである。

7　自律性と安全性

ボルタンスキーとシャペロは自律性（への要求ないし期待）と安全性（への要求ないし期待）との間に対立・二律背反を論定している。自律性と安全性の両者が二律背反という結び付きを持つのであれば、自律性の（少なくとも一定程度の）実現は安全性を掘り崩し、安全性の一定の確保は自律性を脅かすということになる。

フォーディズムの時代には、労働者について見れば、自律性のいわば犠牲の上に安全性が保障されていた。企業は例外的にしか労働者を解雇せず、労働者に終身雇用を提供し、安全性の最後の装置は福祉国家であった。この安全性はさらに組織の固定性とヒエラルキーと結びついていた。ところが、九〇年代には、終身雇用と福祉国家は疑問視される。組織の固定性や官僚制的性格に対する批判とともになされた自律性の要求が資本主義によって回収されるという仕方で一定程度実現されると、安全性が掘り崩される。結合主義的世界、つまりは新自由主義的世界では、フレキシビリティの要求はヒエラルキーの解体の要求と結び付き、このヒエラルキーに対する批判は自律性の要求と結びつくが、このことによって、多くの諸個人の安全性が掘り崩され、不安定性が増大する。自律性と安全性の二律背反という前提的関係のもとで、自律性と安全性の位置価が逆転する。「賃労働者により大きな安全を与えることを目指した措置は、ヒエラルキーによる管理を軽減し、個人の『潜在能力』を考慮に入れることを目指す措置に取って代わられる。自律性は、政策の方向転換により、ある意味で安全と交換されたのである」[27]。

8　批判の回収

ボルタンスキーとシャペロが言うに、搾取水準を自己規制し、このことによって正当性を向上させることは資本主義の第二の精神の役目であった。けれども、若い管理職層の間にさえ、資本主義の第二の精神と結びついた慣行と実践の窮屈な枠組みに対する批判的見解が強まった。そのような声は、精神分析と欲望の解釈学を採用していた。批判の二つの形態が挙げられている。それは芸術家的批判と社会的批判である。芸術家批判は現状が人間の自律性、創造性、真正性や解放の要求を踏みにじっているという批判である。けれども、こうした芸術家的批判は資本主義の新たな精神（資本主義の第三の精神）によって、それ故資本主義によって回収された。自律性の要求についてみれば、この要求は新たな企業装置に統合され、創造性の要求についてみれば、創造性、イノベーションといった資源の利用にますます多くの利潤部分が依存することになった。真正性の要求についてみれば、これは商業の増加と外部化によって、真正性に関する批判的要求は沈められ、解放の要求についてみれば、昨日までのタブーを除去することが新市場の開拓に適していることが明らかになったとき、批判の任を解かれた。ここでは、ボルタンスキーとシャペロが言及している解放の要求と真正性要求の資本主義による回収を見てみよう。

解放の要求

一九世紀後半以降の芸術家的批判のうちでとりわけ見られるのは、あらゆる形態の必然からの解放の要求であった。この解放要求は一般的な類的疎外に狙いを定めている。自律性と自己実現の要求が掲げられたが、これは一九世紀後半のパリの芸術家たちが与えた形を持っており、自律性と自己実現の要求はあらゆる固定的なものからの解放要求と結びついていた。彼らは不確実性をライフスタイル及び価値としたが、その価値というのは、いくつかの生活といくつかのアイデンティティを手にしうるということであり、そのためにはあらゆる所与からの解放、生まれながらの一切の負債の拒絶が前提となる。

この観点からすれば、解放は何よりもまず、誰か他の者となりたい、他人（親や教師など）にプロジェクトを構想された者ではなく、望むときにみずからが望む者となりたいという、抑圧された欲望の解放として理解されている。……国民、地域、民族、とりわけ……「ブルジョワ的」あるいは「プチ・ブルジョワ的」として理解された家族という、アイデンティティー的な帰属意識から逃れる可能性を開いたままにする。(28)

けれども、こうした解釈は資本主義に回収され、この回収は先に言及された身軽さとして実現される。そして、この回収は不安定化を伴っていた。主体は新たな体系的従属に服し、孤立化し、自己実現と自律性の要求に晒されることになった。そうした要求は今や諸個人にとって（社会的）強制になる。こうして、新たな特殊な疎外の諸形態の発達は、「多くの人びとにとっては、獲得されたように見えた『一般的な』解放を打ち消すこととなった」(29)。労働の領域外にさえ、職業生活、職業的生き残りと関連した不安が拡張され、プロジェクトの増加は生活やアイデンティティの多元性の最小限の形態（それは職業的、家族的、団体的な地位や役割の多様性であり、これは相対的安全性をもたらしていたものである）を廃棄した。

非真性性を告発する芸術家批判

資本主義の第二の精神が支配的だった時、芸術家的批判が目指していた方向は標準化と大衆化に対する批判であった。資本主義は、第三の精神において、非真正性を考慮する。この点に関する変化は六〇年代に起こった。機械化と大量生産に対する断罪が見られ、技術的事物や技術的製品はどれもが同じ規格の他のものと同一であるとして、差異の欠如はまず事物に向けられた。ここでの同一性というのは、どれもが規格化され、画一化されている、ということである。しかしさらに、事物と機能の標準化は使用者の標準化をもたらす。テイラー主義的労働組織においては、人々の間の差異が消失する。さらに人間存在は群衆へと集められて画一化され、一切の特異性や差異性を喪失するというテーゼが提起される。この批判は三〇年代から六〇年代に頂点に達する。(30)以上は画一化と標準化に対する批判であり、画一化と標準化は非真正性の形態である。

それ故、真正なものとは画一的ではないもの、標準的ではないものであるだろう。しかしさらに、真正性への欲望は市場領域の外にある財、そのために貨幣の支出には還元できない、犠牲を要求するような財に向けられる。そのような財の魅力はコード化(31)されていない特徴や決定要因を有しているという点にあり、このような特徴はその財を人格に接近させる。そうした財は隠された意味や性質を持っていなければならない。けれども、そうした財に人びとが接近することができるためには、それは資本制社会においては、コード化を通して商品化されなければならない。このことによってしかし、市場領域の外にあるとされた財は市場領域の内に取り込まれる。この時、その財はそれは真正なものであるためには、あるいは傑出したものであるためには、市場領域に取り込まれていながら、商業的関係以前の状態で提示されなければならない。その財はすでに市場領域のうちに取り込まれているのだから、今や重点は、そのように提示されなければならないという点に移動する。ところが、ボルタンスキーとシャペロによれば、次のような事態が生起する。すなわち、それは提示方法や商品説明によってのみ標準的製品から異なるのか、それとも異なる製造方法によって、それに由来する本質的特性によって異なるかが分からなくなる、という事態である。かくて、差異の商品化の可能性は新たな疑惑の時代を開ける。これこれのもの、出来事、感情が生の自発性の顕現なのか、真正な財を商品へと変容させるための過程の結果なのかは知ることは難しい、というわけである。まず標準的、慣習的、非人格的財や人間関係への批判があった。資本主義の装置はこうした批判に応答する。どのように応答するのかと言えば、差異を商品化することによってであり、新たな財を供給することによってである。かくして資本主義は真正性から利潤を引き出す。これすなわち回収である。

しかし、真正性の要求がなおも己を維持しようとして真正なものを求めるとすれば、この要求はやはり真正なものと非真正なものとを何らかの仕方で区別しなければならない。ここで持ち出されるのが、作り物とそうではないものとの区別であり、すると、真正なものとはオリジナルなものであり、非真正性は商業目的のための差異の再生産としてのコピーの非真正性となる。このコピーは作られた事物を人に愛させ、称賛させるという意図を持って作られたものであって、こうしてここに意図のあるなしが問題となる。すなわち、そのような意図を持って作られたものは非真正なものであり、そのような意図なしに作られたものは真正なものになる。つまり、かの意図のあるなしが非真正性か真正性かを判定する基準となる。

かつて、真正性は大量生産がもたらす画一化・標準化に対する抵抗の原理であった。今や非真正性に対する批判がとる形態は大衆批判の問題構成ではない。そうではなく、この批判は自発的なものとは対照的な術策の告発、真実の感情とは対照的な戦略的なものへの告発である。ボルタンスキーとシャペロによれば、結合主義的世界では、結合から引き出すことができる利潤を強調することは、その結合を作り出した人の意図に関する疑惑を呼び起こす。

第二の意図が隠されているのではないか、戦略的あるいは操作的意図が彼の行為の背後に潜んでいるのではないか、このように疑われる行為は非真正なものとなる。人間たちの生活世界が結合主義的世界へと変質していけば、あらゆる行為に隠された意図をかぎ出そうとする心性が醸成されるだろうが、他方、結合主義的世界はこのような心性さえもが基礎にしている真正性の概念それ自身を掘り崩してしまう。結合主義的世界、あるいはネットワークという形象にあっては、自己への忠実さだとか、他者の圧力への主体の抵抗だとか、理想との一致という意味での真実の追究だとかは脱構築される。自己への忠実性は硬直性として、他者への抵抗は結合することの拒否として、オリジナルなものの表象の同一性と考えられる真実は、存在の無限の可変性への無理解として理解される。存在は、ネットワーク社会の中で、異なる存在との関係に入るたびに修正される。ネットワーク社会では、真正性の問題は提起されないが、それというのは、真正性の定式化は起源への準拠によって評価を根拠付ける判断の可能性を想定しているからである。起源への準拠が抹消されれば、世界はいわばそれ自身で存在するシミュラークルな世界となる。

ボルタンスキーとシャペロが念頭に置いている資本主義の変容は国家介入主義（あるいは第二次世界大戦後ではフォード主義）的資本主義から新自由主義的資本主義への変容である。(32)この変容は、彼らによれば、過去一〇〇年間に作り出された批判の道具によっては対抗することのできない世界を造り出した。それ故、ポストンが言うように、そうした批判の道具によっては、おそらくはグローバルな再構造化のより複雑な過程の一つの側面を解放的なものとして祝福しかねない。(33)また、自己の企業家という自己物象化の形態はアドルノ哲学の概念諸装置では十分に批判的に対応できないのである。(34)ボルタンスキーとシャペロによれば、過去一〇〇年に造り出された批判の道具は社会階級の分類学、さらにまた政治運動と組合運動に依拠していた。つまり、その批判は、労働組合について言えば、（官僚制的構造を持ちつつも）労働者たちの集合的力に依拠していたのであり、この集合的力は連帯の力の歴史的形態でもあった。個人の悲惨が単に彼の個人的特性の結果ではないことを示したのは、すなわち資産と個人的特性との結びつきを解体したのは階級の概念であった。ところが、個人化の傾向の進展によって、批判が依拠していた集合力、審級が解体していく。変異した世界は初めにはポストモダン的カオスと見なされ、全体的解釈のできないものとされたのだが、それは実際には（ボルタンスキーとシャペロが用いている語ではないが）新自由主義的資本主義の世界であった。この新しい社会的世界は不正と搾取が進行する場となったし、貧困の増大は人々の憤慨を呼び起こした。

貧困や格差に対する批判は社会的批判と呼ばれているが、かくて社会的批判が覚醒される。これに対して芸術家的批判は資本主義の新たな精神（資本主義の第三の精神）に吸収されることで資本主義の言説に統合され、資本主義によっていわば回収された。芸術家的批判と社会的批判は相互に分岐し、それぞれ異なる運命を辿る。

私見では、このような歴史的趨勢が、ここでボルタンスキーとシャペロを離れて言えば、N・フレイザーとA・ホネットとの論争「承認か再配分か」の歴史的文脈をなしている。フレイザーは「承認」概念のほかに「再配分」の概念を提出し、両者を相互に還元不能な規範的概念とする。この際、フレイザーは「再配分」の概念によって同時に資本主義的経済秩序のありようを指し示すことを意図している。これに対してホネットは、社会的批判とは別の批判文脈から出発している。それはボルタンスキーとシャペロが言う芸術家的批判――標準化と大量生産、世界の全的商品化に対する批判――と同じ文脈に属するであろう文化批判の文脈である。ホネットは差異化された承認概念を展開し、再配分の問題を承認概念と結び付ける[35]。さらに、承認については芸術家的批判が資本主義に回収されたという事態に照らして、承認要求の承認が再び体制維持の機能を果たすものになるのではないかという疑念が浮かび上がってこざるを得ない。ホネットはこの問題にアルチュセールのイデオロギー論に対する承認論の側からの批判的応答という形で扱っている。(36)

ここで、ボルタンスキーとシャペロに戻るならば、結合主義的世界においては――これは新自由主義的資本主義の世界においては、ということであるが――、派遣労働者のフレキシビリティは課せられたもの、強制されたものになり、労働者は不安定性に閉じ込められる。ここで搾取には人間の人格を貶め、人間の尊厳をなすものへの攻撃が結びつく。

私は次に抽象の支配の強化及びその基礎の上での富（価値）の収奪という観点から、ボルタンスキーとシャペロの議論の意味をさらに解読するように試みてみたい。世界の物象化、したがって世界の疑似－自然化は人間たち生活世界の物象化、したがってまた生活世界の疑似－自然化である。疑似－自然化されてあるのは、あくまで人間たちの生活世界である。それは生活世界内的存在が抽象の担い手へと還元されること、生活世界が資本の生活史になることであり、抽象の担い手、それ故にまた抽象の運動の担い手に還元されることである。このように抽象の担い手としての存在になるということは、生活世界内存在が一定のあり方、存在の仕方においてあるということである。抽象の支配における抽象は、それはまさしく抽象であるが故に、生活世界のパースペクティブからはそれとしては知覚されない。第二次世界大戦後の福祉国家は、そうした抽象の支配に対する押しとどめの力の制度化でもあった。けれども、この押しとどめの力は、新自由主義的資本主義の世界では、解体されていく。この解体は抽象の支配の強化の方向へ導いていくが、それは人間たちの生活世界の大規模な変換なしでは可能ではなかったし、抽象の支配の強化は生活世界の変換された姿としてあるのである。

9　資本主義の新たな精神と世界の疑似–自然化

抽象的プロセスと生活世界

資本主義は国家介入主義的資本主義から新自由主義的資本主義へと変容し、そのために以前の資本主義に対して作り出された批判の形態はその批判性を失った。批判理論は例えば以前の資本主義の形態に批判的に応答した批判理論の形態にもはや留まることはできない。少なくともその遺産は書き換えられる必要がある。その遺産を投棄することが問題なのではない。そして同様に、その遺産をただ反復し、食い尽くすことが問題なのでもない。例えば、アドルノが語った「自然史」の概念は、新自由主義的資本主義に即して転換されなければならないであろう。その概念の再興はその概念の一層の進化を必要とするであろう。私はアドルノの「自然史」の概念を現代に再興せんと試みた。それは世界の新たな意味地平を拓く批判というホネットのやり方とは別のやり方においてであった。確かに、われわれ人間が生活世界における日々の生活行為において慣れ親しんでいる、あるいはわれわれが日々経験している世界が自然化され、物化された世界であることを開示する、あるいは暴露する批判、すなわち新たな光学を拓く批判は、生活世界に対するわれわれのパースペクティブを変換する。けれども、パースペクティブのこの変換は、私見では、さらに進んで生活世界を疑似–自然化された世界として産出するメカニズムの探求へと思考を誘うはずである。なるほど、生活世界の諸制度は、ホネットが言うように、文化的規範の制度化であるが、しかし、その制度化は単にそれに尽きるのではない。人間の生活行為が非志向的に産出する抽象の運動が、同時に生活世界の諸制度を一定のあり方を持つものとして、すなわち物象としての存在として産出する。文化的規範に導かれた人間の生活行為はそうした抽象の運動を促進することもあれば、それに抵抗することもある。さらには、人間行為を導く規範が、自己の企業家として定立された物象の規範へと変質することもある。

私は生活世界の疑似‐自然化を近・現代世界における抽象の支配、抽象的システムの支配と結びつけた。現代においてアドルノの「自然史」概念を再興するということは、別の言い方では、新自由主義的資本主義を人間の自然史の現代的展開として捉えるということである。生活世界の諸制度はその一定の形態において同時に富（価値）の収奪としての富（価値）の移動を実現するシステムとなるのである。可能な限り、速く、かつ効率的に利潤をあげること、このことは富（価値）の移動と関係する。それは富（価値）の移動を実現するのである。非正規の多用、これは富（価値）の収奪の形態である。

世界はますます抽象的労働の凝固たる価値の担い手に還元されていく。その上で価値の収奪が行われる。これが社会批判の現実的根拠であり、創造性や真正性の点での芸術家的批判の資本による回収は抽象の支配を一層強化する。[37]悪しき普遍としての抽象的普遍は具体からは決して遊離して存在することはできないが、同時にこの仕方で具体に対して自立化し主体化し、具体を己の運動に巻き込み、それを支配する。世界の疑似‐自然化とは世界が抽象の担い手に還元されることであった。この時、人間とその社会の歴史は人間の自然史になる。新自由主義的資本主義は人間の自然史の現代的展開であり、その展開の中で、富（価値）が社会の一方の極に集中し、蓄積される。

世界の諸存在者の抽象の担い手への還元は本当は真正性の剥奪であるだろう。というのは、諸存在者の抽象の担い手への還元は、これは諸存在者に対する抽象の支配であるが、諸存在者をそれ自身ではないものとするからである。抽象は、それが抽象である限り、あるいはそれが故に、生活世界のパースペクティブからは知覚されない。にもかかわらず、諸存在者の抽象の担い手への還元は、そしてこれこそ人間の歴史が疑似‐自然化するということなのだが、この抽象の支配は諸存在者をそれ自身ではないものとする。芸術家批判の再興はそうした抽象の支配という次元にまで遡及して行われなければならない。

ボルタンスキーとシャペロは資本主義の変容、すなわち、資本主義の新自由主義的資本主義へのそれ以前の形態からの変容は過去一〇〇年間にわたって作り上げられてきた批判の形態を無効にしたと言った。新自由主義の本質は抽象の支配の強化（一つのこととして主体の自己物象化）と価値の収奪にあるが、自律性や創造性の承認要求、大規模化したヒエラルキーに対する自由の要求という承認要求はとてつもない犠牲を払って新自由主義的資本主義の中に回収された。（この回収はしかしそうした要求の否定だったのだが。）芸術家的批判の資本主義による回収は抽象の支配の強化であり、価値（富）の収奪はこの抽象の支配を基礎として生じる。マネージメント文献での、懇親性あるいは真正な人間関係の強調、これは労働疎外や人間関係の機械化に対する批判への回答になっていると言われた。可能性、雇用のフレキシビリティ、学習、新たな職務への適応力の強調、コミュニケーション能力、関係的資質の強調、これらは労働世界をより人間的な世界へと導こうとする努力でもあった。ところが、他方、それは搾取の新たな危険を生み出す。しかしそれは何故なのか。何故こうした反転が起こるのか。私がここで念頭に置いているのは、そうした人間的世界への努力が非人間的な世界、すなわち抽象の支配が強化された世界を生み出してしまったということである。

資本主義的蓄積過程を制約する資本主義の精神はこの蓄積過程において中心的な位置を占めている。蓄積過程とはもとより資本の蓄積過程であるが、この過程は生活世界内的過程であるとともに、生活世界のパースペクティブからは知覚されない過程でもあることを私は述べてきた。この過程は抽象の運動過程、具体性から決して分離されることはできないけれども、それ自身としては生活世界のパースペクティブから隠蔽される過程でもある。資本増殖とは抽象たる価値の増殖である。それ故に、価値は抽象的労働の対象化、凝固として、それ自身抽象物である。それは、それ自身としては、生活世界では知覚されはしない。資本増殖は、しかし、その歴史的に具体的な蓄積形態なしにはあり得ない。資本増殖の具体的な形態というのは、例えばフォーディズムといったことであって、その具体的形態において資本の増殖が行われる。この具体的形態なしに、資本増殖、したがって抽象の支配は生まれない。抽象の支配だけをそれ自身として取り出せば、その具体的形態は消えてしまう。抽象は具体から分離してそれ自身として存在することはできない。その具体的形態が抽象の支配を可能にしており、この具体的形態とはわれわれの生活世界内的形態である。具体物が抽象の担い手となり、担い手に還元されうるには、具体物は一定の性格を持たなくてはならない。価値増殖にとっては、その場合、具体物の具体性は意味を持たなくなっていくが、価値はしかし具体物がその担い手となることなしには、存在できない。あるいは具体物は抽象たる価値の代理となるが、代理となるためには、具体物は一定の性格を持たなければならない。例えば、自己の企業家というのは、抽象の担い手となった人間主体が現代においてとる生活世界内的形態である。

物象はわれわれの生活世界のどこか向こう側にあるのではなく、あくまでわれわれの生活世界に属する。ある物が価値の担い手となること、これによって、生活世界内に物象が産出される。そしてその増殖は具体的な生活世界のあり方に依存している。抽象の運動は生活世界の運動を惹起し、また生活世界の運動なしには抽象の運動はない。抽象の自己増殖運動が世界の（疑似―）自然化の根拠である。商品は生活世界に属する存在者であり、抽象たる価値の担い手として、物象である。だから、物象は生活世界に属する。蓄積様式というのも、それは生活世界におけ る資本蓄積の歴史的に具体的形態である。この具体的形態とイデオロギーは相即的であり、資本主義の精神としてのこのイデオロギーはその具体的形態に適合し、それを正当化する。

二つの立場の回避

ボルタンスキーとシャペロは次の二つの立場を回避すると言う。

① 資本主義に無限の蓄積に向かう傾向だけを認め、イデオロギーは現実の力関係を隠蔽するだけの機能しかもたないとする立場。この立場は、現実のうちに暴力、権力関係、搾取、支配、利害対立しか認めない。

② 規範的観点を現実と混同するものであって、正義要請を資本主義の核心とする。民主主義的討議の形態や社会的正義の条件付けが強調され、正当な秩序に由来する道徳的要請が強調されるが、利害と力関係は過小評価される。

これらに対して、ボルタンスキーとシャペロは正義要請・イデオロギーと力関係、すなわち権力関係、搾取、支配、利害対立の両者を正当にも認め、両者を統一しようとし、両者を同一の枠組みにおいて統合することを目指している。(38) 私が本書で立っている立場は、ボルタンスキーとシャペロが回避するとする二つの立場とも、彼ら二人の著者の立場とも異なっている。私は、ボルタンスキーとシャペロとは違って、次の二つの立場を回避する。すなわち、

③ もっぱら生活世界の視座しか持たず、生活世界に焦点を合わせる立場。

④ その理論的眼差しをもっぱら抽象の運動に置き、生活世界、したがってボルタンスキーとシャペロが言及したイデオロギー、資本主義の精神やこうしたイデオロギーが組み込まれている生活世界における諸行為や諸制

度はこれを眼差しの外におく理論。

私は第Ⅱ部で、ポストンの議論とハーヴェイの議論を検討した。そこでの議論を念頭に置いて言えば、ポストンは主に抽象の支配の次元に、それ故抽象の運動の次元に焦点を当ててわれわれの生活世界への眼差しはごく弱く、これに対してハーヴェイは生活世界に眼差しを定めているが、抽象の支配という点では弱さを持っていた。この点を考慮して、③と④を書き直せば、次のようになる。

③　主に抽象の支配の次元に焦点をあわせ、生活世界への眼差しは弱い理論的立場。

④　主に生活世界に視座を定め、抽象の次元については弱さを持つ理論的立場。

ボルタンスキーとシャペロが挙げた第一の立場（①）は、正義要請（イデオロギー）は考慮せず、現実の暴力、権力関係、搾取、支配、利害対立しか認めない立場であるが、搾取はこれをおくとしても、権力関係、支配、利害対立はわれわれの生活世界での事柄であり、この点からすれば、この立場はやはり主に生活世界に視座を定めており、②はもっぱら生活世界内の事柄に焦点を当てている。民主主義的討議の形態もわれわれの生活世界に属する。それ故、ボルタンスキーとシャペロが挙げ、彼らが回避するとする二つの立場はいずれも生活世界に視座を定めており、この点では共通である。①の立場では、無限の蓄積に向かう資本主義の傾向が語られても、これも抽象の支配の次元から明示的に語られているわけではない。基本的には、ボルタンスキーとシャペロが挙げた二つの立場は、生活世界に関する異なるアプローチの仕方である。彼らは、『資本主義の新たな精神』では「資本主義の精神」が主題とされるために当然ではあるが、やはり主にわれわれの生活世界に視座を定めている。ホネットは抽象の運動次元を完全に視野の外に放逐している。ホネットの批判理論はもっぱらわれわれの生活世界だけを知っており、ポストンが言及したような抽象の運動次元を知らない。抽象はそれがまさしく抽象であるが故に、これは悪しき抽象（アドルノ）であるが、生活世界内視座からは隠され、にもかかわらず生活世界の運動を引き起こす。ホネットでは、私の見るところ、抽象の次元が欠如しているために、物象化が生成する要因を説明する段になると、物象化の生成を己自身によって、つまり物象化によって説明せざるを得なくなる。

以上に対して、私は社会の生活世界的レベルと抽象のレベルを統合しようとした。この統合が世界の物象化・物化を、それ故に、世界の疑似－自然化を説明することになる。この統合の立場からするならば、ヘーゲルの世界精神は、物質の呪いから決して離れることができないにもかかわらず、まさしくそれが故に悪しき抽象という形で自然から自立した、(39) そして主体＝実体となった資本（運動する抽象）の変装された姿に他ならない。

私は生活世界から出発し、生活世界では隠蔽される、しかも生活世界を一定のあり方として産出するメカニズムを捉え、そこから生活世界に戻るという思考の運動をする。この運動において、私が捉えたいのは、近代・現代世界をまさしくそれとして特徴づけるもの、すなわち、まさしく抽象のある仕方での具体からの自立化及び具体に対する支配であり、ボルタンスキーが語る資本主義の新たな精神も、この抽象の支配を新たな形で貫徹させる。資本主義の新たな精神はこの抽象の支配強化に対して機能的意義を持っている。そのさい、自律性への要求の実現が非自律性の実現へと反転することが、あるいは後に見るホネットらが言う逆説的矛盾が関係している。この反転が起こるのは、資本主義の新たな精神が結局抽象の支配の強化・貫徹に適合的であるからであり、その抽象の支配強化を生み出すからである。してみれば、資本主義の新たな精神は、創造性や真正性といった要素を取り込むことによって、それ自身に対する批判を己の内に回収するが、それ故にその要素は限定され、このことによって、その要素は変質し、この回収において、資本主義は以前とは異なる形態をとることになる。抽象の支配は歴史的に生活世界内的制度的に異なる形態をとるのである。

私見では、人類の歴史は悪しき抽象の支配から解放されなくてはならず、この解放はあらゆる存在者の潜在的な要求である。資本主義の新たな精神はこの解放をもたらすのではない。というのは、それは実は抽象の支配に手を触れず、逆にそれを強化するからである。重要な点は、資本主義が資本主義であり続ける限り、抽象の支配は何ら止揚されてはいないということであろう。その抽象の支配が、歴史的に、生活世界内的制度的に異なる形態をとるのである。

資本主義の新たな精神、それが含む①解放の約束。しかしこの場合、この解放の約束は資本主義によって回収され、撤回される。するとこの②解放を批判する解放が生じる。しかし、①と②の区別が少なくとも当初つかなくなるということ、これは新たなる不透明性である。事態の進展とともにこの不透明性は破られるであろう。この区別がつかなくなるということにおいて、かの反転が生起する。この区別を付けることは、究極的には、抽象の支配を念頭において行われよう。あるいは、根本的区別が概念上消えてしまうということが反転をもたらす媒体となる。あるいは、逆説的矛盾をもたらす、あるいはそれを生成させる。

結合主義的世界、自己の物象化、個人化

結合というのはプロジェクトにおける人間と事物などの結合のことであった。こうした結合は永遠的ではなく、絶えず解体され、再形成されるとされる。結合すること、すなわち、人びとと事物との間に結合を打ち立てること

は人間の本性であり、人間の本質的な欲望とされた。他方、結合主義的世界では、個人化の傾向が貫徹する。自律性と独立性は個人化と結びつけられ、いわば原子化された諸個人の結合となる。九〇年代マネージメント文献では、「『自律と独立という重大な欲望』は、『人生はそれを他者と分かち合うときにのみ意味を持つというそれと同じように重大な確信と結び付けられる』[40]」とされるが、この自律と独立は個人化・原子化された諸個人の結合になる。

結合主義的世界における偉大者はプロジェクトを作り上げ、それ故、人と人、人と事物との間に結合を作り上げる。結合を作り上げる偉大者の力は彼の個人的な資質であり、カリスマ的資質であるが、これは古代において諸元素の結合を説明するために愛の原理が提起されたのに類似する。カリスマ的資質と言っても、それはウェーバーが語ったカリスマ的支配の場合とは根本的・本質的に異なっている。このカリスマ的支配の場合には、被支配者の人格の内面が根本的かつ革命的に変革されてしまうことが起こりうる。変革された人格への固執は、しかし、結合主義的世界における偉大者にとっては、制約以外の何ものでもなく、彼は必要とあらば人格の内面的あり方など簡単に投棄できなければならない。この意味で、偉大者は身軽でなければならない。カリスマ的集団が持つ内的凝集は偉大者にとっては制約であり、障害でしかない。彼はどの場所にも属さない人であろうとし、それ故、この願望は資本の願望の人格化、その人格的形態である。

どこの場所にも属さないということは、社会のさまざまな領域の差異を無視して身軽に境界を越えていくということである。このことによって、社会のさまざまな領域間の差異がぼやけていく。私生活と職業生活の区別が消えていく。あるいはさらに、自己の所有と組織的に登録された社会的所有権の区別、友人との食事とビジネス社会での食事との差異が消えていくのであった。こうした区別の消去の傾向は、新自由主義的世界における新たな不透明性の一形態であって、この不透明性は一方が他方へと転換する媒体となる。自己所有と組織的に登録された社会的所有権の区別が消滅していけば、むしろ、すべては自己所有に同化されることになり、友人との食事とビジネス社会での食事との差異が消えていけば、すべてはビジネス社会での食事に同化され、したがって、友人との食事は戦略的行為に還元されることになる。新自由主義（者）にとっては、自由市場の諸原理は単に経済に制限されてはならない。生活のあらゆる領域における人間関係は経済における取引のようなものであるべきである。[41]

結合主義的世界における偉大者は自己への反省性を備えている。この自己反省性は状況への適合のためであり、偉大者は状況の変化に素早く適合することができなければならない。だから、この自己は変化適合型人間類型に属する。自己への反省は一種の自己モニタリングであり、それは自己を観察の対象とすることである。何故自己を自己の観察の対象にするかと言えば、それは自己を状況に適合するように改造するためである。偉大者は身軽な自己であるが、これは内面性と自己への固執を放棄して、自己を企画する自己であり、そして各人が自己自身であるのは己を構成する結合、つまり靭帯があるからであった。この靭帯を構成することで、偉大者は己の自己を制作する。ハーバーマスは『人間の将来とバイオエシックス』[42]において、制作と生成とを区別し、遺伝子工学の適用においては、この区別が消えて、すべては制作となる旨述べている。これと同じように、自己は自己の制作の所産となり、だから自己は自己の所有物となる。ここでは、生産ないし制作の論理が使用されており、コミュニケーションが語られても、それは自己の生産に仕えることでしかない。かくて、結合主義的人間は己の制作によって制作された自己となり、自己は自己が己の労働の所産である限りで、己の自己の所有者となる。各自は己自身の生産者として同時に生産されたもの、制作されたものである。そのようなものとして各自は己の運命に責任を、つまりは自己責任をとらなければならない。新自由主義的世界では、このような自己責任が諸個人に課せられ、強制される。

自己は自己の企業家となり、自己は企業家に同化される。結合主義的人間の能力は各人が自分で管理すべき資本となる。[43] 自己が企業家となるということ、自己の能力が資本に同化されるということは自己が物象となるということである。物象とは価値（抽象）の担い手に還元された存在者であり、それ故、自己が企業家になるということは自己の物象化に他ならず、それ故にまた自己の疑似－自然化に他ならない。各人はそうした自己の資本を増殖するように努めるというわけである。[44] ポスト自由主義的資本主義において見られた組織のヒエラルキー的管理的システムは、それはアドルノが分析した占星術のコラムでは、人びとが順応すべきものとされたのだが、ボルタンスキーらによれば、人びとの自律性と創造性の要求を生み出していた。こうした要求は資本主義のうちに回収され、それ故、自律性について見れば、それは物象となった人間、つまりは自己の企業家の自律性として姿を現す。つまり、抽象の担い手に還元された存在者の自律性となる。ボルタンスキーとシャペロが語る結合主義的世界では、それ故新自由主義的資本主義の世界では、偉大者が作り上げる結合、したがって社会的関係は物象の間の結合という様相を帯びてくる。だから、自律性への要求は資本主義の新たな精神によって回収されることで、物象の自律性となり、これは人間自身を物象とすることによって、抽象の支配の弱化へ、それを押し返すことへ導くどころか、その反対に抽象の支配の人間そのものの物象化を通しての一層の強化に導く。自己の企業家、自己を自己が制作した所有物と見なし、自己のコンピテンスを自己の所有する資本と見なし、この資本を増殖させることに努める主体類型は抽象の担い手たる物象がとる現代的形態である。ホネットの物象化論が語るのはこの自己の物象化であるが、しかし、ホネットには抽象の支配強化という観点はない。自己の企業家というのは、人間の疑似－自然化された形態である。

抽象の支配の外延的強化と内包的強化

私は近・現代における生活世界の疑似－自然化の進展を抽象の支配の運動として捉える。生活世界の疑似－自然化はまずは経済システムに対して論定される。生活世界の他の諸領域が抽象の支配が貫徹する領域に変換されていく事態を、私は抽象の支配の外延的強化と呼ぶ。例えば、自治体の市場化、あるいは福祉領域への保険原理の適用などはその例である。

これに対して、抽象の支配がますます人間そのものを捉えていく過程を抽象の支配の内包的強化と呼ぶ。『資本論』では、労働者の労働力が商品となる、すなわち物象・抽象の担い手、しかも剰余価値を生み出す担い手となるのであるが、自己の企業家では労働力だけではなく、人間諸個人そのものが抽象の担い手となる。先に述べたように、自己の企業家は抽象の担い手がとる現代的形態であり、生活世界内的形態である。

自然化

ボルタンスキーとシャペロによれば、すでに見たように、マネージメント文献では、結合主義的世界は自然的秩序であり、それは一貫性と直接性を備え、一つの自然とされる。資本主義の第三の精神においては、結合主義的世界は自然化されたものとして現れた。結合する欲望は人間の自然的本性とされたし、如何なる人間も結合主義的世界において上位の位置に上昇する可能性を有する。これが人間の自然的本性とされたのである。けれども、自律性が物象の自律性へと変容したように、結合する欲望は原子たる個人化された個人の結合する欲望となっている。換言すれば、その欲望は物象として存在する諸個人の欲望になっているのであって、結合主義的世界におけるプロジェクト形成が資本蓄積の衝動を基礎にしている限り、結合するこの欲望は資本蓄積の衝動から派生する。かくして、自然化された結合主義的世界は疑似－自然化された世界である。資本主義の新たな精神において要求されたより人間的な労働世界は人間的生の道具化に帰着する。(45) 人間的生の道具化とは、人間的生の人間の自然史の意味での自然化（疑似－自然化）である。そして、世界のこの疑似－自然化とは世界の諸存在者が抽象の担い手へと還元されることであった。

アドルノの言い方では、精神は自然から切断されて自然から自立化されると、それ自身が（疑似－）自然化されるのであった。私はこの事態を抽象たる価値と資本のある仕方での自立化として解釈した。この自立化したものは、人間世界に対する抽象の支配として、人間世界の疑似－自然化になる。結合主義的世界の言及された自然化の背後には、私見では、世界の疑似－自然化、それ故に、抽象の支配が控えている。このような世界の疑似－自然化が、ボルタンスキーとシャペロが語る資本主義の第三の精神においては、「疑似」という点が落とされ、この意味で中性化されて、人間と社会の自然として、本性として現れている。この場合、疑似－自然が自然として現れる。この根拠は、世界の存在者に取り憑いてそれを物象とする抽象（価値・資本）がそれ自身としては生活世界では知覚されず、己を隠すということである。この点において、物化（Verdinglichung）は自然なものとしての社会に関するわれわれの観念の起源を忘却させる。[46]だから、以上の意味で自然化された結合主義的世界は実際には抽象の支配が貫徹する世界である。資本制社会では、抽象は物質の呪いを逃れることは出来ないが、逆に、物質は抽象の呪いから逃れることはできない。

自律性と安全性との対立・矛盾、あるいは自律性と安全性の弁証法

ボルタンスキーとシャペロの議論において、次に私の関心を惹くのは、諸個人の自律性（への要求）と安全性（への要求）が相互に対立し、矛盾するという事態である。安全性とはここではとりわけ雇用の安全性を意味するが、新自由主義はこの衝突・矛盾に手を付けることなく、自律性と安全性の位置価を逆転させた。この矛盾は、社

会の、人口の一方の極に（相対的な）安全性・自律性を集中させ、他方の極に非安全性・不安定性・市民社会の外部に排除されるという意味での自律性を配分するという形で展開する。矛盾のこの展開は抽象の支配の強化、それ故に人間たちの生活世界の物象化・疑似－自然化の過程であるとともに、富（価値）の移動、すなわち社会の一方の極から他方の極への移動の形態である。自律性ないし自律性の要求は、資本主義の言説に回収されて物象の、つまり抽象の担い手に還元された存在者の自律性に変換されるが、他方では自律性は同じく物象の担い手に還元されながら、貧困と市民社会からの排除という形態での、低賃金及び無収入という仕方での、企業的同一性からの排除という意味での自律性が現出する。こうして、社会の一方の極における限定された自律性と他方の極における市民社会からの排除という意味での自律性が極化し、両者の自律性は先鋭に対立することになる。同じく、一方の（相対的な）安全性と他方の不安定性・非安全性とが先鋭に対立することになる。これは生活世界の物象化、したがって疑似－自然化の現代的形態であり、この形態は多くの諸個人の苦悩の源泉である。というのは、この過程は多くの諸個人から人間的生の条件を剥奪するからである。抽象の支配のもとでの自律性と自己実現はその可能性を一定の人間にのみ与え、他の人間は実質的に排除される。これが新自由主義的資本主義における蓄積のあり方である。ここでは富の移動という形での収奪が生じる。してみれば、資本主義による自律性の回収は抽象の支配の貫徹という仕方での自律性の実は喪失になる。

従業員たちにとっては、雇用可能性は実は新たな依存性の形式である。これはアドルノが語っていたシステムへの依存、それ故にまた順応性とは違った依存性の形態である。自己自身の企業家であることを語られても、また自らそうであろうとしても、多くの人は実際には起業することはない。自己自身の企業家は己の自己開発を行い、新たなプロジェクトに呼ばれる用意をするということによって、それは自らが企業に雇われることを予想し、期待している。それは企業への依存性の形式である。自立と自律が声高に叫ばれるが、実のところは、この自立と自律は、従業員の文脈では、その背後に、企業システムへの統合とは別の、依存性の意味を隠し持っている。これを語るのが「雇用可能性」である。各人は自分の雇用可能性を増大させるように要請されるが、しかしこの雇用可能性は現実性ではない。雇用可能性が高められたとしても、実際に、雇用可能性が現実へと転化する保証は何もない。今一度言えば、雇用可能性が強調されるが、しかし、これは現実の雇用ではなく、あくまで雇用可能性である。しかもフレキシビリティの追求は必然的に非正規の労働者の増大をもたらし、これがまた富（価値）の収奪の手段ともなっている。現代の世界においては、価値の収奪は生存、生活のための物質的手段の剥奪となる。その物質的基盤が欠如している人びとにも、自己自身の企業家であること、それに対して自己責任をとることが強制される。自律性は要請となり、強制となる。自律性（そしてまた自立性）が強制になれば、その自律性は非自律性の形式になる。(47)

自律性と安全性の二律背反は自律性が物象の自律性であることを止め、抽象の支配とそれに基づく富（価値）の移動ないし収奪（これは富（価値）の社会の一方への極への集中をもたらす。）が止むときに、止揚されるであろう。この止揚をもたらす力は連帯の力である。

個人化の趨勢は連帯の弱化をもたらす。この個人化を通して資本の人格化の主導権が回復される。フォーディズム時代に組合が依拠していた審級が解体され、個人化は資本に対する批判的圧力を弱化させる。自律性は個人化される。集団の集合的力、これは連帯の力を含みうるだろうが、この連帯の力が弱化する。すでに、資本主義の新たな精神は自律性を安全性と対立させていた。ここでは自律性は安全性と交換される。それは諸個人の相互的連帯を解体させ、この連帯を結合主義的世界で形成されるプロジェクト内の結合によって置換する。この結合は連帯だろうか。連帯とは何であるか。連帯は究極的には、抽象の支配に対する批判と抵抗の場面で働くのである。連帯は人間的生の根本であるその尊厳の承認において生活世界に生み出される。すなわち、連帯、唯一の先験的神学たる連帯は人間的生に対する根源的な相互尊重において働く。ここに、人間的生に対する根源的承認がある。「承認」概念はこの次元にまで遡及して再定式化されなくてはならない。現代における市民的公共性は人間的自然としての人間的生と自然にまで遡って再定式化されなくてはならない。私は以上の点の展開をさしあたってホネット承認論の再構成という形で追求するであろう。かつての集団的主体は解体された。すなわち、かつての連帯の形態は解体された。その集団的形態は問題を孕んでいたのだが。その問題の解決策はしかし同時に社会的連帯の解体傾向であった。

ホネットは、『承認をめぐる闘争』のなかで、初期ヘーゲルもミードもあらゆる個人が社会的名声を獲得するチャンスを持つ社会的価値秩序を目標にしていたと語る。この社会的価値秩序に対して、ホネットは連帯をその上位概念とすることを提案している。すなわち、連帯とは、ホネットにとって、各人の共同的な実践的目標に対して、各人の能力と性質が行う寄与の相互主観的な価値地平である[48]。ホネットのこの意味での連帯にあっては、共同の実践的目標に対して各人が行う寄与の相互承認が問題である。私は以下、連帯を抽象の支配とそれを基礎にする富（価値）の収奪に対する批判と抵抗の文脈に位置づけ、このことを通して人間的生の根本要求の相互承認から連帯の概念を再定式化するように試みる。もとより、このことはホネットが語る意味での連帯を否定することを意味するわけではない。私が行おうとするのは連帯のより基本的な次元への遡及である。

真正性

真正性とは何であろうか。「真正性」は何を意味するだろうか。それは究極的にはそれ自身であることである。それ自身であることは何も孤立化としての個人化を意味するわけではない。真正性とはまずは否定的に、あるいは消極的に述べると、他律的ではない、ということである。他律性の究極的意味は世界の存在者が抽象の担い手になり、その抽象の運動に支配され、それによって規定されることである。それ故、真正性はその究極的意味においては、抽象支配の克服において考えられなければならない。資本制社会では、諸存在者はすべからくその意味で他律的な存在者であり続ける。マネージメント文献が語る自律性は実は以上の意味での他律性の形態である。かつそれは存在の恥辱である。抽象の支配ないし抽象の運動の支配にあっては、生活世界の存在者は抽象の担い手、すなわち物象に還元され、その存在者は抽象の代理表現となる。つまり、その存在者はそれ自身ではない他なるものの代理としてのみ存在する。重要であるのは、あるいは意義を持つのはこの他なるもの（自立化して運動する抽象としての悪しき普遍）であって、その存在者自身ではない。

創造性と自律性の資本による回収が逆説的となるのは、この存在の恥辱が何ら止揚されてはいないからである。(49) 回収された真正性は結局は非真正の形態となり、抽象の支配に服する。これが人間の自然史の現代的過程である。

［C］逆説的矛盾（Paradoxien der kapitalistischen Modernisierung）

A・ホネット（とH・ハルトマン）は、ボルタンスキーとシャペロの『資本主義の新たな精神』との結び付きにおいて、過去数十年間の主導的理念（これは現状たる資本主義に対する批判を導く理念であろう。）は、その解放的意味が失われて、今や資本主義拡大のための新しい正当化基礎になった、と言う。(50) この過程をホネットは矛盾の古い経過図式の代わりに、逆説的発展の図式を用いて説明しようとする。ホネットは道徳的進展、すなわち集団や個人にとって人格的アイデンティティ形成の社会的条件が持続的に改善される過程について語るが、(51) 多くの規範的進歩が脱共同化し、脱成年化する文化的反対物へと転化してしまったのであり、「それらは資本主義のネオリベラルな脱国民国家化の圧力のもとで社会の統合メカニズムになった」[52]のである。

ホネットにとって中心的であることは資本主義の精神に関する変換である。この考察の出発点は次の仮定である。すなわち、資本主義的実践は正当化を必要とする、というのは、その実践はそれ自身からは十分に動機的資源を動員することはできないからである、という仮定である。換言すれば、資本主義的実践に対する正当化は生活世界内的正当化を必要とする。そして資本主義的実践もまた生活世界内的実践である。資本主義の新しい精神において、それ故、新しい資本主義的世界において、新しい資本主義を記述する基準は大企業のヒエラルキー内で確立された指標を充たすことではなく、プロジェクトに仕えて自己の能力と情緒的資源を自己責任的に投入することである。労働企業家、あるいは自己自身の企業家が生成し、自律的な動機遂行が持ち出される。これは人間たちの生活世界の変容であるだろう。この変容はつまりはネオリベラルな革命とともに生じている。福祉水準はもはや戦後期に可能であったのと同じ水準では維持されることができない。福祉レジュームは弱化し、資本主義は脱組織化し、グローバル企業の力が成長し、金融の流れが国際化し、階級文化的諸条件が色褪せる。政治組織の社会民主的モデルは拘束力を失う。さらに、企業の遂行は株主に定位する。

この過程のなかで、より自由で自律的で人間的な労働世界をもたらそうとする努力はその逆のものを生み出し、自律性は強制に転化する。意図がまさしく逆転されるのである。あることを意図した行為がその意図の否認へと転換するのであり、これはパラドクスである。ホネットはこのパラドクスの概念を矛盾概念に対する対抗概念としてではなく、特殊な矛盾構造とする。この矛盾をホネットは「逆説的矛盾（die paradoxen Widersprüche）」と呼んでいる。矛盾は意図の試みられた実現によって、この意図を実現する蓋然性が減少するならば、逆説的である。特にはっきりとしたケースでは、意図を実現しようとする試みが意図に矛盾する諸条件を作り出してしまう。これが逆説的ということである。根源的意図は規範的理想、例えば自律的であろうとする意図、自律性という規範的合意に関係した意図であるが、この意図が意図を実現しようとする行為において破壊される。ホネットは「資本主義的使用強制の成長する圧力のもとで」、「個人主義、法、業績と愛の制度化された解釈範型は、逆説として以外には表示されることができない仕方で変換される」[53]と言う。ここでは、資本主義的使用強制という条件があり、この条件下で逆説的転換が起こる。

ホネットによれば、逆説的矛盾は古典的な矛盾概念とは相違している。それは肯定的要素と否定的要素の対立措定ではない。逆説的効果では、肯定的要素と否定的要素が混在しており、状況の改善は悪化とともに生じる。解放的意図において企てられた変換の諸要素は拡大する資本主義の影響のもとでその起源的内容を失う。つまり、これらの要素がまさしく妨げるはずであった行為論理を促進する。これはだから自己破壊的過程である。

こうした状態の記述は、ホネットによれば、起源的に解放的内容を示す概念、すなわち倫理的概念を参照しないで済ますことはできない[54]。資本主義は規範的語彙に立ち返り、社会的不平等、非正義あるいは冷遇を正当化することに成功するが、これは新たに倫理化された資本主義の像である。ホネットによれば、逆説的矛盾は資本主義のこの倫理化された像を示唆する。

では、資本主義的使用強制下にあっては、何故そうした逆説的展開、すなわち、自己破壊的転換が生じるのか。もとより、このように起こったという記述はまだ逆転の説明ではない。私の見るところ、ホネットはこの問いを提出しておらず、それ故その説明を与えていない。ホネットによれば、資本主義の逆説的矛盾は諸行為領域に特殊的な規範に照らして見られる時に明らかになる。この逆説的矛盾は生活世界の諸領域における規範、そうした諸領域に特殊的な規範に照らして初めて明らかになる、ということである。これは逆説的矛盾は如何にして生じるのか、それは何故に生じるのかの説明ではない。ホネットが語るのは逆説的矛盾の記述までである。確かに、ホネットの言うように、「現在の資本主義の構造はかなりの程度に逆説的矛盾を生み出し、それによって逆説的矛盾の観念は一般的説明道具として役立つ」(55)であろうが、ここで言われる説明もまだ逆説的矛盾が如何にして生起するのかの説明ではない。私は以下、逆説的矛盾は如何にして生起するのかの説明に立ち入ってみたい。

より人間的な労働世界を求めて提起された倫理的規範がその逆のものに転化するのは、あるいは諸個人のより自律的になる世界を求める意図が自己破壊的に諸個人がより強制に服する世界として実現されるのは、すなわちあることを意図した行為がその意図の否認を証言する事態を生みだすのは、提起された倫理的規範が再び抽象の担い手に還元された諸個人の、つまりは物象の倫理的規範となり、自律性はそうした物象の自律性となるからである。このことによって、意図された自律性は再び抽象の支配の手に服する。自律性の要求は自己の物象化たる、したがって自己の疑似－自然化たる自己自身の企業家の自律性へと意味変容を遂げる。そして自己自身の所有者、自己自身の企業家であることの強制がそのための物質的基盤を欠いている諸個人にも、自己責任の言説系の流布とともに、強制されることになる。この時はじめに提起された倫理的規範と倫理的要求はイデオロギーに転化する。

では、この場合イデオロギーのイデオロギーとしての非合理的核は何に存しているのであろうか。ホネットによれば、社会的承認の変化した形式は、理性的であるだけではなく、物質的観点においても新しい価値性質の対応する前提が充足される場合に信頼に値するのである。要するに、欠損は物質的諸前提、すなわちイデオロギーがイデオロギーとして認識される欠損は関与者の価値諸性質が事実上実現される物質的諸前提が構造的に欠けているという点に存している。労働者の労働企業家としての資格付与は、あるいは名指しは、評価的にはより高い個人性、内在的な労働動機を承認するという約束を含んでいる。けれども、そうした価値の実現を可能にするであろう制度的対策は配慮されない。つまり、ホネットからすれば、イデオロギーとしての倫理的規範はその内容からすれば問題ないのであって、むしろ、そのイデオロギーとしての非合理的核はその実現のための物質的基盤が欠如している点にある。承認のイデオロギーの非合理的核は、ホネットによれば、「承認行為を単なる記号的なレベルを超えて物質的充足にまで完全化しない」(56)という点にある。賃労働者について今日流行となっている語りでは、ある社会集団に制度的レベルで対応する措置が導入されることなく、自由意志的従属の新しい形式へと動機づける記号的価値づけが与えられるのである。

このホネットの主張に対して、私はイデオロギーのイデオロギーとしての非合理的な核は、確かに一つには必要な物質的基盤が欠如している点に存するが、しかしそれだけではなく、自己の企業家としての労働者に対する資格付与がすでに、その内容からして、例えば高い個人性という評価的点において、問題を抱えていると言いたい。というのは、そうした高い個人性や内在的な労働動機を承認するという約束は、すでに抽象の担い手としての物象の価値諸性質へと内容的に変質しているからである。このようにして、関与者の価値諸性質は物象としての、したがって疑似－自然化としての自己自身の企業家の価値諸性質となり、かくして提起された倫理的規範は物象の倫理的規範として実現されることによって再び抽象の支配に服する。ホネットが語った逆説的矛盾が生起する要因、すなわちあることを意図した行為がその意図の否認へと転換することの要因は、私見では、そのあることを意図した行為が再び抽象の支配に服するという点にある。これは世界の疑似－自然化の一層の進展となる。

〔D〕承認と人間的生

フレイザーは、ホネットとの論争において、ホネットのように批判的社会理論のキーワードを承認論の用法によって置換することは、経済的再配分の問題をなおざりにすると言う。フレイザーはこれに対して、承認と配分の二元性を主張している。フレイザーにとって承認の政治とは差異を肯定的に扱う政治であるが、今日差異の政治を平等の政治から切り離す傾向があり、(57)これに対してフレイザーは両者を結びつけるべきだ主張する。今日の正義は承認と再配分の両者を必要としているのであり、両者は相互に還元不能な正義の次元である。

それで、フレイザーは再配分だけではなく、承認も正義の問題次元に置く。再配分において問題となるのは配分的正義であるが、フレイザーは誤承認も正義に反するものとする。承認は配分的正義と同様義務論的道徳性という拘束力を持つ領域に位置づけられる。そして、正義とは社会的相互行為に参加する可能性のことである。かくて、フレイザーは参加の平等を彼女の理論の核心的地位に置く。参加の平等が承認と再配分の現状に対する評価基準となる。再配分について見れば、経済的構造の故に参加の平等のために必要な物質的条件が諸個人に否定されることになるのなら、物質的条件の諸個人に対するこの否定は否定されなければならない。そして、フレイザーが配分を巡る闘争に論究するさいに、剰余価値の問題にまで遡及することを意図している。(58)

承認と再配分のフレイザーの二元論的立場に対して、ホネットは、承認の概念装置が批判的社会理論の統一的な枠組みをなすのであって、この方が日常的な政治的要求を批判的社会理論の中で首尾一貫して再構成し、それを規範的に正当化する上で適切である、とする。

ホネットからすれば、フレイザーのやり方では、社会のシンボリックな側面と物質的アスペクトの間に理論的に橋渡しが困難な溝を作ってしまう。社会現象のシンボリックなアスペクトと物質的なアスペクトの間の関係は文化的変化のプロセスがもたらした結果であり、その結果は歴史的に変更可能なものである。両者の間の関係は文化的制度化の結果である。ホネットは配分に関する政治もまた、社会的承認の拒否に関係するものである、とする。配分に関する不公正、不公正な配分は正当化されない承認関係を制度的に表現する。つまり、ホネットはフレイザーが承認と配分を区別するのに対して、差異化された承認概念をもって承認概念を配分に適用する。配分的正義の問題も、ホネットによれば，十分に洗練された承認論の批判的カテゴリーを用いてよりよく理解することができる。

不公正な配分とは言われるところの物質的な側面であるが、これは正当化されない承認関係の制度化であり、物質的側面は文化的制度化と関係ないものではない。ホネットによれば、配分に関する政治もまた、社会的承認の拒否に関係するのである。配分に関する不公正、あるいは不公正な配分は正当化されない承認関係を制度的に表現すると言われた。不公正な配分とは言われるところの物質的な側面であって、これは正当化されない承認関係の制度化である。不公正な配分では、正当化されない承認関係が制度化されているのである。

では、この場合、正当化されない承認関係とは何であろうか。そして、否定されている承認関係とは何であろうか。どんな承認要求が棄損されているのであろうか。現にあるのは正当化されない承認関係の制度化であり、配分を巡る闘争はかくて正当化されない承認関係を巡る闘争として解釈される。この場合、正当化されない承認関係が正当化されないとされるのは、業績原理によってである。ホネットが言う業績原理とは単に資本主義市場における各自の業績のことを言うのではない。それは社会的共同生活における、いわば共通善に対する諸個人の寄与を意味している。ホネットは、『承認をめぐる闘争』のなかで、初期ヘーゲルもミードもあらゆる個人が社会的名声を獲得するチャンスを持つ社会的価値秩序を目標にしていたとし、この社会的価値秩序に対して、ホネットは連帯をその上位概念とすることを提案している。すなわち、連帯とは、ホネットにとって、各人の共同的な実践的目標に対して、各人の能力と性質が行う寄与の相互主観的な価値地平である(59)。つまり、再配分と結びつけられた承認要求は社会的な共通善、すなわち実践的な共同目的への寄与としての各自の能力の評価に、したがって連帯に関わっている。個人は社会秩序に対してある期待を持っているが、その期待というのは、「共同体の主体はとりわけそれぞれのアイデンティティーの要求が承認されるということを期待している(60)」というようなものである。物質的不平等でさえ、承認に値する正当な要求が棄損されることを表現する(61)。

ホネットの意味での連帯にあっては、共同の実践的目標に対して各人が行う寄与の相互承認が問題であった。私は以下、連帯を抽象の支配とそれを基礎にする富（価値）の収奪に対する批判と抵抗の文脈に位置づけ、このことを通して人間的生の根本要求の相互承認から連帯の概念を再定式化するように試みる。もとより、このことはホネットが語る意味での連帯を否定することを意味するわけではない。私が行おうとするのは連帯より基本的な次元への遡及である。

まず分配（再分配）の問題について見れば、これは社会権と結び付いている。というのは、それは社会権の物質的基盤であるからである(62)。分配ないし再配分が社会権の物質的基盤であるということは、分配の問題は生存権などの社会権を実質化する上での基盤であるということである。ここで、社会権に関わって、フレイザーとホネットがどのような考えを持っているかを見てみたい。ホネットが言っているように、フレイザーにとって基本的な考えは主体たちは社会的世界において同様の参加のチャンスが与えられるということであり、ホネットにとっては主体はみな等しくアイデンティティ形成を可能とするような社会的承認を受けるに値するということである。フレイザーでは、参加の平等こそが基本であり、再配分という物質的条件はそのための条件である、あるいは参加の平等という目的を実現するための手段である。配分を巡る闘争は、だから、参加の平等という目的を実現するための手段を巡る闘争であるということになる。それ故、社会権の物質的基礎である配分ないし再配分は参加に対して第二義的な位置価を与えられている。すなわち、参加の自由こそが実現されるべき第一次的に重要なことであり、配分ないし再配分はそのための条件である。

ホネットは社会権に関わって、「社会的地位を確保する部分を業績原理から解き放ち、その代わりにそれを法的承認の命令にすることが常に経験的困窮によって脅かされた階層の関心事であった」[63]と語り、さらに社会的な分業体制の全体は業績をあげる能力を文化的に価値づけたものであるが、生存のための財を業績とは無関係に保障する社会権を持ち出すことは一定の範囲までは可能である、と言う。[64]ホネットのこの発言から見られるように、ホネットにとって配分を巡る価値評価は業績を基本としており、かくして、ホネットは配分をめぐるコンフリクトを適切な業績原理の解釈と関連を持つものとする。それは社会的貢献の価値づけをめぐる特殊な承認闘争と解釈される。物質的配分は諸個人の業績に応じてなされるべきであるが、配分を巡る闘争は諸個人の能力や業績が正当に承認されていないことに関する闘争である。社会権を持ち出すことは単に一定の範囲においてしかない。それ故、ホネットでは、社会権は業績原理を介する価値評価に対して、やはり第二義的でしかないのである。

私にはフレイザーとホネットのいずれも、生存権を含めた社会権の本源的意味にまでは達していないように思われる。それで、次に、とくにホネットの議論を媒介としながら、社会権のこの本源的意味に立ち入ってみたい。私はまず、再配分と承認概念を結びつけるというホネットの構想を継承したいと考えるが、しかし私はホネットの承認概念を改変するつもりでいる。私見では、社会権の物質的基盤としての配分は、新自由主義的グローバリゼーションの進展という事態にあって、単に社会的共同性への各人の寄与としての業績の問題を超えて、人間的生の根本要求に関係してくる。

新自由主義・新自由主義的資本主義が配分ないし再配分の問題が、単に、業績評価を超えて、人間的自然＝人間的生の根本的要求に関係しているのだということを意識に登らせたのであって、このことは新自由主義の「功績」である。というのは、新自由主義の運動は多くの人びとから彼らの人間的生の条件を剥奪（収奪）するからである。生き、生活することは人間的生の根本要求であり、人間的生（生命－生活）のこの根本要求の承認は無条件的であって、すなわち定言的であって、決して条件的あるいは仮言的ではない。生存権などの社会権の基礎には人間的生の根本要求が存しており、憲法において定式化される基本的人権としての社会権はその要求の憲法的定式化である。人間的生のこの根本要求は実は分配の問題が今日そこから派生する基礎である。カントの用語で言えば、人間的生は目的自体であって、ここに人間的生（生命－生活）の尊厳が存する。

配分を巡る闘争は、新自由主義的資本主義のもとでは、生き、生活するという人間的生の根本要求を発現させざるを得ない。この根本要求は、ホネットが言う業績原理に関わる承認要求よりも、根本的である。自らの業績、寄与、能力の社会的承認に応じて富の、物質的富の配分がなされる、というのなら、そして配分を巡る闘争がそうした業績、寄与、などに対する正当な承認（評価）を毀損する正当化されない承認形式に関する闘争であるというのなら、富の配分と業績・寄与はやはり結びついていることになる。つまり、分配は条件付きで行われることになる。ホネットは配分の問題を承認の問題として解釈した。だが、人間的生の根本要求は条件付きに肯定されるのではない。それは無条件的である。それは人間が目的自体であるということが無条件的であるのと同様である。人間的生は無条件的承認を要求する。人間的生は各自が何らかの条件（何らかの義務の遂行、あるいは何らかの仕事の遂行）と引き替えに承認されるというものではない。社会的連帯はともに生き、生活していくという人間的生の根本要求の相互承認から発現する。それ故、社会的連帯は、例えば、保険原理の単なる適用に還元されてはならないのである。

しかし、以上のことは何も自由や参加が人間的生にとって重要ではないということを意味しているわけではない。自由への要求も参加の要求も人間的生にとって、人間的生の成長と発展にとって、人間的生のそれぞれ発現形態である。

注

（1）Th. W. Adorno, SDE.

（2）ボルタンスキー／シャペロ『資本主義の新たな精神』上下、三浦直希・海老塚明・川野英二・白鳥義彦・須田文明・立見淳哉訳、二〇一三年、ナカニシヤ出版。

（3）第二次的迷信が何であるかについては、以下において立ち入る。

（4）Th. W. Adorno, SDE, p. 57.

（5）星座の位置はあることを示している。それは決断の範囲である。星座の位置は決断が行われる範囲を規定している。すなわち、決断の範囲はシステムによってすでに決定されているのである。それ故、システムとはこの場合オートポイエシス的システムである。

（6）Th. W. Adorno, SDE, p. 57.

（7）だから、概念は他者のうちにいつも自己を、そして自己だけを見る。

(8) このようなパラノイア的自己はハーバーマスの言うコミュニケーション的行為、あるいはアーレントの言う活動の解体であろう。パラノイア的人格は権威あるものの身振りでもって、他者の内にある権威主義的心性を励起させ、かくて時に徒党を形成し、内部にのみ通用する身勝手な世界解釈を造り上げる。事情によっては、このような集団はナチス親衛隊になる。

(9) ここである概念に同化される者は内部のものであり、それに同化されないものは外部のものである。

(10) Cf. Th. W. Adorno, SDE, p. 97.

(11) 社会的背景が社会機構として、社会システムとして捉えられている点に注意しよう。

(12) Th. W. Adorno, SDE, p. 135.

(13) それは主観にのしかかる（lasten）客観性であるだろう。Vgl. Th. W. Adorno, ND, S. 29.（二六頁）

(14) Th. W. Adorno, SDE, p. 156.

(15) Cf. Geoffrey Pleyers, *Alter-Globalization: Becoming Actors in the Global Age*, polity, 201, p. 156.

(16) とはいえ、彼らは「新自由主義的資本主義」という語を用いてはいないが。

(17) この時代に、ヨーロッパでは、いわゆる福祉国家が、日本では、福祉国家の代替物たる開発主義国家が形成された。

(18) ボルタンスキー／シャペロ『資本主義の新たな精神』上、二七頁。

(19) 同上、四〇頁。

(20) ここで生とは人間的生であり、さらにその展開の時空である生活世界である。ホネットはこの時空という概念を持っていない。生活世界は変換を被る。それは歴史的である。生活世界の時空的変換は人間たちの行為を通して、行為において生起するが、彼らのこの行為はまた規範と結び付いてもいる。問題は人間的生がある意味で自然化することである。

(21) 蓄積過程とはもとより資本の蓄積過程であるが、この過程は生活世界内的過程であるとともに、生活世界のパースペクティブからは知覚されない過程でもある。この過程は抽象の運動過程、具体性から決して分離されることはできないが、しかし、それ自身としては生活世界のパースペクティブから己を隠蔽する過程でもある。この観点は、ホネットになく、またボルタンスキーとシャペロにあっても、明示的には現れていない。

(22) ボルタンスキー／シャペロ、『資本主義の新たな精神』上、一一〇頁。

(23) 同上、一二〇頁。

(24) 同上、一九八頁。

(25) この場合、雇用されるという概念的契機はなくなっているようである。しかし、現実にはそのように自己了解した主体、すなわち、自分で自分のために管理する諸活動のポートフォリオは現実にはあくまで雇用されているのである。

(26) ボルタンスキー／シャペロ、『資本主義の新たな精神』上、二三八頁。

(27) 同上、二七七頁。

(28) 同上、一九一頁。

(29) ボルタンスキー／シャペロ、『資本主義の新たな精神』下、一九五頁。

(30) 同上、一九五頁。

(31) 例えば、繁盛している居酒屋を分析し、その価値になっている真正な性格を与えているものを理解し、最も重要な性質、あるいは最も移転可能な性質を選び、他は無視する。この過程がコード化である。

(32) もっとも、ボルタンスキーとシャペロは一九九九年年に公刊されたこの書『資本主義の新たな精神』において、自由主義や新自由主義の興隆を十分に組み込んではいなかったと言っているが。ボルタンスキー／シャペロ『資本主義の新たな精神』上、xxvii頁参照。

(33) Cf. M. Postone, PTHA, p. 176.

（34）Vgl. Sighard Neckel, "Die Verwilderung der Selbstbehauptung. Adornos Soziologie:Veralten der Theorie-Erneuerung der Zeitdiagnose", *Dialektik der Freiheit*, heraus. Axel Honneth, suhrkamp taschenbuch wissenschaft, 2005, S. 199.

（35）ボルタンスキーらが言う芸術家的批判が新自由主義的資本主義に対する批判として、何らかの仕方で再興されるとした場合、再配分の問題にも承認概念を適用することは、芸術家的批判と社会的批判を統合する少なくともその方向性を指し示しているであろう。

（36）A. Honneth, "Anerkennung als Ideologie. Zum Zusammenhang von Moral und Macht", IW.

（37）これはA・ホネットが語った逆説的矛盾と関係がある。逆説的矛盾については、後に立ち入る。

（38）資本主義、資本主義の精神と批判という三つの項を接合することを助けてくれるのは、彼らによれば、「試練」という観念である。

（39）これは普遍と特殊の転倒を言っている。

（40）ボルタンスキー／シャペロ『資本主義の新たな精神』上、一九八頁。

（41）Cf. George Ritzer, *Globalization: The Essentials*, WILEY-BLACKWELL, 2011, p. 41.

（42）J. Habermas, *Die Zukunft der menschlichen Natur. Auf dem Weg zu einer liberalen Eugenik?* suhrkamp taschenbuch wissenschaft, 2005.（ユルゲン・ハーバーマス『人間の将来とバイオエシックス』三島健一訳、法政大学出版局、二〇〇四年）

（43）ボルタンスキー／シャペロ、『資本主義の新たな精神』上、一四八頁参照。

（44）先に言及したように、チャールズ・ハンディは雇用という伝統的概念を、各人が自分で自分のために管理する諸活動のポートフォリオという観念によって置きかえる。

（45）ボルタンスキー／シャペロ、『資本主義の新たな精神』上、一五七頁参照。

（46）Cf. Alan How, *Critical Theory*, palgrave, 2003, p. 172.

（47）　だから、物質的基盤が欠けているということは、ホネットが言っているように（Vgl. A. Honneth, "Anerkennung als Ideologie", IW, S. 129-130.）イデオロギーの非合理性をなしている。しかし、それだけではない。自律性は物象の、人格としての物象の自律性として、その意味内容はすでに変化している。

（48）　Vgl. A. Honneth, KA, S. 209-210.（一七三―一七四頁）

（49）　承認論はこうした点から新たに展開されなければならない。今日、ということは、新自由主義的資本主義の時代においてはということであるが、批判理論はそれが批判理論であるためには如何なる内実と理論形態をとらねばならないか、このことが探求されなければならないであろう。

（50）　Vgl. A. Honneth, "Paradoxien der kapitalistischen Modernisierung. Ein Untersuchungensprogramm(gemeinsam mit Martin Hartmann)", IW, S. 222.

（51）　Vgl. A. Honneth, "Umverteilung als Anerkennung. Eine Erwiderung auf Nancy Fraser", UA, S. 222-223.（二二五頁）

（52）　A. Honneth, "Paradoxien der kapitalistischen Modernisierung", IW, S. 223.

（53）　Ebd., S. 233.

（54）　Vgl. ebd., S. 234-235.

（55）　Ebd., S. 235.

（56）　A. Honneth, "Anerkennung als Ideologie. Zum Zusammenhang von Moral und Macht", IW, S. 130.

（57）　何故承認の政治が再配分の政治と切り離されるのかと言えば、フレイザーの考えでは、それは資本主義とともに階級が社会的地位から分化するからである。フレイザーは再配分の政治は階級に結びつけられていると考えている。

（58）　ホネットには、このような意図はない。

（59）　Vgl. A. Honneth, KA, S. 209-210.（一七三―一七四頁）

（60）A. Honneth, "Umverteilung als Anerkennung. Eine Erwiderung auf Nancy Fraser", UA, S. 154-155.（一四五頁）
（61）ホネットは三つの社会的承認の形式から出発する。その原理は愛、法、業績である。要求、権力の平等、業績は社会的正義原理である。ホネットにとって、承認原理は社会的正義構想の規範的核心である。
（62）吉崎祥司『「自己責任論」をのりこえる』、学習の友社、二〇一四年、一二九頁参照。
（63）Honneth, a. a. O., S. 222.（二一五頁）
（64）Ebd., S. 181.（一七三頁）

あとがき

本書は前著『カントとアドルノ　自然の人間的歴史と人間の自然史』（梓出版社、二〇一三年）のいわば続編である。私はこの前著で、われわれ人間は自分が自然の一部であることを認識する瞬間にもはや自然の一部ではないというアドルノの言明に依拠しながら、人間を自然に関して内在的超越である人間的自然（人間的生）として捉え、こうした人間的自然の歴史を自然の人間的歴史と呼んだ。同じく、精神が自然から自立化され、自然の他者とされると、精神自身が自然へと硬化するというアドルノの言明に依拠して、そのように自然化された人間の歴史を人間の自然史と呼び、現在の新自由主義的資本主義がフォード主義時代の資本主義に比べて、人間の自然史の一層の進展であると述べた。

しかし、私は精神が自然から自立化するとそれ自身が自然化するとはどういうことであり、また何故であるのか、新自由主義的資本主義がフォード主義時代の資本主義に比べて人間の自然史の一層の展開であるというのは、如何なる意味においてであるかという問いに立ち入ったわけではなかった。これは一つの欠損であり、私はこの欠損が気になった。それ故、私は、本書で、①精神（社会）が自然から離反し、自立化するとはどういうことか、②この時に精神（社会）が（疑似－）自然へと退行するのは何故なのか、③新自由主義及び新自由主義的グローバリゼーションが人間の自然史の一層の展開であるのは、如何なる意味においてであるかという三つの問いを提出し、これらの問いに答えるように努めた。

本書は大きく三つの部分からなっているが、第Ⅰ部の目的は「生活世界」という概念を導入し、生活世界の一定のあり方（いまの文脈では、疑似－自然化）を生み出しながら、それ自身は生活世界では隠される社会の側面、メカニズムがあるという観点を導入することであった。アドルノのうちに、生活世界と生活世界では隠蔽される社会の要素という視点から再構成可能な思考要素があるということを示した後で、私はハイデガーの哲学を扱う予定であった。というのは、存在は生活世界とこの生活世界を産出しながら生活世界では隠される（『哲学への寄与』の言い方では、存在（Seyn）は歴史的時期や時間（存在（Sein））を人間に贈ることにおいてそれ自身を隠す。）というのがハイデガーの基本的観点であると思われるからである。けれども、その部分はいささか長く、全体のバランスを考えて削除したのだが、しばし時間が経ってみれば、少しく心残りではある。そこで、この場を借りてハイデガーについて簡単な言及を行いたい。

ハイデガーはわれわれの言う生活世界から出発する。ハイデガーは戦時緊急講義『哲学の使命について』の中で生活世界について語っているが、ここで生活世界とは環境、共同存在や社会といった生活地平である。またハイデガーは道徳的生活世界、宗教的生活世界について語っている。『事実性の解釈学』で、事実性とはその都度の生活世界において己の生を営む現存在の存在のあり方であって、それは生活世界おいて己れの生を営む現存在の存在様相、存在の仕方、存在性格である。またハイデガーは『存在と時間』において、世界－内－存在における内－存在、内にあること（Im Sein）とは住むこと（Wohnen）を意味すると言っている。世界の内にあるということは、慣れ親しんだ世界の内で住む、滞在するということを意味し、かくして、世界－内－存在における世界とは、別の言い方では生活世界に他ならない。

この点で、ハーバーマスはある箇所で（ローティとの論争のなかで）ハイデガーとウィトゲンシュタインとの収束について語っているが、しかしもとより、ハイデガーとウィトゲンシュタインの間には違いがある。その違いはとりわけハイデガーが存在についての問いを提起することにある。ハイデガーによれば、存在に関する問いは存在者たちを照らし、そのもとで存在者たちが出会われる地平、光源を必要とする（一九二六年夏学期のマールブルク講義古代哲学の根本諸概念）。存在を問うこと、存在が何であり、存在構造がどのようであるかを問うことは、存在を超えて存在を理解するための超越論的地平を明るみに出し、その地平へと歩み出ることである。『存在と時間』はこの路線に従っている。ところが存在の問いにおいてハイデガーは同時に、パスカル的戦略に従っていたように思われる。パスカル的戦略とは、人間は神との契約によって信仰に値するものになるのではなく、信仰はあくまで神の恩寵によるのであって、神に対する人間の関係を設立するのは人間ではなく、神の恩寵によるとするものである(Cf.Herman Philipse, *Heidegger's Philosophy of Being: A Critical Interpretation*,Princeton Uni.Press,1998,p.240.)。存在とはそれ自身であり、生起するものであり、神々や人間の助力なしにあるピュシスのごときものである。ピュシスは制作という観点で理解できるものではないのである。

私の見るところ、以上の諸点はハイデガーの思考にある問題を引き起こす。『存在と時間』において、現存在の存在は時間性であることが明らかにされるが、この時間性から如何にしてわれわれは存在の問いのかの超越論的地平に至ることが出来るのか。ハイデガーは『存在と時間』を出版した後、一九二七年夏学期のマールブルク講義現象学の根本諸問題において、存在理解の超越論的地平から存在一般の意味に至ろうとする『存在と時間』の試みをやり直している。しかし、この試みは成功してはいないように思われる。問題は現存在の時間性からかの超越論的地平としてのテンポラリテートを形成することである。時間性が存在理解のための超越論的地平として機能する限りで、この時間性はテンポラリテートと呼ばれるのである。この場合に、時間性はそこから存在が理解されるところのものになる。ハイデガーは現存在はそれ自身をプレゼンツへと投企すると言い、この投企は同時に現存在の存在である時間性の自己投企だと言う。けれども、現存在の存在である時間性が己をテンポラリテートへと自己投企するとはどういうことなのか。

T・キジールによれば、『哲学入門』（一九二八／二九）において、ハイデガーは彼の思考の道の若干の古い方向から退却しているが、この講義は新しい方向にとって画期的であって、次の一〇年におけるハイデガーの発展はそれに従う。この講義は「地平－超越、テンポラリテート」という概念配置の撤廃の最初の印である（Vgl.Theodore Kisiel,"Das Versagen von *Sein und Zeit*: 1927-1930".*Matin Heidegger. Sein und Zeit*, Thomas Rentsch(Hg.),Akademie Verlag,2001,S.272.）。ハイデガーは「根拠の本質について」（一九二九）において、超越のテンポラルな解釈を脇に置いている。「根拠の本質について」において、ハイデガーは始めには現存在の超越について語り、現存在のこの超越が根拠であると語る。

ところで、存在理解は現存在の有する存在理解であり、超越において存在が常に露呈されていると言われるが、こうした「存在理解」が「先行的に理解された存在」へと言い換えられ、これを介してハイデガーは存在へと移行している。そして今や存在がかの超越を、世界投企を根拠づけるとするのである。はじめには現存在の超越が根拠と言われたが、いまや存在がこの根拠づけるもの、すなわち根拠とされる。

これは単に、アドルノが「自然史の理念」や『否定弁証法』で指摘している二度語るということにすぎない。現存在において何らかの特性が観察されるとしよう。これが現存在の何らかの特性について一度語る、ということである。次に、この特性に関して、この特性がこの存在者から切り離されて存在論の領域に移され、現存在のその特性はかくて今や存在論的に解釈される。これが二度目に語ることである。そして、これがアドルノが言う同語反復の意味である。今一度言えば、現存在の何らかの特性が現存在から切断されて自立化され、次にはその特性が存在論的に解釈されて、普遍として規定される。これは現存在の何らかの特性が、二度目に語られるさいに、普遍へと、現存在のある特性がそれへと現存在がいわば没入すべき普遍へと格上げされるということである。

単なる同語反復を突破するためには、現存在の何らかの存在が現存在の運動において現存在から自立化してそれ自身の運動を開始するのであるが、それは如何なるメカニズムによるのかという問いを立てることが必要であるように思われる。私見では、ハイデガーにはこうした問いの明示的設定が欠如しており、それ故にまたそのメカニズムの開発が行われることもなかったし、それだから、これまたアドルノが指摘しているように、後期ハイデガーにあっては、存在が現存在に対して論理的に先立って立てられるということになったのである。さらに、ハイデガーにおいて、それ自身を隠すことが存在の動向とされるのであるが、かのメカニズムはこの隠蔽をも解明できるものでなければならないであろう。

このように、私見では、ハイデガーはそのメカニズムを開発することに成功することはなかったが、生活世界と生活世界を一定の生活世界として産出しながら、生活世界では己を隠す存在という点はハイデガーの思考の基本的な構えであり、この点が私の関心を惹いたのである。そして、これは例えばホネットにはない観点である。

なお、拙書『ハーバーマス理論の変換　批判理論のパラダイム的基礎』（梓出版社、二〇一〇年）の最初の草稿を書いたとき、私はホネットから影響を受けたが、私は時間が経過するごとに少しずつホネットとの違いを意識するようになった。それで、私は本書でホネットに少しく立ち入ってみたのである。

最後になるが、梓出版社の本谷貴志氏にはこれまでと同様万端に渡ってお世話になった。記して謝意を表したいと思う。

二〇一六年　三月二〇日

横田榮一

著者紹介

横田榮一（よこた　えいいち）
1949年生
1980年　北海道大学大学院文学研究科博士課程満期退学
現　在　北海商科大学教授

主要業績

『カントとアドルノ——自然の人間的歴史と人間の自然史』梓出版社，2013年
『ハーバーマス理論の変換——批判理論のパラダイム的基礎』梓出版社，2010年
『グローバリゼーション・新たなる不透明性・批判理論』共同文化社，2009年
「言語と計算」日本科学哲学会編・野本和幸責任編集『分析哲学の起源　フレーゲ・ラッセル』勁草書房，2008年
G・フレーゲ『算術の基本法則』野本和幸編，フレーゲ著作集3，共訳，勁草書房，2000年
P・F・ストローソン『意味の限界『純粋理性批判』論考』共訳，勁草書房，1987年
『市民的公共性の理念』青弓社，1986年

ネオリベラリズムと世界の疑似－自然化

2016年3月20日　第1刷発行　《検印省略》

著　者© 横田榮一
発行者　本谷高哲
制　作　シナノ書籍印刷
東京都豊島区池袋4-32-8

発行所　梓出版社
千葉県松戸市新松戸7-65
電話 047（344）8118番

乱丁・落丁本はお取り替えいたします。
ISBN 978-4-87262-236-2　C3036